인권도 차별이 되나요?

인권도 차별이 되나요?

2019년 5월 3일 초판 1쇄 발행
2024년 10월 1일 초판 9쇄 발행
지은이 구정우

펴낸이 김은경
펴낸곳 ㈜북스톤
주소 서울특별시 성동구 성수이로7길 30, 2층
대표전화 02-6463-7000
팩스 02-6499-1706
이메일 info@book-stone.co.kr
출판등록 2015년 1월 2일 제2018-000078호
ⓒ 구정우 (저작권자와 맺은 특약에 따라 검인을 생략합니다)
ISBN 979-11-87289-55-5 (03300)

이 책의 국립중앙도서관 출판예정도서목록(CIP)은 서지정보유통지원시스템 홈페이지(http://seoji.nl.go.kr)와 국가자료공동목록시스템(http://www.nl.go.kr/kolisnet)에서 이용하실 수 있습니다. (CIP제어번호: CIP2019014701)

책값은 뒤표지에 있습니다. 잘못된 책은 구입처에서 바꿔드립니다.

북스톤은 세상에 오래 남는 책을 만들고자 합니다. 이에 동참을 원하는 독자 여러분의 아이디어와 원고를 기다리고 있습니다. 책으로 엮기를 원하는 기획이나 원고가 있으신 분은 연락처와 함께 이메일 info@book-stone.co.kr로 보내주세요. 돌에 새기듯, 오래 남는 지혜를 전하는 데 힘쓰겠습니다.

인권도 차별이 되나요?

구정우 지음

'나는 괜찮다'고 여겼던
당신을 위한 인권사회학

북스톤

책머리에

저는 기자들의 전화를 많이 받는 편입니다. 사회학 교수이기도 하고 비교적 친절하게 응대하기 때문인 것 같습니다. 아무래도 사회부나 문화부 기자들이 연락을 많이 하는데, 대부분 20~30대입니다. 전화가 몰릴 때에는 귀찮은 생각도 들지만 제 학생들 같기도 하고 또 치열히 고민하는 모습을 보면 기꺼이 돕게 됩니다. 청년 기자들과 대화하며 저 스스로도 고민하게 되고, 새로운 영감도 얻게 되어 보람을 느낍니다. 세어보지는 않았지만 지난 7~8년간 줄잡아 1000회 가까이 신문방송 인터뷰에 응한 것 같은데요. 이때마다 제 생각과 관점을 대중과 좀 더 깊이 있게 나누고 싶다는 생각을 했습니다.

무엇을 어떤 관점으로 나눌 것인가?

'인권'이라는 키워드가 자연스럽게 떠올랐습니다. 개인적으로 인권을 오래 연구하기도 했고, 지난 몇 년간 우리 사회를 고민스럽게 만든 많은 이슈가 결국 인권과 마주한다는 생각 때문이었습니다. 혐오표현, 갑질과 괴롭힘 문제, 페미니즘, 난민 문제, 노동조합, 양심적 병역거부 등 숱한 사회적 이슈들이 결국 인권으로 수렴되더군요. 최근 우리 삶의 곳곳에 들어와 있는 인공지능(AI)과 디지털 기술도 결국 '사람들' 그리고 그들의 인권이 중심이 되지 않으면 매우 위험할 수 있겠다는 생각이 들었습니다.

그런데 한 가지 고민스러운 부분이 있었습니다. 인권에 대해 참 많이 듣고 또 말하고 있지만, 정작 그 의미에 대해서는 다양한 해석이 분분하지요. 국민뿐 아니라 연구자들도 마찬가지입니다. 예멘 난민 수용을 둘러싸고 국민의 인권과 이주민의 인권이 격하게 대립했습니다. 미투운동의 방향을 놓고 젊은 남녀 간에 입장 차가 도드라졌죠. 카풀 서비스 도입을 둘러싸고 한쪽에서는 생존권을, 다른 한쪽은 승객의 선택권을 들고 나왔습니다. 공유경제 확산이란 명분을 끌어오기도 하고요. 헌법재판소의 낙태금지 헌법불합치 결정에 대해서도 여성의 자기결정권 확대라는 찬성 입장과 태아의 생명권 경시라는 반대 입장이 갈리죠. 저마다 '인권에 대해 어느 정도는 알아', '나 정도면 인권을 지키는 사람이지'라고 생각하지만 정작 문제는 풀리지 않고, 편견과 대립의 그늘에 머물러 있는 우리의 모습을 보게 됩니다.

그렇다면, 우리 각자가 판사의 입장에 서보면 어떨까?!

'독자가 어려운 선택에 스스로를 세워두고 고민해볼 수 있는 기회를 제공한다면?' 이런 생각이 스쳤습니다. 2018년 6월 부쩍 더워진 날씨에 적응하며 곧장 원고작성을 시작했습니다.

이 책은 지난 몇 년간 우리 사회의 첨예한 이슈로 논의되었던 주제들을 담았습니다. 첨예한 만큼 어느 쪽을 옹호하든 격렬한 논쟁의 대상이 될 주제들이기에 쓰는 동안 마음이 편치만은 않았습니다. 그러나 2030 청년세대와 4050 장년세대 모두 한쪽 방향의 기사나 댓글을 통해서가 아니라, 자료와 연구를 보면서 자신의 입장을 정리할 기회를 줄 수 있으리라는 기대감에 힘이 났습니다. 좀더 차분하고 냉정한 마음과 머리로 사회적 이슈를 대한다면, 그리고 내 인권감수성이 어떻게 움직이는지 느껴본다면 우리를 가로막는 오해와 편견이 조금은 풀리지 않겠나 생각했습니다.

전 강단이 센 사람은 아닌 것 같습니다. 한쪽으로 강하게 몰아붙이는 건 왠지 저랑 잘 안 맞는다는 생각을 합니다. 또한 신념을 갖고 한 방향으로 진력하는 것이 때로는 편향을 낳을 수 있기에, 균형을 잡자는 생각을 자주 합니다. 이 책도 이런 생각과 맞닿아 있고요. 인권을 지탱하는 힘이 '공감'에 있는 것처럼, 저 스스로가 다양한 입장에 공감하면서 독자들에게 '웃으며 싸우는 방법'을 권하고자 노력했습니다. 가슴으로 감싸 안을 때 비로소 인권이 우리 삶에 편안히 자리할 거란 확신 때문입니다.

저의 오랜 제자이자 균형 잡힌 법조인을 꿈꾸는 남윤창 군의 도움이 없었으면 이 책의 원고들은 아직 제 컴퓨터에 잠자고 있었을 겁니다. 수년 전 국제인권수업에서 그가 보여준 총명함은 제게 놀라운 영감을 주었습니다. 그 후 함께 '인권감수성 테스트'를 만들었지요. 법조인의 길을 걸으며 하루가 다르게 성장하는 모습을 지켜보며, 교육자의 길로 들어선 제 선택에 자부심을 느끼곤 합니다. 북스톤 권정희 대표께 감사합니다. 1년 내내 제 '동료'가 되어 제 글과 생각을 책이라는 공간에 잘 안착시켜 주었습니다. SSK 인권포럼 대표 서창록 교수님을 비롯한 동료 교수들과 조교들께도 감사의 말씀을 전합니다. 지난 9년간 참 치열하게 연구하고 토론했지요. 덕분에 저 자신의 인권감수성도 높여갈 수 있었습니다. 그리고 마지막으로 어머님께 이 책을 바칩니다. 평생 보여주신 조건 없는 사랑에 대한 철없는 막내아들의 보잘것없는 보답입니다.

차례

책머리에   4

1장   착하고 따뜻한 사람들이 많아지면   13
      인권이 좋아질까?

      어쩌다 대한민국은 '갑질왕국'이 됐을까   18
      인권과 인권이 부딪칠 때   22
      인권이라는 상자에는 무엇이 담겨 있을까   28
      우리의 인권은 안녕한가요?   34
      인권감수성을 높이는 길   38

2장   그들에게 우리의 나라를 빼앗긴다면?   41

      정당한 거부감   46
      세 살배기 쿠르디가 일깨운 것   49
      "우리도 힘든데 누구를 도와?   53
      "그들이 진짜 난민인지 어떻게 알아?"   59
      벤담이라면 난민을 거부했을까?   64
      "자네 부모가 전라도 사람인가?"   70

3장   '금수만도 못한' 자들에게 인권이란?   73

      인간 이하의 인간에게도 인권이?   77
      범죄자의 인권을 빼앗으면 피해자의 인권이 회복될까?   78
      범죄자 인권이 내 안전보다 중요할까?   84
      재발방지가 되려면, 개과천선하려면   86
      우리는 그들과 공감할 수 있을까?   92

4장   나의 양심은 국가 없이도 존재할 수 있을까?   95

항일운동에서 배신자 낙인까지   99

"군대 간 사람은 양심도 없다는 거야?"   106

총을 들어야만 나라를 지킬 수 있을까?   111

형평성을 지키는 대체복무 방안은?   113

군복 입은 시민의 권리   116

각자의 위치에서 공동체를 위하는 방식   119

5장   화성 남자와 금성 여자가 함께 살아가려면   121

미투, 터질 것이 터졌다   126

성인지 감수성과 유죄추정   130

"내가 잠재적 가해자라고?"   135

우리는 왜 점점 과격해질까?   139

젠더 전쟁의 승자는?   143

승자도 패자도 없는 싸움을 끝내려면   145

6장   결혼만은 포기하라는 말의 의미   151

동성결혼 허용, 시대의 흐름인가?   155

치유가 인권보호?   157

'시민결합'이라는 실험   162

게이처럼 보이지 않는 이유   167

7장   혐오 표현도 표현의 자유일까?   173

악성댓글, 혐오표현, 드루킹 그리고 '인터넷 댓글 실명제'   176

1%를 규제해서 민주주의가 지켜진다면?   178

1%의 규제로 전체가 위축된다면?   181

혐오표현도 지켜내야 할 표현의 자유일까?   187

선거기간에만 실명제를 적용한다면?   195

주어지는 것이 아니라 지켜가는 것   197

8장   장애인 앞에 놓인 장애물을 없애려면   201

님비즘 때문만은 아니다   205

돈으로 해결할 수 없는 것   210

탈시설은 해결책이 될까?   214

'무지의 베일'과 역지사지   218

9장   공정한 채용을 위한 차별은 정당할까?   225

모든 스펙은 서울로 통한다?   229

공정성 아래 희생되는 것들   232

차별과 역차별, 어디까지가 '정당한 차별'일까?   239

'그들만의 리그'를 깨기 위하여   242

공정한 채용을 위해, 차별을 돌아보며   246

__10장__ 파업할 권리와 불편하지 않을 권리   251

노동조합권 vs 경영방어권   257

노동조합, 찬성하지만 참여하지 않는 이유   262

유연성과 기본권, 두 마리 토끼를 잡으려면   266

시민교육으로서의 노동교육   271

__11장__ 일터 괴롭힘은 누가 없앨 수 있을까?   277

절이 싫으면 중이 떠나라?   280

폭력의 전염   283

정부가 어디까지 나서야 할까?   286

자율적인 대책마련의 한계   289

몰라서 방치하는 것이 아니라면   291

인권경영을 위하여   298

__에필로그__ | AI의 인권감수성은 어떻게 키워주지?   301

__주(註)__   313

"나는 당신 말에 동의하지 않지만,
당신이 말할 권리는 죽도록 옹호한다.

(I disapprove of what you say,
but I will defend to the death your right to say it.)"

-볼테르, 프랑스 사상가

1장

착하고
따뜻한 사람이 많아지면
인권이 좋아질까?

"그 누구도 '미투(MeToo)'라고 말하지 않아도 되는 세상이 오기를 바란다. 그들의 시간은 끝났다. 새로운 날이 올 것이다."

- 오프라 윈프리

2018년 1월 골든글로브 시상식에서 미국 '토크쇼의 여왕' 오프라 윈프리는 "그들의 시간은 끝났다"고 선언했습니다. 윈프리를 단숨에 미국 대선후보군에 올려놓은 것은 물론 세계적인 미투 캠페인에 불을 지핀 말이죠. 그러나 이때만 해도 이 선언이 우리 한국 사회에 이토록 강한 울림을 줄 것으로 예측한 사람은 많지 않았을 겁니다.

한 여성검사의 성추행 폭로는 한국판 미투운동의 시작을 알렸습니다. 그 이후는 우리 모두 아는 대로입니다. 검찰을 넘어 법조계 전반으로, 방송계로, 학계로, 문화예술계로, 종교계로 미투운동은 맹렬한 속도로 퍼져나갔습니다. 표면적으로는 특정 가해 남성의 성추행과 성폭력에 대한 폭로였지만, 그 안에는 우리 사회 전반에 퍼져 있던 젠더 권력에 대한 근본적인 문제제기가 담겨 있었습니다.

한국의 미투운동은 여러모로 미국을 빼닮았습니다. 40여 명을 성폭행한 혐의로 재판에 회부된 코미디언 빌 코스비, 줄잡아 80명 넘는 여성을 추행한 것으로 알려진 영화제작자 하비 와인스틴, 프로그램 게스트에게 동침을 요구한 폭스뉴스 간판 진행자 빌 오라일리 등 미국 방송연예계의 미투운동은 정치권으로 번졌고, 권력의 정점인 도널드 트럼프 대통령도 비껴가지 못했습니다. 트럼프를 비호하려던 홍보실 여성보좌관들이 줄줄이 여론의 압력에 사퇴해야 했습니다.

이런 '폭풍'을 일으킨 것은 여성들의 폭로였습니다. 망가진 삶을 추스르며 숨죽여 살아가던 여성들이 힘차게 일어섰습니다. 여성들은 서로를 다독이며 위로했습니다. 어려운 용기를 내어주어 고맙다고, 함께 극복할 수 있다고, '미투'라고 말하지 않아도 되는 세상이 반드시 올 거라고. 많은 여성들이 '위드유(WithYou)' 해시태그로 지지와 연대를 표시했지요. 젠더 권력을 포함한 어떤 사회적 위계에도 반대하는 양심적인 남성들 역시 소매를 걷어붙였습니다. 성폭력 피해자들을 넘어 여성 전체로, 또 공감하는 남성들로 운동의 외연이 확장되었습니다.

그러나 곧 '백래시(backlash, 반격)'가 뒤따랐습니다. 미투운동을 조롱하며 평가절하하는 움직임이 생겨났습니다. 야한 농담을 하려던 직장 상사의 한마디, '내가 이런 말 하면 너희도 미투운동 할 거지?' 이 정도 비꼬기는 점잖은 축에 속합니다. #미투아침라면먹을거임 #미투촛불집회나갔음 #미투꼴페(극단적 페미니스트) 등, 용어의 의미를 바꾸고 여성운동을 조롱하는 표현이 인터넷에 넘쳐납니다. '미투운동이 괜히 남녀 갈등을 조장한다'는 일견 그럴싸한 비판도 올라오지만, 근거와 논리를 담고 있기보다는 미투운동의 의미를 깎아내리려는 의도가 더 크다고 봐야 합니다.

이와 별개로 맹렬히 달려온 미투운동의 부작용을 지적하면서, 남성도 여성도 아닌 '인권'에서 출발해야 한다는 입장이 생겼습니다. 이는 백래시와는 거리가 있습니다. 형사법의 대원칙이자 인권의 근간인 '무죄추정의 원리'가 흔들리고, 여론의 압력이 사법부의 판단을 앞서가는 현실에 대한 합리적 문제제기로 읽힙니다. 배타적 페미니즘이 미투운동의 성과를 되돌리고 성평등 운동의 정당성을 훼손한다는 우려가 나오고 있습니다.

이 흐름에 서 있는 사람들은 남성 전체를 권력을 가진 집단으로, 심지어 잠재적 성폭력 가해자로 몰아가는 것은 부당하다고 목소리를 높입니다. 그런 편견이 남성에 대한 부당한 칼날이 될 수 있다는 것이지요. 특히 20~30대 젊은 남성들 역시 무한경쟁을 강요하는 '헬조선'의 피해자일 뿐, 권력을 행사하는 주체라고 단정할 근거는 없다고 봅니다.

젠더 권력의 부당함과 오랫동안 억눌림에 시달린 여성들의 처지에 공감한다면, '백래시'에 가담하는 것이 가당키나 할까요? 백래시에 참여하고 여성을 조롱하면서 '남성인권'을 외치는 것은 분명 위선입니다. 인권을 가장한 차별이죠. 미투운동에 기대어 생물학적 남성을 모두 백안시하는 것은 또 어떤가요? 여론의 단죄에 박수를 보내고, 사회구성원에 대한 조롱을 서슴지 않는 언동은 성평등을 실현하는 데 얼마나 도움이 될까요? 이들이 생각하는 인권은 과연 안녕한가요? 이런 질문들 앞에서 논쟁은 계속됩니다.

왜 미투운동이 커지는 만큼 조롱과 혐오 표현도 덩달아 많아지는 걸까요? 왜 우리는 젠더 전쟁을 벌이고 있나요? 급기야 어떤 네티즌이 외쳤습니다. "대체 인권감수성이 있기나 한 겁니까?"

어쩌다 대한민국은 '갑질왕국'이 됐을까

대한민국을 풍자하는 표현 중에 '갑질왕국'이 있습니다. 권력과 돈을 틀어쥔 집단이 자신들의 계급적 지위를 노골적으로 과시하는 것이죠. 이른바 '땅콩회항'으로 재판에 넘겨졌던 전 대한항공 부사장 조현아 사례는 '갑질의 교과서'라 불릴 만합니다. 2014년 12월 미국 뉴욕 케네디 국제공항, 이륙을 준비하던 대한항공 기내에서 그는 매뉴얼대로 응대한 사무장에게 폭행과 욕설을 가하고 급기야 활주로를 이동 중이던 항공기를 되돌려 사무장을 내리게 했습니다.

　대한민국이 갑질왕국이 되는 데 이런 '슈퍼갑질'만 있었을까요? 우리 주위에서 흔히 볼 수 있는 '생활밀착형 갑질'도 있습니다. 대표적인 예가 아파트 경비원에 대한 갑질입니다. 공동주택이 지배적인 주거 형태가 되면서 경비직에 종사하는 근로자가 비약적으로 늘었지요. 하지만 이들의 처우는 매우 열악할 뿐 아니라 사회적 지위도 낮아 대표적인 '을의 직종'으로 불립니다. 입주민과 고용업체로부터의 무시와 차별적 관행에 쉽게 노출되고, 여기에 은퇴한 노년층이 경비원으로 투입되면서 '나이 차별'까지 더해지는 모습입니다.

　이에 정부는 공동주택관리법 개정안을 마련해 경비원을 상대로 갑질을 못하게끔 유도했지요. 개정안에 따르면 입주자나 입주자대표회의, 관리사무소 등이 경비원에게 경비업무 외의 부당한 지시를 할 수 없게 돼 있습니다. 그러나 이 개정안이 갑질 예방에 얼마나 도움이 되었는지는 미지수입니다. 오히려 경비원들에 대한 대량해고를 낳기도 했습니다. 일종의 '풍선효과'죠.

　압구정동 현대아파트 사례를 들어볼까요? 2017년 3월 이곳 경비원들은 아파트 측이 휴게시간을 보장하지 않는다며 고용노동부에 8억 원대의 체불임금 청구를 진행했습니다. 이후 공동주택관리법 개정안이 통과되면서 경비원들은 경비 이외의 업무로부터 자유로워졌는데요, 결말은 결코 행복하지 않았습니다. 아파트 측이 경비원 94명 전원 해고와 용역 전환으로 맞섰거든요. 간접고용 전환을 끝까지 거부한 수십 명은 결국 직장을 잃었고요.

아파트 측의 주장도 일리는 있습니다. 이곳 경비원 업무의 3분의 2가 주차대행 업무라는 겁니다. 지상주차 공간이 절대적으로 부족한 현실에서 경비원이 주차관리를 맡지 않으면 주차관리 요원을 별도로 선발할 수밖에 없다는 거지요. 최저임금이 갑자기 오르면서 임금 압박도 크므로 용역으로 전환하는 것은 사용자 입장에서 지극히 합리적인 대응이라고 항변합니다.

대한민국 부의 상징인 강남, 그중에서도 대표적 부촌富村인 압구정동 현대아파트에서 경비원 추가비용이 가계에 얼마나 부담이 될지 섣불리 판단하기는 어렵습니다. '부자들이 더하다'고 탄식하는 사람들도 있겠죠. 그러나 그들 나름의 권리행사라는 입장에 공감하는 이들도 있을 겁니다. 적어도 과거처럼 탐욕에 눈이 멀었다고 부자들을 싸잡아 비난하는 분위기는 아닙니다. 약자를 보호하려는 법 취지는 좋지만 과도한 최저임금 인상이 부작용을 낳는다는 여론도 비등하니까요. 중소기업, 소상공인이 힘들어지고, 최저임금의 역설 때문에 급기야 일자리를 잃는 근로자들이 생겨난다는 자성입니다.

그러나 모든 것을 법 때문이라고 단정할 수 있을까요?
아파트 주민들의 태도가 혹여 갑질로 오인될 부분은 없었을까요? 경비원을 대할 때, 택배 기사를 대할 때, 서비스직 종사자들을 대할 때 우리의 태도가 혹시 무례하고 고압적이진 않았는지요. 이들을 평등한 권리를 지닌 국민의 한 사람으로, 또 우리의 이웃으로 대했는지 겸허히 돌아볼 때입니다.

사실 앞의 두 갑질 사례는 인간으로서 존엄성을 갖는 타인에 대한 최소한의 공감 능력을 발휘한다면 비교적 원만히 해결할 수 있는 문제입니다. 우리가 각자의 손에 틀어쥐고 있는 '이기적 권리'가 아니라 인류 보편성에 근거한 '공존의 인권'을 앞세운다면 말입니다. 우리 사회의 취약계층이 경험할 수 있는 차별적 관행과 우리의 무딘 시선에 대한 관심과 이해가 동반된다면 분명 탈출구는 있었을 겁니다.

하지만 인권은 공감과 관용, 공존과 같은 미덕으로만 접근할 수 있는 문제는 아닙니다. 인권을 어디까지 어떻게 적용할지 판단하려면 이성이 적극적으로 활동해야 합니다. 우리 각자가 판사가 되어 냉철한 판단을 할 수 있어야 한다는 의미죠. 인권보다 경제적 고려가 우선시되고, 개인의 존엄성이 전체 조직의 기강을 위해 뒤로 밀리는 상황에서 왜 인권이 우선시되어야 하는지 내 목소리로 설명할 수 있어야 합니다. 또 내가 믿고 있는 인권은 '안녕한지' 혹시 또 다른 차별을 낳는 건 아닌지 질문할 수 있어야 합니다.

인권과 인권이 부딪칠 때

마이클 샌델은 《정의란 무엇인가》의 도입부에서 브레이크가 고장 난 전차의 운전자가 당면하는 도덕적 딜레마를 제시합니다. 그대로 직진해 5명의 작업자를 죽게 할지, 측면철로로 전차를 틀어 한 명의 작업자를 죽게 할지 결정해야 합니다. 철도를 바라보는 구경꾼의 입장이 되어 옆에 있는 덩치 큰 남자를 떨어뜨려 작업자 5명의 목숨을 건질 것인지도 묻습니다. 고민 끝에 어느 쪽으로든 선택하고 나면 우리는 판단근거를 제시해 그 선택을 정당화해야 합니다.

인권에 관한 판단도 마찬가지입니다. 개개인의 미덕에 기대기에 앞서, 우리가 특정 상황에서 왜 인권의 원리를 앞세워야 하는지, 이러한 판단을 정당화하는 원칙은 무엇인지 생각해보아야 합니다. 특히 양쪽 입장이 모두 '인권적'이라고 생각될 때 한쪽을 선택하기 위해서는 나름의 원칙이 필요합니다. 인권과 관련된 국제적 규범이나 기준, 관련 법령을 끌어오는 것이 출발점이 될 수 있습니다. 개인의 기본권 보호를 규정하는 헌법과 취약계층의 권리를 보호하는 각종 법령을 공부하는 것도 도움이 됩니다.

그러나 인권은 종종 매우 어려운 선택과 판단을 요구합니다. 지식과 법체계로 인권을 이해하는 것은 필요조건일 뿐 충분조건은 되지 못하는 이유입니다. 인권과 경쟁하는 사회적 가치는 무엇인지, 그 가치의 철학적 기반은 무엇인지를 따져볼 수도 있습니다. 경제적 풍요를 정당화하는 자본주의 논리, 국가의 질서를 우선시하는 안보 논리, 사회적 위계를 정당화하는 문화 논리는 얼마나 단단하게 뿌리 내려 있는지요. 이러한 가치들이 인간의 존엄성 기준과 상충할 때, 어떻게 판단하고 대응해야 할지 혼란스러울 때가 많습니다. 또 내가 중시하는 인권과 다른 사람들이 앞세우는 인권이 충돌하는 경우도 있죠. 어떤 사람은 자신의 반려견도 '존엄성'이 있다고 믿지만, 다른 사람은 반려견은 반려견일 뿐이라며 일축합니다. 잘 단속하라(!)고 하면서요.

인권과 관련된 갈등이 점점 깊어지는 우리 사회에는 어려운 상황을 회피하지 않고 어떻게 판단하는 게 올바른지 성찰하는 용기가 필요합니다. 나아가 적극적으로 사고실험을 해봄으로써 내가 추구하는 인권을 양보하기도 하고, 다른 사람이 따르는 인권에 귀 기울이기도 해야겠죠. 혼란스러운 상황에서 다양한 인권적 판단을 경험하면서 자연스럽게 인권감수성도 강화됩니다.

예를 들어볼까요. 이성적 판단을 요구하는 좀 더 어려운 문제들을 살펴보겠습니다.

2015년 12월 2일 LA 샌버나디노 시의 한 장애인 복지시설에 괴한이 나타나 총을 난사해 14명이 죽고 22명이 다쳤다. 경찰은 테러로 규정하고 용의자인 사에드 파룩과 그의 아내

타시핀 말리크를 즉각 검거했다. 파룩은 시리아와 소말리아 무장단체와 연락을 주고받은 것으로 추정됐고, 말리크는 사건 당일 SNS에서 이슬람국가(ISIS)에 충성을 서약한 것으로 밝혀졌다. FBI는 테러의 실체를 밝히기 위해 용의자들의 아이폰에 저장된 통화기록 및 데이터 기록에 접근하기를 원했다. 그러나 곧 암초에 부딪혔다. 아이폰의 철통같은 보안기능 때문에 모바일 기기에 접근할 수 없었던 것이다. 법원은 FBI가 용의자의 아이폰 자료에 접근할 수 있도록 애플이 방법을 마련해야 한다고 판결했다.

놀라운 건 애플의 반응이었습니다. CEO인 팀 쿡이 결연한 메시지를 담아 법원의 판결을 거부한 것이죠. 팀 쿡은 보안기능을 우회해 수사기관이 개인정보에 접근할 수 있도록 하라는 법원의 주문을 '백도어' 개발, 즉 기존의 보안기능을 무력화하는 소프트웨어 개발 요구로 정의했습니다. 그는 백도어 소프트웨어는 가능하지도 않고, 만들어져서도 안 된다고 주장했죠. 그는 이 문제를 단순한 애플 사용자들의 사생활 문제를 넘어, 대중의 안보(security) 문제와 직결된다고 보았습니다. 개인이 사용하는 기기에는 각자의 신상과 가족정보 등 모든 것이 포함돼 있으니까요.

구글, 페이스북을 포함한 유수의 IT 기업들이 애플에 지지를 보냈습니다. FBI의 요구는 개인의 자유와 사생활 보호를 위한 그들의 철학에 정면으로 위배된다고 덧붙였습니다.

반면 당시 대통령 후보였던 도널드 트럼프의 반응은 과연 '안보의 아이콘'다웠습니다. 그는 애플이 수사에 협조하도록 강제해야 한다고 말했죠. 테러 사건의 실체를 신속히 파악해 용의자를 검거하고 국가안보를 굳건히 해야 한다는 논리였습니다.

여러분은 어떻게 생각하시나요? 팀 쿡의 선택에 동의하시는지요? 트럼프의 주장대로 테러리즘에 맞서기 위해 FBI의 요구에 응해야 했던 건 아닐까요? 용의자들이 또 다른 테러를 계획하고 있었다면 수십, 수백 명의 사상자가 추가로 발생하지 않았을까요? 2001년 9·11 테러를 기억해보면 문제는 더 심각하게 다가옵니다.

그러나 팀 쿡의 주장대로 백도어가 만들어진다면 아이폰 사용자 수억 명의 사생활이 그대로 노출될 수도 있습니다. 부모들의 아이폰에는 자녀들의 생활동선이 그대로 드러날 테니 잠재적 범죄자들에게 유용한(?) 정보가 될지도 모릅니다. 홉스가 '리바이어던(Leviathan)'이라 불렀던, 막강 권력을 지닌 국가가 개인의 사생활을 들여다보고 필요하면 언제든 개인을 복종시키는 대재앙이 일어날지도 모릅니다.

인권감수성의 시선으로 바라보면 어떤 선택이 더 바람직할까요? 결코 쉽지 않은 선택입니다.

또 다른 사례를 들어보죠. 이번에는 한국 이야기입니다.

박근혜·최순실 국정농단에 대한 국민의 분노가 극에 달했던 2017년 11월 29일. 박근혜정권퇴진 비상국민행동은 12월 3일 오후 1시부터 광화문 일대에서 가두행진과 집회를 개최한다는 집회시위 신고서를 접수했다. 종로경찰서장과 서울지방경찰청장은 교통통행에 심각한 불편이 초래되고 안전사고 가능성이 크다는 이유로 행진 구간을 제한했다. 특히 대통령 관저로부터 100m 이내인 효자동 삼거리 통과구간에서는 행진과 옥외집회를 할 수 없다고 금지했다. 청와대 100m 근방에 대규모 시민들이 모일 경우 어떤 폭력적인 상황이 발생할지 누구도 장담하기 어려운 상황이었다.

그 뒤는 우리도 잘 아는 이야기죠. 서울행정법원은 헌법 제21조 1항이 국민의 '집회의 자유'를 보장하고 있다는 점을 근거로 경찰 처분에 제동을 걸었습니다. 사전신고제의 취지가 집회와 시위의 자유를 보장하는 데 있다는 점도 덧붙였죠. 법원은 비상국민행동을 비롯한 일반 국민들의 집회, 시위가 제한된다면 회복하기 어려운 손실이 발생할 수 있다고 봤습니다. 다만 효자동 삼거리를 포함한 특정 구간의 행진에 대해서는 안전사고가 우려되고, 인근 주민들의 주거권과 통행권을 보장해야 하므로 일몰시각인 오후 5시 14분에 집회와 시위를 중단해야 한다고 주문했습니다.

국민들은 법원의 결정을 환영했지만, 사실 이 결정은 매우 이례적인 것이었습니다. 청와대 100m 앞에서 집회가 열린 것은 대한민국 헌정사상 초유의 일이었기 때문입니다. 주요 경호시설 100m 이내에서는 집회할 수 없게 한 현행법을 감안하면, 시위가 가능한 가장 가까운 거리이지요. 과거에는 경찰 차벽이 수시로 등장해 광화문 일대와 청와대 진입로를 막아서지 않았던가요.

다행히 국민들은 헌법이 보장한 집회시위의 자유를 평화롭게 행사했습니다. 박근혜 대통령이 국민의 준엄한 명령 앞에 탄핵되고 문재인 정부가 들어선 이후, 청와대 인근은 손팻말로 상징되는 1인 시위의 장으로 변모했습니다. 기자회견도 종종 열립니다. 인권경찰로 변하리라 다짐한 경찰은 단속에 신중을 기하는 모습입니다. '대통령 경호법'을 들어 규제로 일관했던 청와대 경호실도 한걸음 물러섰습니다.

당시 담당 판사는 분명 '어려운 선택'을 했습니다. 수많은 상황이 머릿속을 스쳐갔을 겁니다. 혹시 성난 군중이 청와대 진입을 시도해 대혼란이 야기되지 않을지, 일몰 이후에 자진 해산하지 않아 인근 주민들의 주거권이 침해되지 않을지, 만에 하나 안전사고가 발생한다면? 집회와 시위의 자유를 보장받으려면 반드시 청와대 앞 100m까지 진출해야 하는지.

선택은 어려웠지만, 결과는 놀라웠습니다. 집회와 시위의 자유는 극대화되었고, 국민은 그 어느 때보다 높은 수준의 시민적 자유를 누리고 있습니다. 판사 한 명의 인권감수성이 우리 삶의 모습을 크게 바꿔놓았습니다.

물론 다른 시각도 있죠. 집회와 시위의 '과잉사회'에 살고 있다고요. 아침 일찍부터 울려 퍼지는 구호와 노동가요에 아침잠을 반납한 경험이 있는 이들이라면 공감할 겁니다. 평온한 주거권이 위협받는다고 생각할 수도 있지요. 혹시 시위대의 인권이 또 다른 차별을 낳는 건 아닐까요?

인권이라는 상자에는 무엇이 담겨 있을까

'천부인권'이라는 말 참 많이 들었지요. 하늘이 부여한 권리라는 뜻입니다. '인간은 나면서부터 불가침의 권리를 가진다'는 자유주의 사상가 로크의 생각이 이를 잘 함축합니다.

로크는 신 혹은 절대자는 '자연상태'에서 인간에게 삶의 목적과 수단을 제공했다고 말합니다. 권리는 삶의 목적을 충실히 달성하기 위해 반드시 필요하다고 전제되죠. '생명을 인정받을 권리', '자유롭게 살아갈 권리', '재산을 소유할 권리' 등 권리는 다양한 모양새를 갖습니다.

평등주의자이자 박애주의자로 알려진 루소는 어떻게 생각했을까요? 그도 자연상태의 개인은 원하는 것을 무제한 취할 권리가 있다고 봤습니다. 한데 이러한 자유를 극대화하기 위해서는 전제가 필요하다고 하네요. 바로 경제적, 정치적 평등입니다. 나의 소유권이 중요한 만큼 타인의 소유권도 중요하고, 이 둘 사이에 균형이 필요하다는 생각을 '평등주의적 소유권' 개념으로 담아냈습니다. 인권이 더 넓게 상상됐다고 할까요?

로크, 루소 등의 근대 초기 사회계약론자들 덕분에 현대의 인권은 자유와 평등이라는 두 가지 개념을 중심으로 발전해왔습니다.[1] 먼저, 자유의 개념이 중요하게 사용되었습니다. 인권 분야의 성서와도 같은 1948년 세계인권선언은 '~의 자유', '~으로부터의 자유'를 지속적으로 언급하고 있죠. '표현의 자유', '언론의 자유' 등은 인권의 본령으로 칭송되고요. 1941년 사회심리학자 에리히 프롬은 나치를 지지한 독일인들이 '자유로부터의 도피'를 택했으며, 이는 곧 '노예의 길'이라고 일갈하기도 했죠.

그러나 자유의 의미에 대한 해석까지 똑같았던 것은 아닙니다. 자본주의 진영은 자유의 의미를 국가로부터 속박되지 않는 개인의 온전한 활동에 초점을 둔 반면, 구소련을 중심으로 한 사회주의 진영은 개인의 물질적 욕구와 이해를 실현하기 위한 보다 실질적 의미의 자유를 강조했습니다. 자연히 노동의 자유, 복지권 등에 관심이 쏠렸습니다.

이 같은 인권의 두 가지 흐름은 별개인 것 같지만 사실 어느 시점이 되면 자연스럽게 한 물살을 타게 됩니다. 1941년 대공황과 세계대전이 계기가 됐죠. 소매를 걷어올린 사람은 미국 대통령 프랭클린 루스벨트였습니다. 이른바 '뉴딜정책'으로 전후 복구를 이끌어낸 주인공이죠.

루스벨트는 1944년 연두교서에서 유명한 4가지 자유를 언급했습니다. 의사표현의 자유, 신앙의 자유, 공포로부터의 자유, 그리고 '실질적 자유'를 의미하는 결핍으로부터의 자유입니다. 루스벨트는 이 연설에서 결핍된 인간은 자유로운 인간이 아니라고 선언했습니다. 노동의 권리, 식량과 주거에 대한 권리, 의료보호에 대한 권리를 보장함으로써 '결핍된 인간'은 자유로운 인간으로 거듭날 수 있다고 강조했지요. 아마도 사회주의 지도자들은 '턱 떨어지는(jaw-dropping)' 경험을 했을 겁니다. 자본주의의 전도사 격인 미국 대통령의 입에서 이런 말이 나왔으니까요.

1948년 세계인권선언 이후 반세기를 훌쩍 넘는 동안 인류의 염원은 한결같았습니다. 자유와 평등을 동시에 구현하는 보편적 인권의 신장이었죠. 이를 위해 수많은 인생의 스승들과 선배들이 피와 땀을 바쳤습니다. 강력한 유엔과 국제인권법을 만들었고, 국제사법재판소도 조직했죠. 언론인은 인권기사를 작성했고, 교단의 선생님은 인권을 가르쳤습니다. 이 덕에 인권은 우리 사회와 일상 속에 자연스레 뿌리 내렸습니다.

그런데 이런 인권 개념에 도전장을 내민 사람이 있었죠. 로크,

루소와 동시대를 살았던 제레미 벤담입니다. 네, 공리주의의 창시자인 그 벤담 맞습니다.

벤담의 도전은 매우 거칠었습니다. 인권사상의 모태가 된 '자연권 사상'은 자의적이고 비과학적이라고 했죠. 모든 권리는 효용이 전제되지 않으면 의미가 없다고 못 박았습니다. 장애인이나 난민 등 소수자의 인권을 보호하는 것이 다수를 위한 효용을 입증하지 못하면, 그 주장은 정당성을 잃는다는 뜻입니다.

벤담이 주창한 공리주의는 '최대다수의 최대행복'으로 요약되죠. '최대다수'는 누구나 알기 쉬운 개념입니다. 그렇다면 '최대행복'은 어떨까요? 벤담은 측정될 수 있는 행복만이 인간의 목표가 된다고 보았습니다. 이때 행복은 이른바 '비용편익 분석'으로 측정 가능하고요. 현대의 경제학자들이 중시하는 바로 그 비용편익 분석입니다. 이 사고방식으로 보자면 개인의 권리는 중요하지 않습니다. 최소한의 비용과 최대의 편익을 가져다주는 권리만이 의미 있게 여겨집니다.

공리주의가 왜 인권을 충분히 옹호하지 못하는지는 마이클 샌델의《정의란 무엇인가》에 잘 설명돼 있습니다. 샌델 교수는 다수 로마인들의 즐거움(행복)을 위해 기독교도들을 사자 먹잇감으로 던져넣는 것은 결코 정당화될 수 없다고 말합니다. 비용편익 분석을 근거로 자동차에 11달러짜리 안전장치를 달지 않아 사망사고를 방조한 포드 사의 반인권적 정책도 마찬가지고요.

앞서 예를 들어 설명한 한국의 갑질 사례도 이와 본질적으로는 다르지 않습니다. 아파트 경비원들의 노동권과 존엄성은 주민 공동의 이익과 갈등하면서 우선순위에서 밀렸습니다. '최대다수의 최대행복' 앞에 인권이 무릎 꿇은 모양새죠. 승무원을 비롯한 대한민국의 감정노동자들은 다수인 고객의 분풀이 대상이 되기 일쑤고요. 이뿐이 아니죠. 사형제도나 양심적 병역거부 등 많은 인권 이슈들이 '다수의 여론'이라는 이름으로 제자리걸음을 거듭했습니다. 다수의 행복을 위해 콜로세움에 던져진 기독교도가 오버랩된다면, 저의 오버일까요.

국제정치학 분야의 고전이론가인 한스 모겐소(Hans Morgenthau)에 대해 들어보셨는지요? 모겐소는 현대정치학과 정책학에 가장 큰 영향력을 행사한 '현실주의'를 주창한 이론가입니다. 제레미 벤담이 사망한 지 70여 년이 지나 태어나서 20세기 냉전시대를 살았죠. 그래서였을까요, 벤담이 경제적 효용에 주목했다면 모겐소는 정치적 권력과 생존에 집중했습니다. '국가안보'가 가장 중요한 정치적 논리라는 점을 철학적으로 정당화했죠. 권리보다는 권력이, 국제규범보다는 국가의 생존이 중요하다고 강조했습니다.

그의 논리는 최대다수의 최대행복 못지않게 전 세계 지도자와 국민의 정의론에 지대한 영향을 미쳤습니다. 국가주권과 안녕을 지켜내는 것은 그 어떤 사회적 가치보다 앞선다는 인식이 형성되기 시작했습니다. 이 사상을 적용하면 국가안보를 위해 이슬람을 차별할 수도 있고, 테러리스트에 대한 고문도 정당화할 수 있다는 생각으로 이어집니다. 타국에서 온 난민쯤은 그냥 돌려보내는 게 맞을 겁니다. 국민의 안전만큼 중요한 가치는 없을 테니까요.

이 대목에서 많은 분들이 떠올리는 인물이 있죠? 바로 미국 대통령 도널드 트럼프입니다. 2017년 대통령으로 취임하기 전부터 그는 테러용의자에 대한 고문이 정당하다고 말했습니다. 미국인의 생명을 보호하기 위해서라면 물고문쯤은 고문 축에도 못 낀다고 했죠. 트럼프주의(Trumphalism)가 워낙 강력한 터라 미국 국민의 60% 이상이 테러용의자에 대한 고문은 정당하다고 생각하는 것이 전혀 이상하지 않을 정도입니다.[2]

불법이주민에 대한 전쟁도 선포했습니다. '다카(DAKA)'라 불리는 불법체류 청년 추방유예 프로그램을 폐지했고, 불법이주를 막기 위해 멕시코 국경에 장벽을 설치하는 데 정치생명을 걸었던 것을 기억하실 겁니다.

모겐소의 연장선상에서 트럼프가 옹호하는 가치를 '자국중심주의주의'로 부를 수 있습니다. 트럼프 자신이 이를 전 세계로 확산하는 데 혁혁한 기여를 하고 있고요.

우리의 인권은 안녕한가요?

우리는 어떤가요? 우리도 혹시 자국중심주의의 유혹에 빠져 있는 건 아닐까요? 인권이라 말하면서 실제로는 '국민 먼저', '우리 먼저'가 우리의 판단에 영향을 미치고 있지는 않나요? 누구나 인권쯤은 알고 있다고, 나도 교양인이라고 말하지만, 실제 우리는 인권을 존중하고 있을까요? 우리 인권은 좋아지고 있나요?

통계자료는 그렇지 않다는 걸 보여줍니다. 제가 2016년 국가인권위원회 의뢰를 받아 실시한 '국민인권의식조사'에서, '인권'이라는 용어를 접해봤다고 답한 응답자는 85%에 달했습니다. 그러나 우리나라에서 인권이 존중된다고 답한 비율은 33.4%에 그쳤지요. 인식과 현실 간에 50%p 이상의 차이가 발견되는데요. 이 차이는 왜 생기게 되는 걸까요?

우리는 국가공동체와 이웃을 생각하는 시민이라 자임합니다. 하지만 결혼이주여성의 인권이 존중된다고 답한 비율은 8%에 머물고 있네요. 이주노동자들은 여기에도 훨씬 못 미치는 3.9%에 불과합니다. 성소수자의 인권이 존중된다고 답한 비율은 4.1%에 그치고 있고요. 왜 성소수자는 전과자(4.3%)나 노숙자(4.8%)보다도 인간존엄성을 존중받지 못하는 걸까요?

돌이켜보면 인간의 역사에서 인권이 지금처럼 일상 깊숙이 들어온 적은 없었습니다. 특히 우리 한국이 그렇지요. 동시에 요즘처럼 인권과 관련한 갈등이 넘쳐났던 때도 없었던 것 같습니다. 사용자와 노동자, 보수와 진보, 장년세대와 청년세대, 남성과 여성, 내국인과 외국인 간, 수많은 갈등이 우리를 짓누르고 있습니다. 살벌한 말과 행동이 난무하고, 서로를 같은 하늘 아래 살 수 없는 대상으로 간주하기도 합니다. 넘쳐나는 혐오표현은 이 모든 갈등의 깊이를, 우리의 상처를 고스란히 드러냅니다.

과연 우리가 아는 인권은 안녕한가요? 역사상 최악의 실업률을 경험하고 있는 2030세대의 초상, 양극화의 심화, 공존과 관용의 원칙이 홀대받고 있는 대한민국의 현실에서 과연 우리가 알고 있는 인권은 얼마나 생명력을 갖고 있는 걸까요? 혹시 내가 아는 인권은 또 다른 차별을 낳고 있진 않나요?

이런 질문을 가지고 한 가지 조사를 해봤습니다. 한국인들의 인권감수성을 게임 형식으로 테스트해본 것입니다. 이 책에 관심을 갖고 여기까지 읽으신 분이라면 '인권감수성'이라는 개념을 한 번쯤은 들어본 적이 있으리라 생각합니다. 인권의 원리를 중심으로 생각과 태도, 말과 행동을 조절할 수 있는 능력을 가리키죠. '왜 인권인가'에 대한 끊임없는 문제제기와 토론을 요청하는 이성적 활동이지만, 동시에 적절한 감성적 반응을 요구하는 복합적 개념입니다. 마음이 움직여야만 비로소 인권이 내 안에 들어오기 때문입니다.

우리나라는 세계적으로 인권지수가 꽤 높은 편에 속합니다. 인권의 개념을 국민 대부분 인지하고 있는 편이고요. 하지만 인권이 생명력을 얻으려면 구성원들의 인권감수성이 뒷받침되어야 합니다. '인권감수성 테스트'는 이런 문제의식에서 개발되었습니다.

덧붙여 몇 년째 4차 산업혁명이라고 세상이 시끄러운데, 그 기술발전을 인권에도 적용할 수 있을지도 궁금했습니다. 모바일/웹 기반 테스트를 만든 이유죠. 응답자들이 일상에서 인권과 관련한 이슈를 맞닥뜨렸을 때 어떻게 판단하는지 측정해 수치화하고 점수를 산출했습니다. 대학생은 물론 중고등학생과 성인들까지 2015년부터 4년여간 약 6만 명이 테스트에 참여했습니다.

이 책 곳곳에 테스트 문항과 결과를 소개할 예정입니다. '국가경제 발전을 위해 인권을 제한할 수 있을까?'도 그중 하나인데요. '그럴 수 없다'는 의견이 다수이지만, 결코 적지 않은 응답자가 찬성 의견을 냈습니다. 국가인권위원회 등이 실시한 과거 조사를 보면 약 40~50%는 경제성장이 더 중요하다고 답했죠.

테스트에 등장하는 다양한 질문 중에는 특정인의 인권감수성을 단적으로 드러내는 '설명력이 큰' 항목도 있습니다. 예컨대 방금 예시로 든 '국가경제 발전을 위해 인권을 제한할 수 있다'는 항목에 그렇다고 대답한 사람이 다른 질문에서 인권친화적으로 대답할 가능성은 크지 않습니다. 그다음으로 설명력이 큰 항목은 범죄자 인권에 관한 문항입니다. '수감자와 범죄 피의자들의 인권을 존중해

주어야 하는가?' 물론 여기에 인권친화적이지 않은 쪽으로 답변했다고 곧장 반인권적이라 단정할 수는 없습니다.

그다음으로 성소수자의 인권에 관한 답변을 볼 필요가 있습니다. '성소수자 학생들은 별도 학급에 모아서 교육해야 하는가?' 이 질문에 그렇다고 답한 분들은 평균적으로 인권감수성이 낮게 나올 가능성이 높습니다. 만약 여기에서 인권친화적으로 답했다면? 그다음에 볼 질문은 '가정 체벌'에 관한 것입니다. 훈육을 위한 사랑의 매는 괜찮을까요? 사랑의 매가 허용된다고 답한다면 이들도 대체로 인권감수성이 낮은 것으로 분류되네요. 이런 결과는 저와 동료 연구자들이 '인권감수성 테스트' 결과에 머신러닝 기법을 적용하여 분석한 내용의 일부입니다.[3]

이 테스트는 약간의 재미와 정보를 주고자 각자가 얻은 점수에 해당하는 국가를 예시로 보여줍니다. 70점 이상은 한국, 일본, 덴마크, 캐나다 수준의 인권감수성을 갖추었다고 볼 수 있습니다. 최하위 수준 국가는 북한, 러시아, 시에라리온, 소말리아 등입니다.

설마 내 인권감수성이 북한 수준일까, 할 분들도 있겠지만 실제로 해보면 생각이 달라질지도 모릅니다. 실생활에서 우리가 부딪히는 인권 상황이 그만큼 복잡다단하고 고민스럽기 때문입니다. 문항을 하나하나 짚어보다 보면, 앞에서 말한 '어려운 선택'의 무게를 간접적으로나마 실감할 수 있습니다.

인권감수성을 높이는 길

최근의 심리학적, 사회학적 연구들은 인권에 대한 높은 관심과 행동동기를 촉발시키는 주요 요인으로 '공감능력(dispositional empathy)'을 꼽습니다. 남의 처지와 아픔을 나의 것으로 생각하고 감정이입하는 능력이야말로 인권감수성에 접근하는 첩경이라는 것이죠. 심리학자인 스티븐 핑커는 《우리 본성의 선한 천사》라는 책에서 지난 100여 년 동안 전 세계적으로 다양한 형태의 폭력이 감소했다는 점에 주목합니다. 국가 간 전쟁뿐 아니라 인종분쟁, 살인, 강간, 가정폭력 등 다양한 차원에서 폭력이 감소했다는 연구결과들을 보여줍니다. 핑커 교수는 폭력이 획기적으로 감소한 원인을 인간 본성에 내재된 '선한 천사'의 역할에서 찾는데요. 선한 천사는 이성능력, 도덕윤리, 공감 등 다양한 모습을 띤다고 합니다. 특히 공감의 역할이 중요하다고 하는데요.

저도 핑커 교수의 주장에 꽤 동의하는 편입니다. 제가 든 사례로 돌아가 보면, 단순히 나의 재산권만을 주장하거나(압구정동 주민의 경우) 소비자의 권리에만 매몰되는 것이 아니라(감정노동을 제공받는 경우), 상대의 처지에 공감하고 신뢰를 보내는 것이 인권을 높여가는 데 중요한 디딤돌이 됩니다. 이 책을 통해 내 인권감수성을 짚어보고 높여가는 데 왜 '공감'이 중요한지 조금은 와 닿게 될 것으로 기대합니다. 마음으로 끌어안고 포용할 때 비로소 인권은 내 것이 됩니다. 그렇지 못할 때 인권은 또 다른 차별을 낳을 수 있습니다.

인권감수성은 일상의 구석구석에 적용되는 매우 현실적인 개념입니다. 표현의 자유, 집회시위의 자유 등 거창한 주장보다는 개별 삶의 현장에서 얼마나 인권의 권리가 반영되고 또 사람들이 이를 내면화하는가가 중요합니다.

이 때문에 인권감수성은 인권 지식이 있다고 해서 저절로 높아지지 않습니다. 따뜻한 마음만 가지고도 안 되고요. 앞서 살펴본 애플의 CEO 팀 쿡과 FBI 간의 논쟁은 인권을 확대하기 위한 선택이 얼마나 어려운 과정인지를 잘 보여줍니다. 청와대 인근 100m 집회를 둘러싸고 개인이 향유하는 집회시위의 자유와 공동의 안전은 또다시 첨예하게 대립했습니다. 법원은 개인의 집회시위의 자유를 좀 더 확대하는 방향을 선택했고 결과적으로 긍정적인 정치·사회적 변화를 낳았지만, 집회시위 자유의 확대와 평화로운 주거를 향유할 권리 간의 갈등은 여전히 진행형입니다.

단단한 인권감수성을 키워나가고 이것을 민주사회를 만들어가는 씨앗으로 삼고자 한다면, 인권은 이러한 어려운 사고와 선택의 테스트를 통과해야 합니다. 허울 좋은 지식의 묶음으로서, 그럴싸한 국제적 규범으로서의 인권이 아니라, 어려운 사고와 선택을 통과한, 그래서 우리 일상에서 질긴 생명력으로 살아 숨 쉬는 가치여야 하는 거죠. 혹시 내가 아는 인권이 차별이 되지는 않는지 계속해서 물어야 합니다.

어려운 선택이 필요한 또 한 가지 이유는, 인권감수성이 삶에 밀착한 개념이기에 절대적 가치를 고집할 수 없다는 데 있습니다. 인권을 외치는 사람들 중에는 '내가 옳다'고 주장하며 상대방을 단죄하는 이들이 의외로 많습니다. 그러나 인권감수성은 오히려 자신의 윤리적, 지적 판단이 오류일 수 있음을 인정하고, 지속적으로 판단근거를 점검하고 오류 가능성을 성찰하는 태도를 가리킵니다. 이때 우리 사회가 중요하게 생각하는 가치들, 예컨대 성장, 안보, 민족주의를 함께 고려하는 가운데 인권의 상대적 중요성을 실감하려는 태도가 필요합니다. 그럼으로써 어제보다 오늘의 인권감수성이, 오늘보다 내일의 그것이 더 좋아져야겠죠. 진지한 토론, 어려운 질문과 사고, 선택의 과정을 거치면서 말입니다.

2장

그들에게 우리의 나라를
빼앗긴다면?

"난민들은 숫자가 아니라 사람이다. 각자 얼굴과 이름, 삶의 이야기도 있는 난민들을 인격적으로 대우해야 한다."

– 프란치스코 교황

2015년 12월 31일 밤, 독일 라인 강변의 아름다운 도시 쾰른에서는 새해맞이 축제가 한창이었습니다. 새해에 대한 기대와 희망으로 시민들은 한껏 고조돼 있었지요.

그런데 갑자기 1000여 명의 젊은 남성들이 폭력적으로 변하기 시작합니다. 무리를 지어 여성들을 에워싼 뒤 위협하고 추행했습니다. 흥분한 환호성과 겁에 질린 비명이 뒤섞인 아비규환이었죠. 일부 무리는 강간도 서슴지 않았습니다. 절도 행각도 벌어졌지요. 이른바 '쾰른 집단 성추행' 사건입니다.

쾰른 경찰보고서에 따르면 이날 1200여 건의 신고가 접수되었고, 당일 확인된 용의자 32명 중 대다수는 북아프리카 출신이며 절반 가까이가 난민신청자였다고 합니다.

이 사건은 사전에 모의된 계획적인 범죄는 아니었습니다. 그러나 많은 사람들은 이슬람의 문화적 전통과 모종의 연관이 있을 것으로 의심했습니다. 특히 '타하루시 자마이(taharrush jamai)'라 불리는 여성 희롱 관행이 이슬람에 있으며 이는 이슬람의 여성혐오 이데올로기를 반영하고 있다고 목소리를 높였습니다. 사실 '강간놀이'를 의미하는 '타하루시'는 이슬람 문화와 관계가 없다는 것이 중론입니다. 집단적인 성학대를 정당화하는 이슬람 문화는 존재하지도 않고, 이슬람 율법에 따라 중벌을 받을 수도 있다고 하네요.[4] 이런 '진실'에도 불구하고 사람들의 이슬람에 대한 의구심은 줄지 않고 있는 것 같습니다.

쾰른에서 충격적인 행각을 벌인 난민들의 상당수는 이른바 '유럽 난민 위기'가 발생한 2015년 전후로 이주해온 '신생난민'이었습니다. 대부분 내전과 폭력으로 신음하는 시리아, 아프가니스탄, 이라크 등 이슬람 국가로부터 유입된 이들입니다. 그리스와 이탈리아 등 남지중해 국가들은 난민으로 넘쳐났고, 이들 중 상당수가 다시 독일, 프랑스, 스웨덴 등 서북유럽 각지로 이동했습니다. 유럽연합 회원국들에게 수용 난민 숫자가 할당되었기 때문이지요.

갑자기 많은 난민이 들이닥치자 유럽 여러 나라에서 우려와 반대의 목소리가 커졌습니다. 2018년 제주도에 입국한 예멘 난민들은 561명이지만, 독일에는 2015년에만 1100만 명의 난민들이 들어왔습니다. 아무리 선진국 독일의 국민이라고 해도 이것은 많아도 너무 많았던 것이죠. 이런 상황에서, 군중에 뒤섞여 공포에 떨어야 했던 독일 시민들은 어떤 느낌이었을까요?

사건 이후 독일 시민들은 격노했습니다. "우리는 감당할 수 있다"며 난민 포용정책을 표방한 메르켈 총리도 법을 지키지 않는 난민들은 체류자격이 없다고 못 박았지만 싸늘한 여론을 돌이키기엔 역부족이었습니다. 반면 주의회 선거 투표율 5% 안팎에 그쳤던 극우정당 '독일을 위한 대안'의 지지율이 급등해 2016년 3월 선거에서 25% 득표율을 기록했습니다. 이들은 스스로를 '반(反)난민 정당'으로 규정하며, 잃어버린 나라를 되찾아야 한다고 부르짖었습니다.

"우리에게 온 시리아 사람들에게는 아직 그들만의 시리아가 있죠. 우리에게 온 아프간 사람들도 여전히 그들만의 아프가니스탄이 있습니다. (…) 그러나 우리가 우리의 독일을 빼앗긴다면, 우리에겐 더 이상 집이 없습니다!"

반난민 정서의 확산에 따른 극우정당의 약진은 비단 독일만의 일이 아닙니다. 이민자에 대한 의료보험 혜택 축소를 주장하는 프랑스의 국민전선, 이슬람 학교의 폐교를 주장하는 네덜란드의 자유당, 고용시장에서 자국민 일자리 보호를 표방한 오스트리아의 자유당 등 유럽 전역에서 반이민, 반난민을 표방하는 정당들이 높은 득표율을 보이고 있습니다. 헝가리 의회는 2018년 6월 20일 불법 난민의 체류를 돕는 국민을 처벌하는 '스톱 소로스(Stop Soros) 법'을 통과시켜 국제사회의 비판을 받았습니다.[5] 덴마크 극우정당

단스커네스 당원들은 한 술 더 떠서 '난민퇴치 스프레이'를 거리에서 나눠줘 거센 비판을 불렀죠.

정당한 거부감

난민 문제는 남의 나라 일인 줄로만 알았던 우리나라에서 난민 때문에 갑론을박을 벌이기 시작한 것은 최근의 일입니다. 2018년에 갑자기 예멘 난민이 561명이나 무비자로 제주도에 들어온 것이 발단입니다. 우리나라는 이슬람 국가도 아니고 예멘과 가깝지도 않은데, 이들은 왜 동아시아 끝에 있는 우리나라에 온 걸까요? 뭔가 다른 의도를 숨기고 있는 것은 아닐까요? 자기들의 종교를 전파하려는 목적이 있다거나 단기간에 돈을 벌려고 난민인 척하는 것은 아닐까요? 건장한 남성들이 가족도 없이 들어오는 것에 대해 사람들이 걱정하고 의심하는 것도 무리는 아닌 듯합니다.

그동안 중동계 이슬람 난민은 같은 문화권인 말레이시아로 주로 향했습니다. 이번에 제주도에 온 예멘 사람들도 그렇고요. 그런데 말레이시아에 너무 많은 난민이 몰리면서 점점 수용하기 어려워졌다고 합니다. 말레이시아에서 밀려난 난민들은 유럽이나 다른 선진국으로 가고 싶어 하지만, 그 나라에도 반난민 정서가 커진 상황입니다. 그러다 보니 우리나라로 시선을 돌리게 된 것이지요. 우리나라의 경제적 위상이 높고 잘사는 나라라는 인식이 퍼져서 난민이 몰린 것으로 보입니다. 또 다른 이유는 우리나라가 다른 나라에 비해 개방적인 '난민법'을 가졌기 때문일 테고요.

난민법! 그동안 잘 알려지지 않았다가 최근의 난민 문제를 겪으면서 급부상(?)한 법이죠. 우리는 2012년 2월 아시아 최초로 난민법을 시행했습니다. 우리나라의 국제적 위상을 높여준 이 법이 최근 여론의 뭇매를 맞고 있습니다. '제주도 불법 난민 신청 문제에 따른 난민법, 무사증 입국, 난민신청허가 폐지/개헌' 청와대 국민청원은 한 달 만에 71만 명 이상 서명해 가장 뜨거운 청원으로 기록되기도 했죠.

인권감수성 테스트에 드러난 정서도 비슷합니다. 남녀노소를 막론하고 적지 않은 사람들이 난민 수용에 대해 부정적인 입장임을 알 수 있습니다. '최소한의 난민들만 인정해야 한다'는 주장에 대해 '보통이다'고 응답한 이들까지 합치면 전 연령층에서 절반 넘거나 이에 준하는 숫자의 사람들이 수긍하고 있었습니다.

지금의 정서대로라면 우리나라에도 반난민 정당이 출현할 가능성이 높습니다. 더욱이 난민 문제는 일자리·종교·경제·다문화·범죄 예방 등 여러 사회적 이슈들과 맞물려 있습니다. '우리도 어려운데'라고 탄식하는 2030 젊은이들, 이슬람의 성차별적 관행을 끔찍해하는 여성들, 아이의 안전과 미래를 걱정하는 중년 여성들 가운데 반난민 정당을 지지할 만한 이들이 많지 않을까요?

이러한 정서를 마냥 '반인권적이다'고 치부할 수는 없습니다. 현실에서 느끼는 실질적인 우려이기 때문이죠. 말하자면 '정당한 거부감'입니다. 여러 조사결과를 보면 우리나라 남성에 비해 여성이 사회의 안전 문제에 훨씬 더 민감하다는 사실을 알 수 있습니다. 여성들에게 '안전' 문제는 생존의 문제이자 어떤 가치와도 바꾸기 어려운 지상과제입니다.

여기에 이슬람 확산을 우려하는 보수적인 기독교 세력이 동조할 가능성도 있습니다. (물론 성서의 박애주의를 실천하는 종교세력도 있겠지만요.) 보수진영에서도 보편적 가치를 둘러싸고 많은 논쟁이 벌어질 것입니다. 많은 갈등과 국론분열이 예상됩니다.

난민 문제는 이번 제주도로 끝날 문제가 아닙니다. 한국에서의 난민 문제는 이제 시작입니다. 그렇기에 외면할 수도 없고, 외면해서도 안 됩니다. 우리의 선택은 무엇이 되어야 할까요? 나라 문을 걸어 잠가야 할까요? 다수의 국민이 반대하는 한 우리가 준비될 때까지 난민을 받지 않는 게 옳은 걸까요? 그렇게 하면 여성들과 아이들이 안전한 사회가 앞당겨질까요?

'최소한'으로만 난민들을 수용한다고 한다면 '최소한'의 범주와 심사 기준은 어디까지일지, 또 수용되지 못한 난민들은 어떻게 되는지 사회적 논의가 필요합니다. 난민들을 수용했을 때 어떤 사회문제가 발생할 수 있는지, 예방책과 해결방안은 충분히 점검되었는지도 검토해보아야겠습니다.

이 질문들에 대답하기 위해 우선 난민들은 누구이고 왜 지리적으로나 문화적으로나 거리가 먼 우리나라에 오게 되었는지를 알아볼 필요가 있습니다.

세 살배기 쿠르디가 일깨운 것

난민은 역사는 꽤 깁니다. 난민의 지위에 관한 협약이 1951년에 제정되었다는 점만 봐도 그렇습니다. 1930~40년대에 독일에서 나치가 집권하고 유대인 탄압을 지속하자, 학살과 탄압을 피해 200만 명이 넘는 유대인이 독일을 떠나 전 세계로 흩어졌습니다. 1940년대 후반에는 인도-파키스탄 분쟁과 팔레스타인 전쟁을 거치면서 대규모 난민이 생겨났습니다. 시간을 좀 더 거슬러 올라가자면 러시아 혁명기까지 갈 수 있습니다. 1차 세계대전이 끝나갈 무렵인 1917년 러시아혁명이 일어났고 100만 명 이상의 러시아인이 정치적 박해를 피해 난민 신세가 되었습니다.

당시 이들의 처지가 얼마나 열악했던지 국제연맹은 러시아 난민들을 위한 특별 여권을 만들어 유럽 각지를 자유롭게 오갈 수 있도록 했습니다. '난센 여권'이 바로 그것인데요, 노르웨이 극지탐험가 출신 정치인이자 국제연맹 고등판무관이었던 프리드쇼프 난센의 이름을 땄습니다.

하버드대학 케네디스쿨 교수였던 마이클 이그나티에프는 이 여권을 21세기에 맞게 재창조해야 한다고 주장합니다. 20세기 초 난센 여권이 그랬던 것처럼, 21세기 난센 여권을 만들어 현대 난민들의 이동할 권리를 보장해야 한다는 것입니다.[6] 561명의 난민들이 제주도를 떠나 내륙으로 이동할 수 없도록 규제한 우리나라에서 난센 여권 발행은 상상하기 어려운 일입니다.

1960년대에 아프리카와 아시아 지역을 중심으로 유럽의 식민주의에 항거하는 '탈식민지 운동'이 도미노처럼 퍼졌습니다. 그 결과 많은 식민지 국가들이 독립을 쟁취했지만 그 과정에서 수많은 난민이 생겨났습니다. 기존의 난민협약은 유럽 이외 지역의 난민 문제에 효과적으로 대응하지 못하는 한계가 있었습니다. 그래서 이들의 법적 지위 보호를 위해 1967년 난민의정서(optional protocol)가 만들어졌습니다.

1970년대부터는 종족분쟁이 전 지구적 문제로 대두됩니다. 1990년대 보스니아 내전 당시 이슬람을 믿었던 세르비아계 주민들은 기독교를 믿는 크로아티아 주민들에게 대량학살을 당했습니다. 아프리카 르완다에서는 후투족과 투치족의 종족갈등으로 100만 명 가까운 투치족이 '인종청소'를 당했습니다. 생사의 기로에서 수십만의 투치족들은 삶의 터전을 잃고 난민이 되어야 했습니다.

프랑스에서 러시아인에게 발행한 난센 여권 표지. 1922년 프리드쇼프 난센의 주도하에 발행된 난센 여권은 국제연맹 소속 52개국에 통용되었다. (사진 출처 : 월드 디지털 라이브러리)

2000년대로 접어들면서 경제가 발전하고 기술 혁신이 거듭되면서 인간 문명은 새로운 진화를 거듭하고 있습니다. 그러나 인종 갈등과 내전은 이어지고 있지요. 오히려 20세기보다 숫자가 늘었다는 연구도 있습니다.[7] 시리아 내전이 대표적입니다. 대통령 아사드를 위시한 정부군과 반군의 전쟁이 2011년 이래로 7년간 지속되었지요. 수십만 명이 목숨을 잃었고, 2200만 명의 국민 중 500만 명이 난민이 되었습니다.

난민들 중 상당수는 보트를 타고 시리아를 탈출했습니다. 작은 고무보트와 선박에 몸을 실은 채 공포의 항해를 시작합니다. 배가 난파되어 지중해 한가운데에 수장된 이들이 2017년에만 3100명에 이른다고 합니다.[8]

이 중 한 명이 2015년 9월 터키의 한 해안에서 싸늘한 주검으로 발견된 세 살배기 쿠르디입니다. 쿠르디의 주검이 전 세계 언론에 보도되면서 사람들은 슬픔에 잠겼습니다. 닫고 조이는 방향으로 치닫던 유럽의 국경이 다시 열리기 시작했습니다. 독일 메르켈 총리는 곧장 조건 없이 시리아 난민을 받겠다고 선언했습니다. 미국 오바마 대통령도, 캐나다 트뤼도 총리도 국경을 열어젖혔습니다.

이런 조치가 독일인이나 미국인, 캐나다인의 복지와 행복을 얼마나 극대화할 수 있을지는 정확히 알 수 없습니다. 난민들이 새로운 환경에 적응하는 데 시간이 걸릴 것이고, 기본적인 생계비 지원으로 나라살림을 써야 할 것입니다. 단기간에 획득되는 효용은 아마도 매우 적을 것입니다. 그러나 세계 지도자들은 인류의 책임을 떠올렸습니다. 효용으로 바꿀 수 없는 것이 분명 있다는 의식에서였지요. 인권도 그중 하나입니다. 보편적 가치를 지키는 것이 '최대 다수의 최대행복'을 극대화하는 것보다 중요하다고 믿은 겁니다.

그 후로도 난민은 계속 늘었습니다. 전쟁, 폭력 그리고 박해로 전 세계 강제이주민의 수가 5년 연속 증가해 2017년에도 사상 최고치를 기록했다고 합니다. 콩고민주공화국의 불안정, 남수단의 내전, 미얀마 로힝야 난민 수십만 명의 피난 등이 주요 원인으로 꼽힙니다. 유엔난민기구는 2018년 글로벌 동향 보고서를 통해 2017년까지 6850만 명이 집을 잃었으며, 이 중 1620만 명은 2017년에 난민이 되었다고 밝혔습니다. 2초마다 누군가 집을 잃고 있다는 뜻입니다.

"우리도 힘든데 누구를 도와?"

다시 우리나라로 돌아와 볼까요. 최근 논란의 핵심이 되고 있는 난민법부터 살펴보죠.

요즘 난민법이 도마에 올라 있습니다. 난민법이 있다고 해서 우리가 난민들을 대거 받아야 한다는 것은 말이 안 된다는 거죠. 경제도 불황이고 청년 실업률은 사상 최고인데, 우리도 어려운데 왜 그들까지 책임져야 하느냐는 겁니다. 국제사회의 일원으로서 도의적 책임은 있겠지만 우리 발등의 불부터 끄자는 입장입니다.

우리의 특수한 현실을 생각하면 시기상조론이 더 힘을 얻습니다. 바로 '통일' 이슈입니다. 앞으로 통일이 되면 수백만 명의 사실상 난민이 발생할 게 뻔하고, 그에 대비하는 것도 쉬운 일이 아님은 분명합니다. 통일 비용으로 천문학적인 돈이 들 거라는 전망도 있고요. 이미 '탈북자'라는 특수한(?) 난민을 받아들이고 있는 것도 사실입니다. 반세기 이상 분단되었고 적대국으로 총을 겨누는 와중에도 그간 한국에 귀순하거나 넘어온 북한 주민들을 적극적으로 포용해왔습니다. 우리 나름의 국제적 공헌인 셈입니다.

국제협약도 중요하고 인권도 좋지만 당장 우리나라와 우리 국민의 안전이 가장 중요하다는 논리를 반박하기는 쉽지 않습니다. 2018년에 흥미로운 연구가 있었는데요. 터키인 1335명을 대상으로 난민과 관련된 국민의 태도를 묻는 연구입니다. 설문조사를 하되 여기에 실험적인 요소를 가미하여 인과관계를 보다 엄정하게 추출했습니다. 새롭게 유입되는 난민을 더 이상 받아들이지 않는 정부 정책에 대한 찬반을 물으면서, 실험집단에는 이 정책이 국제협약에 위반된다는 점을 명시해 이 사실이 난민정책에 대한 시민의 태도에 어떤 영향을 미치는지를 분석했습니다.

결과는 놀라웠는데요. 난민거부 정책이 국제협약을 위반하는 것이라는 설명을 들은 응답자들이 오히려 이 정책을 지지할 확률이 높았다는 겁니다. 이에 대해 연구자들은 일종의 '백래시'로 설명하고 있네요. 술 마시지 말라고 귀에 못이 박히도록 말을 들으면 더 알코올에 손이 가는 것과 같은 이치입니다. 심리학에선 '반응이론'이라 부르죠.[9] 국제협약만을 내세워 난민 수용을 주장하는 것은 그리 효과적이지 않을 수 있겠군요.

우리나라가 유럽에 비해 경제적으로나 문화적으로 여력이 부족한 것도 사실입니다. 이들 선진국은 과거 다른 나라를 착취했고 지금도 분쟁을 부추기거나 방조해 난민 문제를 키웠다는 점에서 책임에서 자유로울 수 없는 반면, 우리나라는 난민 문제에 직접적인 책임이 없는 것도 사실이고요. 그런데도 국제협약 때문에 사회적 안전망도 충분히 갖춰지지 않은 상태에서 난민들을 수용해야 할까요?

여론에 놀란 정부는 난민법을 좀 더 엄격하게 만들겠노라 공언했습니다. 심사관 숫자도 늘리고 심사기간을 단축해 '가짜 난민'들을 신속히 본국으로 돌려보내겠다는 것이 골자입니다. 71만 명이 동의한 난민법 폐지 국민청원에 법은 유지하되 국민의 우려를 줄이는 방식으로 손보겠다고 응답한 것입니다.

그러나 난민에 대한 처우 개선 및 기본적 권리 보장이라는 난민법의 제정 취지를 고려하면 오히려 현행 난민법이 부족하다는 비판도 비등합니다. 우리나라 난민법이 미흡하다니, 난민법 폐지를 주장하는 측에서는 의아해할 것 같습니다.

통계자료를 다시 살펴보죠. 우리나라가 1994년 4월 처음 난민 신청을 받은 이후 2018년 6월까지 누적 난민 신청자는 4만 470여 명에 달했습니다. 이 중 2만 361명에 대한 심사가 끝났고 839명이 난민으로 인정받았습니다. 난민 인정률이 4.1% 정도이니 세계 평균인 38%와 격차가 매우 크죠. 게다가 2013년까지 평균 10.8%였던 인정률은 2014년 3.9%, 2016년 1.8%로 오히려 낮아지고 있습니다. 2011년 시리아 내전이 발발한 이후 전 세계적으로 난민이 늘고 우리나라에 난민 신청을 하는 사례도 크게 늘었지만, 우리는 오히려 국제사회의 필요에 부응하지 못한 것이지요.[10]

예고된 대로 정부가 난민법을 개정하고 나라 문을 더 걸어 잠그는 방향으로 대응한다면 우리의 난민 인정률은 더 낮아지는 대신 난민을 반대하는 국민들의 요구에 부응할 수 있을 겁니다. 대신 국제사회의 따가운 시선이 따라오겠죠. 이 시선에 아랑곳하지 않는 국민도 많을 겁니다. 터기 국민들처럼 국제사회의 시선에 백래시로 대응할 수 있다는 겁니다.

하지만 이건 어떻습니까? 우리가 난민을 만든 책임은 없을지 모르지만, 우리도 어려울 때 다른 나라의 도움을 많이 받지 않았나요? 우리 조상들도 과거 일제강점기와 한국전쟁을 거치면서 가깝게는 중국이나 일본에서, 멀게는 미국이나 유럽에 이르기까지 난민이 되어 살았습니다. 노르웨이의 '라면왕'으로 잘 알려진 이철호 씨도 한국전쟁 때 고아가 되어 노르웨이에 난민으로 갔다고 하죠. 그때 우리 할머니 할아버지들을 도와준 손길이 없었다면 우리 조상들이 타지에 잘 정착해서 살아갈 수는 없었을 겁니다.

유엔이 설립되고 최초로 가장 직접적이고 큰 도움을 받은 이들도 한국의 난민들이었습니다. 유엔한국재건단(UNKRA)은 전쟁 후 한국에서 긴급구호 활동을 비롯해 한국의 경제적, 정치적 안정을 위한 활동을 해나갔습니다. 피난민들에게 집을 지어주고 경제 재건을 위한 여러 기반시설을 제공했지요.

이처럼 우리가 어려웠던 시절에 도왔던 세계의 손길이 발전의 토대가 되었다는 점을 떠올린다면, 지금의 난민 문제를 우리와 상관없는 일이라고만 여기기는 쉽지 않습니다. 우리나라는 난민협약과 같은 국제사회의 여러 인권 조약을 비준했고 유엔사무총장을 배출한 나라이기도 합니다. 한때 이런 사실에 자부심을 느끼기도 했고, '세계시민'의 가치에 대해 진지하게 생각해보는 분위기도 있었습니다. 우리에게도 국제사회의 일원으로서 이에 걸맞은 책임감은 필요하지 않을까요?

이에 관해 일각에서는 '다른 방식의 책임'을 제안하기도 합니다. 난민들을 수용할 만큼 사회적 여건이 성숙하지 않았으니 금전적 도움으로 갈음하자는 것입니다. 국제기구나 난민 지원단체 등에 후원금을 더 많이 내는 것으로도 충분하며, 난민들의 문제는 근본적으로 해당 지역에서 그들의 힘으로 해결되어야 한다는 것입니다. 자유한국당 조경태 의원은 국민의 인권과 안전을 최우선으로 해 '난민지원'에는 적극적이되 '난민수용'에는 신중해야 한다고 주장했습니다.

그가 머릿속에 그리고 있는 것은 일본식 모델입니다. 일본은 오랫동안 유엔난민기구에 대한 지원은 세계 최고 수준으로 해왔지만, 난민을 자국에 받아들이는 데에는 매우 인색했습니다. 가령 시리아 난민 사태가 지구촌을 강타했던 2015년에 시리아 난민을 포함한 7500여 명의 난민이 일본 땅을 밟았지만, 정작 난민으로 인정된 사람은 20여 명에 불과했습니다. 또 일본은 우리처럼 인도적 체류허가 제도도 없어서 일본에 뿌리를 내리는 난민은 정말이지 극소수에 불과합니다.

국제사회의 비난이 쏟아지자 일본 정부는 난민 인정을 확대하는 대신 3년간 28억 달러(약 3조 원)를 추가 지원하겠다고 밝혔습니다. 부자나라 일본의 묘수이지요. 이것이 난민사태에 대응하는 일본식 모델의 핵심입니다. 조경태 의원의 입장은 난민을 반대하는 국민들로부터 큰 공감을 얻었습니다.

여러분은 어떻게 생각하시는지요? 우리는 세계적으로 유례없이 '도움을 받는 나라'에서 '도움을 주는 나라'가 되었다는 자부심을 가지고 있습니다. 아울러 그에 걸맞은 책임감으로 세계 평화와 번영을 위해 노력하고 있습니다. 매년 2조 원이 넘는 대외원조(ODA)

를 하는 것도 이런 맥락이죠. 그렇다면 난민 문제만이 예외가 되어야 할까요? 돈을 주는 것으로 우리는 충분한 역할을 다했다고 자신할 수 있을까요?

"그들이 진짜 난민인지 어떻게 알아?"

앞서 소개한 것처럼, 난민 문제를 다룰 때에는 유독 인도주의적 관점, 인간의 보편적 정서 등 누구도 섣불리 반박하기 어려운 '좋은 말'들이 많이 등장합니다. 그렇다면 난민법을 반대하는 이들은 인종차별주의나 혐오주의자여서 난민을 배척할까요? 그렇지는 않을 겁니다. 다만 현실을 외면할 수 없다는 것이죠. 막연한 인권이니 인도주의니 하는 것 때문에 지나친 위험을 감수하고 싶지 않다는 것입니다. 그리고 그 위험을 감수하는 사람들은 법을 만드는 '높으신 분'들이 아니라 난민들과 함께 살아가야 하는 일반 국민이라는 점에서 반발이 더 큽니다. 구체적인 계획이나 검토 없이 무작정 난민을 받아들이는 것은 지나치게 감성적이고 이상론적인 접근이라는 것입니다.

많은 국민들이 우려할 만큼 난민 신청 숫자가 가파르게 늘어나고 있는 것은 사실입니다. 법무부는 2018년 상반기의 추세가 계속된다면 2018년 한 해 총 난민 신청자는 1만 8000명에 달할 것이라 보았습니다. 2017년에는 9942명이었던 점을 고려하면 1년 만에 두 배가 늘어난 것이지요. 3년 뒤인 2021년에는 예상 누적 신청자가 12만 7000여 명에 이를 것으로 예상합니다.[11]

일각에서는 우리나라의 인도적 체류 제도에 문제가 있다고 주장합니다. 여기에는 약간의 설명이 필요한데요. 난민으로 인정되기 위해서는 난민협약에 정의된 5가지 기준, 즉 '인종, 종교, 국적, 특정사회집단, 정치적 의견'을 이유로 박해를 받을 우려가 있는 자에 해당되어야 합니다. 그런데 최근 문제가 되고 있는 '내전'은 이 5가지 기준에 포함되지 않습니다. 그래서 심사대상자 중 일부에게 '인도적 체류허가'를 주어 국내에 머물며 취업도 할 수 있게 합니다. 실제 제주에 들어온 561명의 예멘인 가운데 484명이 난민 신청을 했는데, 2019년 3월 현재 412명이 인도적 체류허가를 받았습니다. 두 명은 난민인정을 받았고요. 비록 난민의 지위를 인정받지는 못했지만 인도적 차원에서 보호가 필요하다고 인정되는 경우에 한해 체류를 허가하는 제도입니다. 미국 등 외국에서도 운영되고 있고요. 이 제도에 따라 우리나라에 거주하는 외국인이 2018년 현재 1400명에 달해 과도하다는 지적입니다.

한편으로는 난민 신청자에 대한 혜택이 과하다는 주장도 나옵니다. 난민 신청만 해도 매달 43만 원의 생계비를 지원하고, 취업허가에 주거지원과 의료지원도 모두 받을 수 있거든요. 이 점을 노린 '가짜 난민'이 늘고 있다는 것이죠. 한국에 오려는 외국인들에게 돈을 받고 난민 신청서 작성을 돕는 '난민 브로커'들이 검거됐다는 뉴스는 이러한 심증에 확신을 더합니다.[12]

난민 반대측은 아직 난민으로 인정받지 않은 '난민 신청자'들부터 왔던 곳으로 돌려보내라고 주장합니다. 그러나 전 세계적으로 난민 보호의 가장 기본적이고 핵심이 되는 원칙은 '강제송환 금지의 원칙(principle of non-refoulement)'입니다. 심사 절차를 거쳐 난민으로 인정된 사람들뿐 아니라 난민이라고 주장하는 사람들도 박해의 위험이 있는 곳으로 돌려보내서는 안 된다는 것입니다. 이 국제법의 논리가 우리 정부가 제공하고 있는 '인도적 체류 지위'의 논리적 바탕이기도 합니다. '가짜 난민'으로 의심받는 사람들도 실제 전쟁과 박해를 피해 제3국으로 온 '진짜 난민'일 가능성이 분명 있으니까요. 우리 땅에 찾아온 외국인이 이런 난민들이 맞다면 이들에게 다시 그들이 떠나온 곳, 전쟁과 사회적 혼란, 재난이 기다리는 곳으로 돌아가라고 해서는 안 될 것입니다. 우리가 만약 정의로운 사회를 꿈꾼다면 말입니다.

물론 우리나라 사람들의 입장에서 '유럽 난민사태'를 보며 경각심을 가지게 되는 면도 있습니다. 서유럽 국가들이 많은 중동 난민을 받아들였지만 그들이 사회에 동화되지 못해 각종 문제가 일어나고 있다는 뉴스를 계속 접했기 때문입니다. 난민들이 저질렀다는 흉악범죄 소식 혹은 전근대적이거나 이질적인 문화풍습에 집착하는 모습을 접하노라면 과연 한국에서는 유사한 문제가 없으리라는 보장이 있을까 의구심이 생깁니다.

자극적인 보도와 일부 가짜뉴스가 가세해 이슬람권 난민들에 대한 극도의 거부감과 혐오 정서를 증폭시킨 면도 있습니다. 실제로 우리나라에 거주하는 외국인들의 범죄율은 우리 생각만큼 높지 않습니다. 오히려 내국인 범죄율에 훨씬 못 미칩니다. 한국형사정책연구원의 2017년 통계에 따르면 인구 10만 명당 외국인 범죄자 검거인원지수가 가장 높았던 때가 2011년의 1591명이었던 데 반해 같은 해 내국인의 검거인원지수는 3524명으로 두 배가량 높습니다. 집계가 이루어진 2012~15년까지를 따져보아도 외국인의 검거인원지수는 내국인의 절반 수준에 그쳤습니다.[13] 이러한 통계를 고려할 때 국민들 사이의 팽배해 있는 외국인과 난민에 대한 두려움은 다소 막연한 측면이 있습니다.

이러한 불안의 근원은 우리나라에 오는 난민들이 어떤 사람들인지 우리가 정확하게 파악하지 못하고 있기 때문일 겁니다. 우리 땅을 밟는 이들이 정말 불쌍한 난민인지, 난민인 척하는 사람들이 섞여 있는 건지 제대로 구분하지 못하면 큰 사회적 혼란이 발생할 거라는 우려입니다.

이러한 이유로, 난민을 반대하는 이들은 우리의 유구한 역사와 전통, 자유와 민주주의의 가치를 받아들일 수 있는 사람을 잘 선별해야 한다고 주장합니다. 지금 그 작업이 잘 이루어지고 있을까요? 우리 정부에 그런 능력이 있을지, 유럽에서 일어나는 혼란상을 보면 이런 걱정이 더 깊어지죠.

난민 문제를 놓고 많은 이들이 갑론을박하고 있지만, 그 와중에 모두 공감하는 점은 난민 심사를 신속하게 진행해야 한다는 것입니다. 각 출입국관리사무소 등에 소속된 난민심사관들은 2018년 기준 전국에 37명밖에 없습니다. 2015년에는 8명이었다가 그나마 늘어난 것이지만, 신청자가 워낙 급격히 증가한 데 비추어보면 여전히 태부족 상태입니다.

물리적인 시간을 줄이는 것도 물론 중요합니다. 그렇지만 단순히 빠르게 난민심사를 진행하는 데 그쳐서는 안 될 것입니다. 근본적으로 난민문제에 대하여 국가가 주도적으로 나서서 사회적 공감대를 형성하고 각종 논란과 오해를 불식시킬 필요가 있습니다. 실제로 한국뿐 아니라 모든 나라의 난민심사는 몹시 까다롭게 진행되므로 테러리스트 등 '가짜 난민'이 들어오리라는 우려는 기우에 가깝습니다. 테러리스트 입장에서는 굳이 복잡한 절차를 거쳐 입국하고, 그 뒤에도 지속적으로 정부에 자신의 소재를 보고하려고 할까요? 그보다는 다른 비자를 발급받거나 국적을 세탁하는 등의 방법을 택할 것입니다.

테러리스트들을 막아내는 일은 당연히 중요하지만 난민문제와는 별개의 차원에서 다룰 필요가 있습니다. 오히려 모든 난민들을 잠재적 테러리스트 취급하는 것이 과연 바람직한지 돌아볼 필요가 있지 않을까요?

벤담이라면 난민을 거부했을까?

　지금까지 살펴본 반난민 정서의 주장에는 난민 유입을 반대함으로써 국민의 편익이 증대되고 나라의 질서가 잡힐 것이라는 전제가 깔려 있습니다. 공리주의적 발상이죠.

　하지만 제 생각에 공리주의를 주창한 제레미 벤담이 살아 있었다면, 한국은 난민협약에 가입했기 때문에 난민의 기본권 보호는 공리주의의 원리에 부합한다고 말했을 것 같습니다. 벤담이 말하는 공리주의는 협소한 '우리만의 이기주의'와는 다르기 때문입니다. 난민협약이라는 정당한 국제규범을 따름으로써 얻는 공동체 전체의 이익이 치러야 할 비용보다 더 크지 않을까요? 국제사회에서 '찍히는' 비용도 고려해야 하니까요. 그러나 난민 문제는 얻는 이익에서 다소 불분명한 면이 있는 만큼, 실리적 장단점을 꼼꼼히 따져보는 것도 의미가 있을 것 같습니다. 그래서 이번에는 난민 수용의 '경제적 이익'을 생각해보려 합니다.

　마침 이와 관련해 흥미로운 최신의 연구결과가 있습니다. 길게 보면 난민은 오히려 국고를 채우는 인적자원이 될 수 있다는 것입니다. 프랑스 국립과학연구센터(CNRS) 소속 파리경제대학원, 클레르몽 오베르뉴대 국제개발연구센터, 낭테르대 경제분석연구소 등의 경제학자와 수학자들이 1985~2015년 유럽 15개국에 유입된 난민, 특히 망명신청자들(asylum seekers)이 가져온 경제적 효과를 연구했다고 합니다. 여기에서 각국의 거시경제에 난민이 악영향을 미치지 않는다는 사실을 보고한 겁니다. 오히려 국가경제에 득이 되었다고 하네요. 그들이 망명을 허가받고 3~5년이 지난 뒤부터 GDP가 증가했고, 세수稅收도 1%가량 늘어나는 효과가 있었습니다.[14]

난민을 지원하는 비정부기구인 텐트 재단에서도 비슷한 내용의 보고서를 발표했습니다. '난민 보호 및 조사에 1유로를 투자하면 5년 내 2유로의 경제효과가 발생한다'는 내용입니다. 필립 르그레인 전 유럽연합 집행위원장 경제자문관은 영국매체 〈가디언〉에 실은 기고를 통해 "난민이 사회경제적으로 부담된다는 견해는 일부 난민 옹호론자에게도 퍼져 있는 가장 큰 오해다. 일단 정착한 난민은 내수경기 활성화, 인력 부족 현상 해결, 세수 증대 등 경제에 기여하는 바가 있다"고 밝혔습니다.[15]

생각해보세요, 난민은 대부분 경제활동이 가능한 인구입니다. 게다가 문화와 언어의 차이 때문에 처음부터 양질의 일자리를 대체하기보다는 오히려 내국인들이 기피하는 일자리에 종사하게 됩니다. 지금도 우리나라 간병인의 70%, 모텔 청소부의 95%가 외국인이라는 보도가 있습니다. 간병은 조선족 여성들이, 모텔 청소는 우즈베크인이, 그리고 공장 노동은 베트남인이 주로 맡고 있다고 합니다. 이삿짐센터에는 최근 몽골인이 대거 진출했죠. 현장의 자영업자들은 외국인 근로자가 없으면 당장 가게가 안 돌아간다고 입을 모으고 있습니다. 최근 통계에 따르면 국내 건설업 근로자 168만 명 중 27만 5000명(2016년 기준, 한국산업인력공단)이 외국인이라고 합니다.[16] 제주도에 머물고 있는 예멘인들도 현재 농업, 어업 일자리를 얻어 생계를 잇고 지역경제에도 일정 부분 기여하고 있습니다. 이들이 우리 경제의 빈 곳을 훌륭히 메워줄 수도 있지 않을까요?

더욱이 우리나라는 현재 저출산 고령화의 늪에 빠져들었습니다. 초고령화 사회 진입과 인구절벽이 코앞에 다가왔죠. 사회는 노쇠해져 활력을 잃게 되고 반토막 난 출생인구가 부동산, 대학, 노동시장, 가족관계 전반에 영향을 줄 것이라는 시각이 우세합니다.[17] 이런 상황에서 난민이 경제적으로 부담일 뿐이라는 논리는 근시안적 주장이 될 수 있습니다. 오히려 공리를 극대화하는 데 기여할 수 있죠. 2019년 3월 현재 인도적 체류자격을 얻은 412명의 예멘 난민 중 145명은 조선소에서 일하고 있습니다. 농장, 양식장 등에서 일하는 예멘인들도 있다고 합니다. 조선소 관계자는 "일손이 턱없이 부족한 상황에서 예멘인들이 도움이 된다"는 의견을 내놓았네요.

2015년, 일명 '얼굴 없는 그래픽 아티스트' 뱅크시(Banksy)가 '정글'이라는 별칭으로 불리는 프랑스 칼레의 한 난민촌에 그래피티 작품을 남겼습니다. 그림 속에서 애플 CEO였던 스티브 잡스는 매킨토시 컴퓨터의 초기모델을 쥐고 허름한 짐꾸러미를 짊어진 채 우리를 바라보고 있습니다. 세계 최고 IT기업을 일군 CEO가 왜 이런 곳에 허름한 짐을 들고 있는 걸까요? 그의 친아버지가 시리아 이주민이었다는 사실을 나타내는 것입니다.

뱅크시는 다음과 같이 말했습니다.

"우리는 이민이 국가의 자원을 빼내가는 하수구쯤으로 믿고 있다. 하지만 스티브 잡스는 시리아 이주민의 아들이었다. 애플은 세계에서 가장 수익성 있는 기업 중 하나이며 1년에 내는 세금만 70억 달러에 달한다. 이런 애플이 존재하는 이유는 그들(미국)이 시리아 도시 홈스에서 온 젊은 남자 한 명을 받아들였기 때문이다."[18]

그럼에도 여전히 문제는 남습니다. 만약 난민의 인권을 존중하는 것이 지역경제에 도움이 되거나 공동체에 이익을 가져다주지 않는다면 이들의 인권은 저버려도 되는 걸까요? 이들이 경제에 기여하기까지 최소 몇 년은 걸릴 텐데요. 공리주의의 딜레마입니다.

제가 미국 연구자들과 진행하고 있는 연구가 시사점을 줄지도 모르겠습니다. 2018년 미국과 캐나다의 시민 각 2500명을 대상으로 설문조사를 해보았습니다. '망명신청자 인권보호 정책을 지지

'정글'이라 불리는 프랑스 칼레의 난민캠프에 그
려진 뱅크시의 그래피티 작품. (사진 출처 : www.
banksy.co.uk)

하느냐?'라고 물었고요. 여기에 실험 요소를 도입하여 망명을 신청한 난민이 경제에 도움이 되는 경우, 도움이 되지 않는 경우, 그리고 경제득실에 관한 정보를 제공하지 않은 경우로 나누어 서베이 실험을 했습니다.[19] 흥미롭게도 모든 경우에서 통계적인 유의성이 도출되지 않았습니다. 저와 제 연구자는 이렇게 결론을 내렸죠. '난민문제가 편익문제로 규정되는 순간 지지자는 떠난다(!).' 그럴듯한 공리주의적 설명도 완전한 해결책은 아닌 것 같습니다.

난민 문제가 비로소 본격화된 지금은 어느 정도 혼란이 불가피합니다. 서로 다른 문화나 종교 등의 문제로 불신과 오해가 생길 수도 있을 테고요. 그렇지만 그런 문제는 꼭 난민 문제가 아니더라도 외국인 관광객 유치나 세계화 추세에 따라 필연적으로 발생하는 불가피한 현상입니다.

과거 우리 정부가 난민협약 당사국으로서나 난민법 제정국으로서 단순히 법을 만드는 데 그치지 않고 국민들에게 홍보하고 이해를 구하는 노력을 했다면 상황이 조금은 달라졌을지 모르겠습니다. 아쉬운 대목입니다. 그렇지만 지금 시점에서 국민적 동의가 충분치 않다고 해서 삶의 터전을 뺏기고 생명의 위협에 시달리는 난민들을 배척하고 나라 문을 걸어 잠그는 것이 과연 옳은 것인지 우리 스스로 자문해볼 필요가 있습니다. 여건이 마련되지 않았다는 이유로 난민 문제에 소극적으로 일관한다면 우리는 영원히 이 문제를 해결할 수 없을지도 모릅니다.

지금이라도 정부가 앞장서서 잘못된 정보가 있다면 바로잡고 국민들이 납득할 수 있게 설명을 해나가는 노력이 필요합니다. 소수의 외국인 범죄 사례를 지나치게 확대해석해서 공포감을 조장해서는 안 되겠고요. 무슬림 난민이라고 해서 잠재적 범죄자로 바라보거나 이슬람 문화 자체를 무언가 '틀린 것'으로 여기는 것은 이론의 여지 없는 인종차별적 시각입니다. 물론 난민 신청자들 가운데 결격 사유가 있는 사람들은 심사를 통해 걸러내야겠지만, 국제사회의 일원으로서 인도주의적 가치를 포기해서는 안 될 것입니다. 이때 우리의 인권감수성이 제 역할을 할 수 있겠죠.

또 요즘은 문화적 측면에서도 다양한 가치를 포용하고 공존하는 덕목이 중요해지고 있습니다. 선진국으로 가기 위한 조건이라는 인식도 커지고 있지요. 다양성을 존중하는 사회가 더 경쟁력이 있다는 연구들도 나오고 있습니다.[20] 그런 점에서는 그들의 노동력을 충분히 활용하고, 또 그들이 우리 사회의 구성원으로 역할을 할 수 있도록 분위기를 만드는 게 필요하지 않을까요?

"자네 부모가 전라도 사람인가?"

욤비 토나는 아마 한국에서 가장 성공한(?) 난민일 겁니다. TV

프로그램 〈인간극장〉 '굿모닝, 미스터 욤비' 편을 통해 알려지며 '콩고 왕자'라는 애칭도 붙었죠. 그는 콩고민주공화국에서 작은 부족 국가인 '키토나'의 왕족으로 태어나 경제학을 공부한 뒤 정부관료로 촉망받는 삶을 살아왔습니다. 그러나 무려 500만 명 이상이 희생된 콩고 내전의 참화를 겪으며 죽음을 피해 2002년 한국에 왔습니다. 불법체류자 신분으로 공장을 전전하며 갖은 고생을 하던 그는 2008년에야 난민으로 인정받았습니다. 정글에서 숨어 지내던 가족들과도 마침내 함께 살 수 있게 되었죠. 《내 이름은 욤비》라는 책을 출간하고 난민의 시선으로 한국의 다양한 모습을 풀어내며 활발한 활동을 펼친 그는 지금은 광주대학교 교수로 일하고 있습니다.

욤비는 그저 '성공한 난민'에 그치지 않았습니다. 한국사회에서 느끼는 부조리함과 한국인들이 가진 편견을 과감하게 지적하며 우리에게 많은 깨달음을 주고 있습니다. 현재 난민과 망명객의 인권에 관해서도 다양한 사회운동을 펼치고 있지요.

인터넷 상에서는 욤비 토나 가족의 유튜브 영상이 인기를 얻고 있는데요. 콩고에서 태어나 한국에서 학교를 다니며 생활하는 아이들의 한국 적응기와 유쾌하고 재치 있는 입담 덕분입니다. 첫째 '라비'가 시장에서 홍어 먹는 모습을 본 어느 할아버지가 "자네 부모가 전라도 사람인가?"라고 묻는 장면은 큰 화제가 되기도 했습니다.

이들 가족의 모습은 우리가 머릿속에 막연히 그리고 있는 '위험한 난민들'과는 사뭇 다릅니다. 전라도 사람인가 싶을 만큼 우리와 다르지 않죠. 어쩌면 우리는 주변에 살아가는 난민들이 어떠한 모습을 하고 있는지는 정작 자세히 살펴보지 못하고 있는지도 모릅니다.

국가인권위원회는 "사람답게 살기 위한 희망으로 본국을 떠날 수밖에 없는 예멘 난민 신청자의 절박한 처지에 대한 공감과 수용은 선택이 아닌 국제사회와의 약속"이라 강조했습니다. 500여 명이나 되는 예멘 사람들이 제주도에 난민 신청을 위해 찾아온 것은 분명 낯선 일입니다. 그런데 이런 난민이 전 세계적으로 6500만 명이나 있습니다. 우리나라에 오기 직전에 예멘인들이 생활하던 말레이시아에도 약 70만 명의 난민들이 있다고 합니다. 그에 비하면 500여 명은 비교적 적은 숫자입니다. 과연 우리나라가 인도주의적 차원에서 이 정도 난민 신청자도 감당할 수 없을 정도로 취약한지 자문해보아야 할 것 같습니다. 한국은 그들을 수용할 충분한 역량이 없는 나라일까요? 혹시 그동안 우리의 인권은, 나의 인권은 이들을 차별하진 않았나요?

3장

'금수만도 못한'
자들에게 인권이란?

"억압받는 사람과 마찬가지로 억압하는 사람도 해방되어야 한다는 사실을 나는 잘 알고 있습니다. 만약 내가 타인의 자유를 빼앗는다면 남에게 나의 자유를 빼앗긴 것처럼 나는 진정으로 자유롭지 못합니다. 내가 감옥에서 풀려나왔을 때, 억압하는 자와 억압받는 자 둘 다를 해방시키는 것이 나의 사명이 되었습니다."

- 넬슨 만델라

2018년 10월에 〈네이처〉 지에 실린 흥미로운 연구논문 한 편을 소개합니다. '생사를 다루는 선택 : 두 가지 악마 중 덜한 것 고르기'라는 주제입니다. 여기 '도덕적 기계(moral machine)'라는 것이 있습니다. 기계는 자율주행 자동차를 뜻하는데요, 브레이크가 고장 나 횡단보도 앞에서 멈출 수 없을 때 핸들을 어떻게 조작해야 하는가를 묻는 것입니다.

핸들을 조작한다는 것은 곧 보행자 중 누구를 살리고 누구를 희생시킬지 선택한다는 의미입니다. 훗날 자율주행 자동차가 상용화되려면 이런 상황에 대해서도 '도덕적 판단기준'을 가지고 있어야 할 테니까요. 앞서 소개한 《정의란 무엇인가》의 사고실험 사례와 비슷하죠. 다만 차이가 있다면 마이클 샌델의 사고실험은 말 그대로 실험이지만, 이제는 자율주행 자동차에 실제로 이런 판단기준을 프로그래밍해서 넣어야 한다는 것입니다. 그 알고리즘에 따라 어떤 상황에서는 실제로 누군가가 희생되겠죠. 이런 사정을 감안한다면 섣불리 답하기 어려운 질문입니다.

이 윤리실험에 전 세계 230만 명이 참여해 13개의 문항에 답했습니다. 노인보다는 어린아이를 구하고, 무단횡단하는 이들을 희생시키고, 동물보다는 인간을 살리고… 대체로 한쪽으로 의견이 모아졌지만 국가에 따라 답변이 조금씩 달라지기도 해 문화권의 차이를 들여다볼 기회가 되기도 했습니다.

그런데 여기에 흥미로운 항목이 있습니다. 개보다는 고양이가 희생양으로 거론되는 경우가 많았다고 하네요. 어떤 이유 때문일지 궁금해집니다. 그런데 고양이보다 더 많이 지목되는 희생양이 있었습니다. 바로 범죄자였습니다.

개와 고양이 간에 어떤 선택의 기준이 있는지는 모르겠지만, 반려동물과 범죄자를 가르는 선택기준은 오히려 쉽게 이해될 것도 같습니다. 범죄자는 인간도 아닌 존재, 아니 말 그대로 '금수禽獸만도 못한 존재'로 여겨지는 것은 문화의 경계를 뛰어넘나 봅니다. 그리고 머잖아 AI가 얼굴만 보고도 범죄기록을 판별할 수 있다면, 범죄자는 개와 고양이보다 먼저 희생될지도 모르겠습니다. 일반적인 '도덕적 판단기준'에 따른다면요.

인간 이하의 인간에게도 인권이?

실제로 우리들, 이런 생각 종종 하죠. 하루가 멀다 하고 일어나는 온갖 범죄 소식을 너무 많이 접하다 보니 나도 모르게 범죄자의 인권에 팍팍해집니다. 심신미약이라거나, 술에 취했다거나, 기억이 나지 않는다는 변명을 늘어놓는 가해자의 모습을 보면 기가 막힙니다. 아무리 봐도 범인이 분명한데 뻔뻔하게 자기는 아니라고 항변하는 '인간쓰레기'들을 보고 있자니 화가 치밀죠. 피해자들, 특히 여성, 아동, 노인 등 약자들의 사연을 듣고 있노라면 철면피 악인들에게 어떠한 벌을 내려야 할지, 어떻게 해야 '정의'를 회복할 수 있을지 분통이 터집니다.

그렇게 끔찍한 일을 저지르고도 교도소에서 겨우 몇 년 복역하고 나오면 다시 우리 곁에서 함께 산다니 더 끔찍해집니다. 혹시나 우리 동네로 이사 온다면 어떻게 해야 할까요? 여러분은 어떻게 생각하시는지 궁금합니다. 인터넷 댓글을 찾아보았는데요. '범인들은 영원히 감옥에 가둬서 사회와 격리시켜야 해!'라거나 '징역 5년 가지고 되겠어? 우리도 외국처럼 징역 500년씩 내려서 죗값을 치르게 해야 해!'라는 글이 많은 공감을 얻고 있었습니다. 청와대와 법무부 게시판에는 '범죄자들에게 무슨 인권인가? 그들의 인권을 박탈하라!'라는 청원이 올라와 많은 이들의 지지를 얻기도 했습니다.

지금도 우리 머릿속에 떠오르는, 도저히 인간이 행했다고 볼 수 없는 끔찍한 범죄들을 생각해보면 가해자의 인권을 입에 담기가 민망한 것이 사실입니다. 금수만도 못한 이들에게 인간만이 누릴 수 있는 '인권'을 대입하는 것은 이치에 맞지 않으며, 윤리적으로도 정당화될 수 없다는 것이죠. 이들의 얼굴 공개는 당연하고, 화학적 거세와 같은 강력한 처벌 역시 합당하다고 여기게 됩니다.

교도관들은 교도소에서 험악한 중범죄자들을 다루는 일이 얼마나 힘들고 위험한지 아느냐고 하소연합니다. 살인 등의 중범죄로 들어온 재소자들이 자신들을 협박하고 모욕하는 일이 다반사라고 합니다. 재소자의 난동, 폭력, 폭언으로 교도관들이 겪는 고통이 심각하며 심지어 목숨을 잃는 경우도 있다고 합니다. '재소자들의 인권만 있고, 교도관들의 인권은 없단 말인가?'라는 항변은 호소력이 있습니다.

범죄자의 인권을 빼앗으면 피해자의 인권이 회복될까?

전반적으로 교도소 내의 인권보호 수준은 과거보다 높아졌습니다. 교도소의 상징과도 같던 '콩밥'도 없어졌다죠. 법무부에서는 재소자에게 균형 잡힌 식단을 제공하고 있다고 홍보하기도 합니다.

그런데 이런 개선을 심정적으로 불편해하는 이들이 적지 않습니다. 죄를 짓고 벌받는 사람들이 이렇게 잘 먹고 잘 지내도 되느냐는 거죠. 웬만한 서민들보다 편하게 지낸다는 비아냥부터 군대보다 나아 보인다는 비판도 있습니다. 고위공직자 사범에게 과도하게 안락한 수감 환경을 제공해 국민의 공분을 산 경우도 있죠. 이게 다 우리 세금인데 말입니다. 최근 공권력에 의해 부당한 폭력을 당했을 경우 고소나 행정소송, 국가인권위원회 진정을 할 수 있게 하자 악용하는 사례도 생기고 있다고 합니다.

교도소에 복역하는 범죄자들의 자유는 응당 제약되는 게 바람직해 보입니다. 또 이것이 그들이 죗값을 치르는 방법이기도 하고요. 흉악한 죄인들은 타인의 인권을 심각하게 침해했기 때문에 그에 상응하는 처벌을 함으로써 정의를 바로 세우는 것이 순리입니다.《레미제라블》의 자베르 경관의 말처럼 말이죠.

"범죄자들은 끝까지 추적해서 기필코 감옥에 보내야 한다. 죄를 짓고도 벌받지 않는다면 범죄는 끊임없이 계속될 것이다. 그런데 교도소에 가도 충분히 벌을 받지 않는다면 내가 범인을 잡는다 해도 무슨 소용이 있겠는가?"

어떠신가요? 공감 가는 말인가요?

앞서 소개한 인터넷 댓글의 강경한 논조에는 흉악범죄를 저지른 후안무치의 범죄자를 왜 우리 세금으로 돌봐야 하느냐는 반발심이 깔려 있습니다. 기사로 다루어지는 범죄들이 대개 그런 유형이기도 하고요. 그러나 교도소 안에는 이들과는 전혀 다른 유형의 범법자들도 있습니다. 양심적 병역거부자들이 좋은 예입니다. 그 밖에도 '정상참작'이 될 만한 사연을 가진 다양한 이들이 교도소에 들어옵니다. 이들 모두 재소자라는 이유 하나로 일률적인 신체적 제약을 경험합니다. 범죄자의 자유를 박탈한다는 취지가 과도하게 적용되는 경우도 있고요.

인터넷 댓글로만 우리 국민들의 정서를 파악하는 것은 위험하니, 실제로 국민들이 구금시설 수용자나 전과자들의 인권 수준에 대해 어떻게 생각하는지 물어보았습니다. 제가 국가인권위원회 지원을 받아 수행한 '국민인권의식조사'인데, 결과는 의외였습니다. 재소자들의 인권보장 수준이 높지 않을뿐더러 외려 매우 열악하다는 의견이 압도적이었습니다. 2016년 조사에서 구금시설 수용자들의 인권이 존중되고 있다고 생각하는 국민은 6%에 그쳤고, 전과자의 인권은 그보다도 낮은 4%에 불과했습니다. 물론 2011년의 2%(구금시설 수용자), 1.6%(전과자)에 비하면 조금 상황이 나아진 것으로 보이지만, 장애인 인권이 존중되고 있다고 답한 16%(2011년), 24%(2016년)에 비한다면 여전히 매우 낮은 수치입니다. 재소자 외에 경찰 수사 중인 피의자들의 인권 역시 존중받지 못하고 있습니다. 2016년 기준 국민의 6%만이 피의자의 인권이 존중받고 있다고 답했습니다.[21]

왜 국민들은 이들의 인권이 열악하다고 보는 걸까요? 냉난방

문제를 예로 들어보죠. 최근 우리나라의 여름과 겨울은 냉난방 시설 없이는 견디기 어려울 만큼 혹심합니다. 그러나 교도소 5곳 중 한 곳은 여전히 '복도 간접난방', 즉 복도에 설치된 라디에이터에 난방을 의존한다고 합니다. 법무부가 꾸준히 난방시설 개선작업을 하고 있지만 예산 부족 등의 이유로 더디게 진행되는 형편입니다.[22] 그 밖에도 정원 대비 수용률이 120.6%에 이르고, 환기가 잘 안 되는 등 수용자의 인권침해를 초래하는 부분이 적지 않습니다.

이처럼 열악한 교도소 환경은 재소자들의 건강권을 위협합니다. 2016년 8월에는 부산교도소에서 당뇨와 고혈압을 앓던 재소자 두 명이 무더위 등의 영향으로 사망하는 사건이 발생하기도 했습니다. 또한 결핵, B형 및 C형 간염 등의 재소자 유병률이 높고 정신질환 비율도 높다는 것은 여러 연구를 통해 이미 밝혀진 바입니다. 특히 청소년 재소자의 경우에는 정신과적 치료를 받거나, 정신심리지원 및 교육을 받은 이후 재범률이 크게 감소한다는 연구도 있네요.[23]

인류 역사를 보면 '응보'의 감정에 따른 가혹한 형벌이 법에 의한 처벌과 교화로 대체되어 왔음을 알 수 있습니다. 루이 15세를 시해하려던 다미엥에게 '쇠집게로 지진 곳에 불에 녹인 납, 펄펄 끓는 기름, 지글지글 끓는 송진을 붓고, 몸은 네 마리의 말이 잡아끌어 사지를 절단한 뒤, 손발과 몸은 불태워 없애고 그 재는 바람에 날

려버린다'는 끔찍한 형벌이 주어진 시대도 있었지요. 프랑스 철학자 미셸 푸코의 대표작 《감시와 처벌》도입부에 묘사된 유명한 신체형입니다.[24]

신체형이 과도하다는 인식이 커지고 억울하게 죽는 사람에 대한 연민이 생겨나면서 19세기 들어 잔혹한 신체형은 사라집니다. 이성의 힘으로 인간에 대한 폭력을 줄이고 인권 개념을 키운 것이지요. 현대에는 '무죄추정의 원리'가 확립되면서 범죄 피의자에게도 변호사 조력권을 포함한 재판의 권리를 보장하고 있습니다. 나아가 교도소에 복역하는 재소자들도 자유를 박탈당하고 속죄의 시간을 사는 동안 인간으로서 최소한의 존엄성은 보장해야 한다는 것이 법치를 확립하고자 한 많은 사람들의 뜻이었습니다.

그런데 오늘날 우리는 다시 '눈에는 눈, 이에는 이'라는 함무라비 법전의 경구를 내세워 응징을 주장하고 있는 것 같습니다. 사적인 보복이 금지돼 있으니 사법기관에 응징을 요구하는 거죠. 범죄자의 인권을 보장해주면 피해자들은 얼마나 억울하겠느냐는 주장도 힘을 얻고 있습니다. 인권은 어디까지나 타인에게 피해를 주지 않는 선에서 챙겨줘야 한다는 것입니다. 그러다 성에 차지 않는 선고가 내려지면 판사를 욕하고 저주하기를 서슴지 않습니다.

그러나 함무라비 법전의 상응보복법 혹은 동해보복법은 사실 응징의 단호함을 강조하는 것이 아니라고 합니다. 오히려 '과잉보복'을 금지하기 위해 만들어졌다고 하네요. 한 대 맞은 것을 두 대로 되갚다 보면 폭력이 보복을 부르는 악순환이 계속되기 때문에 이를 막기 위해 '눈을 다치면 눈만을, 이를 다치면 이만을 보복하라'고 제한을 둔 겁니다. 인권 개념이랄 게 없던 3500년 전에 이런 발상을 했다니, 알고 보면 함무라비 왕은 누구보다도 인권적인(!) 사고를 했던 것 같습니다.[25]

다시 현실로 돌아와 봅시다. 사회는 범죄 피해자들을 위로하고 그들의 상처를 치유하는 데 마땅히 도움을 주어야 합니다. 그렇지만 피해자가 받은 만큼 가해자에게 똑같이 위해를 가한다고 해서 피해자의 인권이 충족되는 것일까요? 감정적으로 사람들의 기분이 조금 나아질 수는 있겠지만요.

타인의 인권을 침해한 경우, 처벌을 위해 어느 정도 인권을 제한할 수밖에 없겠죠. 그렇기 때문에 감옥에 가두거나 벌금을 물려서 자유와 재산을 박탈하는 것이고요. 하지만 그러한 처벌을 받더라도 그들 역시 '인간'이므로 최소한의 인권은 보장해주는 것이 바람직하지 않을까요? 인간도 아니라고요? 그 생명의 가치가 반려동물보다 낮게 평가되는 것이 과연 올바르다고 할 수 있을지 모르겠습니다. 범죄를 저질렀다고 해서 그들로부터 '인간'의 지위를 박탈할 수는 없지 않을까요? 적어도 헌법이 보장하는 최소한의 인간으로서의 존엄성은 보장할 필요가 있다는 겁니다.

범죄자 인권이 내 안전보다 중요할까?

1장에서 맛보기로 소개한 인권감수성 테스트에는 재소자 인권에 관한 내용도 포함돼 있습니다. '교도소에 수용된 재소자 역시 일반 시민들처럼 인권보장이 필요한가'라는 주제에 대해 의견을 물었는데요. 재소자에 대한 인권보장 필요성에 찬성하는 의견은 42%, 반대 의견은 34%입니다. 많은 네티즌들이 수용자의 인권을 보장하자는 데 의견을 모았습니다만, 반대 의견도 만만치 않습니다.

그런데 여성들만 추려서 의견을 모아보면 찬성이 39%, 반대 37%로 나타납니다. 찬반 대립이 더 팽팽하군요. 인권의식 조사를 해보면 대개 여성이 남성보다 인권친화적인 것으로 나타나곤 하는데, 이런 경향성에 비추어보면 이례적인 결과입니다.

그러나 한편으로는 당연하다는 생각도 듭니다. 우리 사회가 충분히 안전하지 않다는 불안감이 여성들 사이에 퍼져 있기 때문이지요. 통계청이 2년마다 실시하는 사회조사 결과가 이를 잘 보여줍니다. 2016년 조사에서 우리 사회 전반의 안전에 대해 '안전하다' 혹은 '매우 안전하다'고 답한 여성의 비율은 10.6%에 불과했습니다. 남성들 비율도 15.9%여서 우리 사회의 안전에 대한 국민 전반의 평가가 인색했지만, 여성이 남성에 비해 더욱 불안감을 느끼는 것은 분명해 보입니다.[26]

여성들의 불안감을 증폭시키는 사건도 많았죠. '강남역 살인사건'은 그 본질이 '여성혐오'인지 '묻지마 범죄'인지를 둘러싸고 여전히 논쟁 중이지만, 많은 여성들은 피해자가 여성이라는 이유로 살해당했을 것이라 확신합니다. '강남역 살인사건'은 남성중심적 문화의 심각성, 그리고 여성의 안전문제에 대해 근본적인 문제의식을 던져주었습니다. 성폭력 사건은 최근 들어 오히려 증가하고 있으며, 관련 상담 건수도 늘어나는 추세입니다. 이에 따라 범죄자, 특히 흉악범죄를 저지른 남성의 인권을 왜 고려해야 하는지 이해할 수 없다고 생각하는 여성들도 많아지고 있습니다.

이런 논리를 바탕으로 최근에는 화학적 거세를 도입해야 한다는 주장이 힘을 얻고 있습니다. 여기에는 응징의 의미와 함께 '재발방지'라는 중요한 이유가 있습니다. 성범죄는 재범률이 높으므로 앞으로 있을 범죄를 미연에 차단하자는 것입니다. 또 다른 피해자가 생길지 모른다는 우려, 그것이 내가 될지도 모른다는 공포··· 여성들의 정당한 두려움입니다.

이 이야기에 고개를 끄덕이다 보면 역시 범죄자들에 대한 처벌은 강력해야 할 것 같습니다. 비단 응징의 의미가 아니더라도 재범의 위험을 낮춘다는 점에서 말이죠. "어제의 범죄를 벌하지 않는 것은 내일의 범죄에 용기를 주는 것과 똑같이 어리석은 짓"이라는 알베르 카뮈의 주장과도 통하는 논리입니다.

재발방지가 되려면, 개과천선하려면

이탈리아 철학자인 베카리아는 1764년 저작인 《범죄와 형벌》에서 "국가는 범법자를 충분히 엄하게 처벌해서 범죄자가 느끼는 형벌의 무게가 범죄를 지속함으로써 획득하는 쾌락보다 더 크도록 만들어야 한다"는 유명한 말을 남겼습니다. 처벌이 엄격하게 이루어지면 재범률이 떨어지는 것은 물론이고 '감히' 교도관들을 협박하고 모욕하는 행동은 없어질 것이란 의미지요.[27] 오늘날 미국이 강력한 경제제재 카드로 국제사회의 '범죄국가'인 북한을 압박하는 이면에는 베카리아 식의 '억제이론(deterrence theory)'이 깔려 있습니다. 1장에서 논의한 한스 모겐소의 현실주의 이론과도 연결되겠군요. 국가안보와 공공선을 위해 인권은 일정 정도 제한할 수 있다는 생각 말이죠.

억제이론의 연장선상에서 이런 생각도 듭니다. 벌받는 사람들이 뉘우치는 데 환경이 중요할까? 환경이 좋으면 진심으로 뉘우치고 그렇지 않으면 뉘우치지 않을까? 오히려 교도소에서도 살 만하다 싶으면 사회로 돌아가서도 거리낌 없이 범죄를 저지르지 않을까? 교도소가 정말 힘들어서 다시는 오지 말아야겠다는 생각이 절로 들 정도가 되어야 범죄를 저지를 엄두도 내지 못할 것 같기도 합니다.

특히 최근 사회적 문제가 된 아동청소년 범죄를 떠올리면 생각이 복잡해집니다. 이들은 성인범죄에 비해 처벌이 약하거나 아예 없기도 합니다. '선도'에 방점을 둔 조치이지만, 최근에는 어른들 뺨치는 강력범죄가 점점 많아지고 범죄의 심각성을 느끼지 못하는 경우도 많죠. 그런데도 나이가 어리다는 이유만으로 처벌이 약하면 '범죄를 저질러도 처벌받지 않는다'는 신호로 받아들여 재범의 우려가 커진다는 의견이 많습니다. 19세 미만 소년범의 최대 형량을 제한하는 '소년법'을 폐지해야 한다는 주장의 근거입니다. 엄벌주의와 같은 맥락이죠.

물론 한쪽에서는 강력한 처벌보다는 교화 시스템 정비가 먼저라는 주장이 힘을 얻고 있습니다. 많은 소년범들이 부모의 보살핌을 받지 못하는데도 부모에게 돌려보내는 현실을 개선해, 대안시설에서 소년범을 교화할 수 있도록 하자는 겁니다.[28]

어떻게 해야 청소년 범죄율과 재범률을 낮출 수 있을까요? 강력한 처벌만이 능사일까요? 교도소의 환경을 개선하는 것은 국세의 낭비이자 교정의 의미를 탈색하는 것일까요?

오늘날 점차 많은 전문가들이 엄벌주의에 회의적인 입장을 보이고 있습니다. 형벌을 통해 범죄 혹은 우리가 원하지 않는 인간의 행동을 제어하는 것은 현실적으로 쉽지 않습니다. 형벌이 잘 작동했다면 범죄자도 줄고 폭력적 행동도 줄어야 할 것입니다. 그러나 범죄는 근절되지 않고 반사회적 행동도 도처에서 벌어지고 있습니다. 베카리아의 억제이론이 딜레마에 빠지는 것이지요. 교도소를 제대로 관리하지 않는 것은 처벌이 아니라 단순히 열악한 환경에 장기간 수용하는 것에 불과하고, 이는 교도소를 교화가 아닌 범죄의 배움터로 전락시킬 위험도 있습니다.

또한 죄에 비해 처벌이 지나치게 가혹해지면 역효과가 발생해 자포자기식으로 미래에 더 큰 범죄를 저지를 가능성을 배제할 수 없다는 의견도 있습니다. 재소자들이 반발해 집단행동을 일으킬 수도 있고요.

고전적인 사례가 1971년 9월에 일어난 미국 '아티카 교도소 폭동'입니다. 재소자 1200명이 교도관 20명을 인질로 잡고 '일주일에 한 번 샤워할 수 있도록 해달라', '한 달에 한 통씩 지급되는 휴지 보급을 늘려달라'며 교도소 점거농성에 돌입한 사건입니다. 뉴욕 주지사 넬슨 록펠러가 협상을 거부하고 무력으로 진압해 교도관 11명을 포함해 43명이 사망했습니다.

유사한 사건이 2016년 10월에 또 발생합니다. 미국 전역의 재소자 수만 명이 교도소 내 환경 개선과 재소자 인권보장을 외치며 총파업에 나선 것입니다. SNS를 통해 집단행동을 계획한 재소자들은 보상 없는 강제노역, 인종차별, 잔혹하고 비인간적인 처벌, 열악한 환경과 음식의 질 등 다양한 문제점에 대해 목소리를 높였습니다.

실제 사우스캐롤라이나, 캘리포니아, 미시간 주 등의 교도소에 대한 실태조사를 벌인 결과 다수의 인권침해 사례가 발견되었습니다. 시간당 평균 20센트 이하를 주고 강제노역을 시키거나, 일반 재소자에게는 주황색 죄수복을 입힌 반면 히스패닉 강력범 재소자에게는 다른 색깔의 죄수복을 착용하게 해 판사들의 결정에 영향을 줄 수 있는 관행도 보고되었습니다. 미국의 교도소가 재소자들의 재활이나 갱생을 위한 기능을 하지 못하고 있다는 평가도 나왔습니다. 재소자들의 파업은 오래가지 못했지만, 추후 미국에서 교도소 내의 인종차별 문제를 포함한 범죄정의(criminal justice)를 이슈화하는 계기가 되었습니다.

국제사회는 이미 1967년에 재소자의 인권에 관한 원칙을 천명한 바 있습니다. '시민·정치적 권리에 관한 국제규약' 제20조 1항은 '자유를 박탈당한 모든 사람은 인도적으로 또한 인간의 고유한 존엄성을 존중하여 취급된다'고 했습니다. 그리고 '교도소의 수감제도는 재소자들의 교정과 사회복귀를 기본적인 목적으로 하는 처우를 포함한다'(3항)고 목적을 분명히 했죠. 이 원칙은 50여 년이 지난 후에야 비로소 현실에 적용되기 시작했습니다. 현재 전 세계적으로 교도소 환경은 점차 개선되어가는 중입니다. 인권의식의 성숙에 따라 교정행정의 초점도 '처벌'에서 벗어나 '교화'를 통해 수형자들의 사회복귀를 돕는 방향으로 바뀌어가고 있습니다.

스페인 마드리드에 위치한 아랑후에즈 교도소는 세계 최초로 수감자의 육아를 허용했습니다. 가족 중 한 사람이 수감되면 남은 가족이 정상적인 생활을 할 수 없다는 판단에서 시행되었다고 합니다. 실제로 효과도 보고 있다죠. 스페인 정부는 "아이들과 함께 생활한 재소자들의 재범률이 현저하게 떨어졌다"고 설명했습니다. 3세 이하 자녀가 있는 부부 재소자는 한 방에서 생활할 수 있고, 교도소에는 아이들을 위해 만화캐릭터로 장식된 놀이터와 간호실도 있습니다. 이런 가족수감실이 아랑후에즈에만 36개 있습니다. 스페인에는 아랑후에즈 외에도 각 도시별로 '가족교도소'가 운영되고 있습니다. 감옥 내 자살로 골머리를 앓던 스페인 정부는 일부 재소자들에게 심리상담사 교육을 받게 한 뒤 동료 재소자들을 돌보게 해 자살률을 낮추는 운용의 묘를 발휘하기도 했습니다.

그런가 하면 노르웨이 도시 할덴에는 세계에서 가장 화려한 감옥이 있습니다. 교도소를 짓는 데에만 2억 5000만 달러(2600억 원)를 쏟아부은 통에 '호텔식 감옥'을 짓는다는 비판도 많았다고 하네요. 테니스 코트, 도서관, 조깅 트랙, 호텔식 면회실, 실내 암벽등반 코스 등이 갖춰져 있다고 하니 정말 호화롭기는 한 것 같습니다. 재소자를 위한 쿠킹 클래스, 기술 수업 등이 제공되며 가족이 면회를 오면 2인용 침실에서 함께 머물 수 있습니다.

범죄자에게 왜 이런 '서비스'를 하는 것일까요? 응징보다는 출소 이후의 삶에 초점을 맞추기 때문입니다. 이곳은 재소자를 '교육생'이라 부르며 사회에 복귀할 때를 대비해 각종 교육을 해 미국 〈타임〉지로부터 '인권존중이라는 교정의 원칙을 실현하는 곳'으로 평가되기도 했습니다. 그 결과일까요, 노르웨이에서 범죄자의 재수 감 비율(20%)은 미국(67.5%)이나 영국(50%)보다 훨씬 낮다고 합니다.

이처럼 재소자들이 교도소에서 인간으로서 기본적인 대우를 받으면 사회복귀 이후 건전한 사회구성원으로 살아가는 데 중요한 밑거름이 될 것이라는 견해가 최근 들어 힘을 얻고 있습니다. 재소자의 인권을 개선하는 것이 궁극적으로 재범률을 낮추고 우리 사회의 안전을 강화하는 데 도움이 된다는 것이죠.

또 다른 피해자를 만들지 않기 위해 재소자가 사회에 잘 적응할 수 있도록 교화해야 한다면, 재소자들의 인권을 존중하면서 그들 스스로 인권의 가치를 깨달을 수 있도록 돕는 것이 바람직할 것으로 보입니다. 비용이나 사회적 안전의 관점에서도 그 편이 훨씬 도움이 될 테고요.

우리나라는 서구 국가들에 비해 재범률이 낮은 것으로 알려져 있습니다. 특히 다른 나라와 비교가 가능한 출소자 3년 이내 재복역률을 보면 2006년 24.3%에서 2015년에는 21.4%로 꾸준히 낮아졌습니다. 최근에는 다소 증가하여 2017년에 24.7%를 기록하고 있지만 38.3%(2015년 기준)인 일본, 36.2%(2013년 기준)인 미국에 비하면 여전히 낮은 수준입니다. 전문가들은 재범률이 낮아진 원인을 우리나라 교정시설의 환경이 개선되고 인권보장이 개선되는 흐름에서 찾습니다. 교도관 1인당 1일 평균 수용자 수도 1981년 6.2명에서 2016년 3.6명으로 절반 가까이 감소해 수용자를 대상으로 한 교육과 훈련이 한결 용이해졌다고 합니다.

이처럼 교도소의 인권지수와 재범률 간의 상관관계가 뚜렷하다면 우리나라에도 아랑후에즈나 할덴과 같은 교도소를 도입할 수 있을까요? 그렇게 되면 어떤 결과가 나올까요? 범죄자들이 마음 놓고 범죄를 저지르게 돼 범죄율이 올라갈까요, 아니면 재범률이 낮아져 결국 우리 사회 전체의 범죄율이 낮아질까요? 사람다운 대접을 받는다면 더 사람다운 생각을 하게 되지 않을까요?

우리는 그들과 공감할 수 있을까?

지금까지 범죄자 인권에 관한 여러 가지 쟁점을 다루어보았습니다. 앞서 잠시 살펴본 대로 국제사회는 재소자 역시 인간으로서의 고유한 존엄성과 가치를 누리며, 따라서 인권 적용에 예외일 수 없다는 점을 분명히 하고 있습니다. 1990년 유엔총회가 채택한 '수감자 대우의 기본원칙'에서는 재소자가 어떤 형태로든 차별받지 않아야 하고 문화와 교육활동에 참여할 수 있어야 하며, 보건 서비스 이용에도 차별이 없어야 한다는 점을 명시하고 있습니다. 또한 수감생활 동안 적절한 사회재통합 교육을 받아 복역을 마친 후에 사회에 잘 적응할 수 있도록 여건을 만들어가야 한다고 적시하고 있죠.[29] 이 원칙은 우리가 마주한 '어려운 선택'의 길목에서 참고할 만한 지침입니다. 한국 정부도 전 세계 대부분의 국가들과 마찬가지로 자유권 규약을 비준했고, 유엔최고대표부의 활동과 기준을 지지하고 있고요.

그러나 국제사회의 합의이니 무조건 따르기 전에, 먼저 짚어볼 것이 있습니다. 과연 우리는 재소자들의 처지에 공감할 수 있을까요? 이성적 판단을 넘어 감성적으로도 그들의 입장을 헤아려볼 수 있을까요? 이성뿐 아니라 감성으로도 수긍한 후에야 타인의 인권을 마음으로 존중하는 것이 가능할 테니까요.

영화에 대한 우리의 반응을 살펴보면 약간의 실마리를 얻을 수 있습니다. 〈쇼생크 탈출〉이나 〈프리즌 브레이크〉와 같이 '탈옥'을 주제로 한 작품을 볼 때 우리는 수용자들의 입장에 공감하곤 합니다. 그들을 가혹하게 다루는 교도관들에게 함께 분노하죠. 수용소를 탈출해서 자유를 만끽하는 장면을 보고 있노라면 '내가 언제부터 죄수들 편을 들고 있지?' 하는 의문을 떠올리기보다는 그들이 다시 붙잡혀 속박당하지 않기를 바라며 내심 응원을 보내기도 합니다.

참 재미있는 반응이지요? 주인공들의 모습을 보고 있노라면 그들에게 희망이 있고, 사회로 돌아갈 수 있는 잠재성이 충분히 있다는 판단을 합니다. 이들을 범죄자로 평생 낙인찍고 배제하기보다는, 교정기관에서 충분히 속죄한 경우 다시 사회의 일원으로 받아들이는 관용이 필요하다는 생각도 하게 됩니다. 그 밖에도 교도소 내의 인권탄압과, 그럼에도 희망을 포기하지 않는 사람들의 모습을 생생히 볼 수 있으니 꼭 한 번 보실 것을 추천합니다.

영화를 보면서 우리가 주인공의 처지에 공감하듯, 재소자들에 대해 공감할 기회가 생기면 자연스레 그들의 인권을 떠올려보게 되지 않을까요? '내일의 범죄에 용기를 주지 않기 위해' 범죄자들을 엄벌해야 한다는 판단을 내리기에 앞서 역지사지의 태도로 수용자들의 처지와 처우에 대해 공감해본다면 다른 판단을 내리게 되지 않을까요?

공감은 때로 이성적 판단의 틀을 넘어설 수 있도록 돕기도 하고, 참을 수 없는 우리의 감정을 제어할 수 있도록 해주기도 합니다. 여러분의 공감력은 어떠신가요? 여러분의 인권감수성 눈금은 지금 어디를 가리키고 있나요?

4장

나의 양심은 국가 없이도
존재할 수 있을까?

"전쟁은 오늘날 전사들이 누리는 것과 같은 존중과
명예를 병역거부자들이 받게 될 때 끝날 것이다."
— 존 F. 케네디

일흔을 앞둔 정춘국 씨에게는 20대가 없습니다. 20대였던 1970
년대 대부분을 교도소에서 보냈기 때문입니다. 죄목은 병역기피였
습니다. 그는 '여호와의 증인' 신도였습니다.

교도관이었던 아버지의 어깨너머로 바라봤던 교도소는 소년 정
춘국에게 무시무시한 공간이었을 겁니다. 자신이 그곳에서 지낼
것이라는 상상은 꿈에서도 하지 않았겠지요. 그런데 그런 일이 실
제로 일어났습니다. 그것도 7년 10개월이나 말입니다. 옥살이를 하
고 나왔더니 20대는 간 데 없고, 30대로 바로 '진격'하는 초시간적
상황이 발생한 것입니다.

1968년은 김신조 간첩 사건으로 반공 분위기가 극에 달했던 시
기였습니다. 지금도 병역거부자에 대한 시선이 곱지 않은데 그 시
절에는 오죽했을까요. 1969년 의대 1학년이던 정춘국 씨는 종교적

신념에 따라 징집을 거부하다 10개월의 첫 수감생활을 했습니다.

그 뒤 1972년에 유신헌법이 선포되고, 병역기피자에 대한 처벌은 최고조에 달했습니다. 정춘국 씨는 1974년에 두 번째 입영영장과 구속영장을 받았습니다. 3년 이상 실형을 살기 전까지는 병역이 면제되지 않았고, 병역기피자에 대해서는 입영 통보가 나올 때마다 반복해서 형사처벌할 수 있다는 병역법 규정 때문이었지요.

장춘국 씨는 복역 당시 상황을 이렇게 전합니다.

"'여호와의 증인'들은 전도할 가능성이 있다는 이유로 노역을 시키지 않고 종일 앉혀두기만 했습니다. 일어설 수 있는 때는 세 끼 식사와 하루 15분 운동시간이 전부였습니다. '일어서서 일하게 해주십시오'라고 기도했습니다."

그러나 이것이 끝이 아니었습니다. 1977년 2월, 1095일 만에 만기심사를 받는 날 육군 32사단으로 끌려갔습니다. 그는 다시 군사법원에서 항명죄로 4년형을 선고받았습니다. 당시 병역법상 현역 입영 대상은 각각 고졸 만 28세, 대졸 만 30세가 되는 해 12월 31일까지였습니다. 그가 병무청에 왜 영장이 나왔는지 물었더니 "1학년 중퇴도 대학 학력자"라는 답이 돌아왔다고 하더군요. 아뿔싸(!) 두 번째 형기를 마친 그의 나이는 29세였고, 한 학기 대학에 다닌 이력이 있었습니다.[30]

〈중앙일보〉에 소개된 정춘국 씨 사연입니다. 그처럼 병역거부로 수감된 '여호와의 증인' 신도는 1950년 이후 2만 명에 가까운 것으로 알려져 있습니다. 매년 600명가량 형사처벌을 받고 수감생활을 했습니다. 전 세계 병역거부 수감자의 90%를 넘어서는 수치였죠.

항일운동에서 배신자 낙인까지

지난 2018년 6월 헌법재판소는 병역거부자에 대한 처벌은 합당하지만, 양심을 이유로 병역을 거부하는 사람들을 위한 대체복무제 규정이 없는 것은 헌법에 불합치한다는 판단을 내렸습니다. 이와 더불어 2019년 말까지 대체복무제를 도입하라고 결정했습니다. 같은 해 11월 대법원은 양심적 병역거부는 병역법이 규정하고 있는 입영소집 통지에 불응할 '정당한 사유'가 된다며, 양심적 병역거부는 무죄라는 취지의 판결을 내렸습니다. 대법원전원합의체는 이렇게 판결했습니다. "병역의무 이행을 일률적으로 강제하고, 이행하지 않으면 형사처벌로 제재하는 것은 소수자에 대한 관용과 포용이라는 자유민주주의 정신에 위배된다."

대법원의 이 판결로 양심적 병역거부자가 더 이상 감옥에 가지 않아도 되는 새로운 세상이 열렸습니다. 과거 확정판결을 받고 수감 중이던 70명이 즉각 풀려났습니다.

우리나라는 그동안 양심적 병역거부를 처벌한다는 이유로 오랫동안 유엔의 권고를 받았습니다. OECD 국가 중 대한민국만이 유일하게 양심적 병역거부를 처벌하는 나라였거든요. 한국 정부는 국가안보상의 이유로 의무병제를 시행하는 여건이므로 대체복무제도를 도입할 수 없다는 입장을 고수해왔지요. 유엔인권위원회, 자유권규약위원회 등은 1987년 이후 결의와 일반논평 등을 통해 종교적·윤리적·도덕적 또는 이와 유사한 동기에서 발생하는, 신념에 기초한 양심적 병역거부를 각국이 인정해야 한다는 입장을 밝혀왔습니다. 특히 다양한 대체복무제를 마련하고 수감자들에 대한 보상 등 효과적인 구제조치를 통해 국제인권법이 규정한 종교와 양심의 자유를 보장하도록 촉구해왔죠.

그러던 것이 2018년 6월 헌재의 결정으로 새 국면을 맞은 겁니다. 판결 이후 우리 사회는 대체복무제도를 어떻게 도입할 것인가를 둘러싸고 많은 논쟁을 진행 중입니다.

인권감수성 테스트에서 '양심적 병역거부자에 대한 대체복무제가 필요하다'는 문항에 찬성은 46%로 반대(34%)보다 높습니다. 물론 전폭적인 지지라고 보긴 어렵지만요.

흥미로운 점은 성별에 따른 차이입니다. 여성은 양심적 병역거부를 반대하는 비중이 28%에 불과한 반면, 남성은 반대 비율이 40%에 달해 찬성 45%에 근접했습니다. 특히 '매우 반대' 의견이 19%나 됐습니다. 6%에 그친 여성에 비해 '격앙된' 반응인데요, 힘들고 억압적인 군 문화를 몸으로 겪었기에 대체복무제를 바라보는 심정이 더 복잡하지 않을까 싶습니다. 이제 대체복무제는 추진 쪽으로 방향이 잡혔지만, 기간과 내용을 둘러싸고 또다시 논쟁이 이어지고 있습니다. 논쟁의 본질은 바뀌지 않았고요.

우리나라는 병역의 의무를 지는 국가입니다. 반세기 넘게 북한과 대치해오며 반공을 국시로 삼았지요. 국민의 4대 의무 가운데 하나가 '국방의 의무'라는 것은 학교에서 배우고 외워서 누구나 잘 알고 있습니다.

군사정권이 막을 내리고 민주주의가 확고히 자리 잡은 오늘날도 많은 국민들은 안보를 튼튼히 하는 것이 매우 중요한 가치라고 믿고 살아갑니다. 노년층, 장년층이 태극기집회에서 외치는 구호도 국가안보와 한미동맹으로 수렴되곤 합니다. 이들에게 박근혜 대통령은 안보와 경제성장의 아이콘이었습니다. 과거 박정희 대통령이 그랬던 것처럼 우리나라의 안보와 경제를 굳건히 해줄 것으로 믿어 의심치 않았습니다. 불행히도 그 꿈은 대통령 탄핵으로 한순간에 무너져 내렸지만 말입니다.

이런 정서에서 군 복무를 거부한다는 것은 결코 용납될 수 없는 일이었습니다. 병역거부자에게 인권이라니요. 국가의 존립기반과 가치를 송두리째 흔드는 시도 앞에 '인권'을 고려하는 것은 상상할 수 없었습니다. 사치라고 말하는 것조차 '사치'였을지 모릅니다.

그런데 이것 아세요? 한때는 군 복무 거부가 항일운동이기도 했다는 사실 말입니다.

군 복무 거부자에 대한 최초의 처벌은 1939년으로 거슬러 올라간다는 역사학자들의 연구가 있습니다. 일제는 전쟁 수행에 협력하지 않는다는 이유로 조선인 '여호와의 증인' 38명을 투옥했습니다. 이 중 5명이 옥사하고 33명이 1945년 해방 후 석방되었다고 합니다. 이른바 '등대사 사건'인데요, 독립운동 사료에는 항일운동으로 기록돼 있습니다.[31]

한때 항일운동이었던 병역거부가 국민의 공분을 사는 범죄자로 탈바꿈했습니다. 반공을 국시로 삼았던 박정희 대통령은 유신헌법을 통과시킨 이듬해, "앞으로 법을 만들어서라도 병역을 기피한 본인과 그 부모가 이 사회에서 고개를 들고 살지 못하는 사회기풍을 만들라"고 지시했다고 합니다. 1970년에 병역기피율이 13%에 달하자 내린 특단의 조치였습니다. 병역기피자를 해고하지 않는 고용주를 처벌하고, 병역기피자의 가족에게도 대출과 자영업 인허가 과정에서 불이익을 줬다고 하니 과연 '특단의 조치'라 할 만합니다. 덕분에 1974년에는 기피율이 0.1%까지 떨어졌습니다.

강제입영된 병역거부자들은 군부대 내에서 집총을 거부하다 군형법상의 '항명'으로 처벌되었습니다. 그러다 강제입영이 사라진 2001년부터는 병역법상의 입영기피 사범으로 3년 이하 징역형으로 처벌되었습니다. 이에 따라 병역거부자들은 대부분 1년 6개월 징역을 선고받아 수감되었지요. 교도소에서는 병역거부자들을 흉악범들과 따로 분류하고, 사서 같은 교도소 내부 행정업무를 맡긴

1970년대 당시 종교와 양심에 따라 병역을 거부
했던 청년의 집에는 '기피자의 집'이라는 '주홍글
씨'가 찍혔다. (사진 출처 : 중앙일보 2017년 9월
13일자)

다고 합니다. 대개 형기의 75%를 채운 1년 2개월 즈음에 가석방되는 경우가 많았습니다. 최근 몇 년간은 하급 법원에서 무죄 선고가 늘면서 교도소에 즉각 수감되는 경우도 많이 줄었고요.

그러나 영어囹圄의 몸이 되지 않는다 해서 국가로부터 받는 제재가 아예 없어졌던 것은 아닙니다. 재판이 진행되는 동안에는 공무원 임용제한은 물론 취업제한 등 직업의 자유를 심대하게 제한당했습니다. 국가인권위원회는 집총을 거부하다 재판받는 사람들의 취업을 제한하는 현행 병역법은 헌법이 보장하는 직업선택의 자유와 생계유지를 위한 기본권을 침해한다고 판단했지만, 국방부의 생각은 달랐습니다. "재판 진행 중이라는 이유로 아무런 제재가 이뤄지지 않으면 이를 악용하는 사례가 많아지고 병역기피자를 양산하는 결과를 초래할 우려가 있다"며 병역법 제76조와 제93조의 개정을 요구한 인권위의 권고를 거부했습니다. 2017년 2월의 일입니다. 재판을 진행 중이었던 병역거부자들은 여전히 직장을 잃고, 개인사업도 할 수 없는 상황에 놓였습니다.

복역을 마치면 어땠을까요? 출소 후에도 남들만큼의 자유로운 사회활동은 어려웠습니다. 제도로 명시된 불이익은 없지만 다양한 형태의 사회적 편견과 차별은 사라지지 않았으니까요. 현역으로 군 복무를 마친 사람들 중에는 이들에 대해 노골적으로 반감을 드러내는 경우도 많았습니다. 양심적 병역거부라 하지만 병역 면탈을 위해 해외 국적을 취득하는 사람들과 뭐가 다르냐며 볼멘소리를 냈지요. 관련 기사에는 병역거부자들을 '배신자' 취급하며 비난하는 댓글을 흔히 볼 수 있었습니다.

이러한 사회적 인식 때문에 설령 양심적 병역거부에 대한 형사처벌을 마친다 해도 암묵적인 취업제한과 같은 사회적 제재가 계속되는 경우가 많았습니다. 많은 공기업이 병역법 위반으로 복역한 양심적 병역거부자의 채용을 거부하거나 합격을 취소했지요. 성범죄자 등 다른 전과자들이 일정 기간 후 제한 없이 공공기관에 지원할 수 있는 것과 비교하면 유독 양심적 병역거부자에 대한 차별은 길고 가혹했습니다. 혹시 이런 차별적 시선이 이제 대체복무제를 택한 청년을 향하지는 않을까요?

현실이 이렇다 보니 병역을 피하려고 극단의 선택을 하는 경우도 있었습니다. 한국이라는 나라를 버리고 난민이 된 것이죠. 2013년 이예다 씨는 프랑스에 난민 신청을 해 받아들여졌습니다. 성소수자나 정치적 이유로 한국을 떠난 사례는 있지만 병역문제 때문에 난민이 된 경우는 처음이었습니다. 군대 가기 좋아하는 사람은 거의 없겠지만 굳이 그렇게까지 해야 했나 할 분도 있을지 모릅니다. 하지만 그에게 한국은 "인권이 잘 지켜지는 나라로 포장돼 있을 뿐 군대에 무조건 가야 하는 폭력적인 나라"였습니다.[32]

우리 헌법에는 '국가안보를 위해 국민의 자유와 권리를 제한할 수 있다'는 조항(제37조 2항)이 있습니다. 그러나 한편으로는 '모든 국민은 양심의 자유를 가진다'라는 헌법 조항(제19조)도 분명히 있습니다. 국가안보를 위한 제재와 양심의 자유를 추구할 권리, 인권이 놓일 곳은 이 사이 어디쯤일까요?

"군대 간 사람은 양심도 없다는 거야?"

특정 종교집단의 신조로만 여겨지며 일방적으로 탄압받아온 양심적 병역거부가 사회적 관심사로 떠오른 것은 그리 오래되지 않습니다.

2001년 12월 17일 불교신자인 오태양 씨가 '양심에 따른' 병역거부 선언을 하며, 설립된 지 한 달밖에 안 된 국가인권위원회에 진정서를 제출했습니다. 병역거부는 소수 종교에 국한된 사안이라 믿었던 통념이 깨진 사건이었죠. 작게나마 '국가와 다른 양심'이 무엇인지 묻는 질문이 비로소 나오기 시작했습니다.

그러나 그 뒤로도 '양심적 병역거부'에 관한 국민의 시선은 싸늘했습니다. 2016년 국민인권의식조사에서 54%의 국민은 '대체복무를 허용하지 말아야 한다'고 답했습니다. 2005년과 2011년 같은 조사에서 각각 89.8%, 64.1%의 국민들이 반대했던 것에 비하면 많이 낮아진 편이지만 여전히 다수의 국민이 반대하는 상황이었지요. 2016년 한국갤럽이 실시한 또 다른 조사에서는 70% 이상의 국민이 양심적 병역거부자들을 '이해할 수 없다'고 답한 것으로 알려졌습니다.

그렇다면 2018년 6월 헌법재판소가 대체복무를 촉구하는 판결을 낸 이후에는 국민들의 생각이 어떻게 바뀌었을까요? 2018년 6월 말부터 10월초까지 진행된 '2018년 한국종합사회조사(KGSS)'를 보면 (조사대상자=1031) 결론적으로 국민들의 태도는 거의 달라지지 않았습니다.

저와 동료 연구자들이 본 조사에 포함시킨 인권 관련 문항들 중 '양심적 병역거부'에 대한 응답만 소개해보겠습니다. 우선 '남북분단과 국가안보를 고려할 때 허용하면 안 된다'는 의견이 47.5%에 달했습니다. '복무기간을 연장하거나 강도 높은 사회봉사를 한다면 허용할 수 있다'고 답한 의견은 33.5%에 그쳤고요. 헌법재판소가 대체복무 입법을 판결한 이후에도 여전히 많은 국민들이 양심적 병역거부를 부정적으로 바라본다는 것을 잘 보여주는 결과입니다.

특히 '양심적'이란 표현에 대한 거부감이 여전히 큰 것으로 보입니다. 병역기피를 미화할 뿐이라는 거죠. 군대에 가는 청년들은 '비양심적'이라는 거냐는, 기계적이지만 논리적인 반발도 가능해 보입니다. 국방의 의무가 엄존하는 국가에서 병역을 거부하는 사람은 엄연히 범법자인데, 그들이 오히려 양심적인 사람으로 둔갑하는 현실이 못마땅하다는 것이죠.

일단 단어에 대한 재정의가 필요해 보입니다. '양심적 병역거부'

라는 말은 'conscientious objector to military service'에서 나왔는데, 법률용어를 번역하다 보니 이런 오해가 생기는 것 같습니다. 우리나라 헌법재판소에서는 양심을 '한 개인이 그렇게 하지 않고서는 개인의 존재가치가 무너질 정도의 심각하고 진지한 마음의 소리'라고 법률적으로 해석하고 있습니다. 단순히 선량하다거나 올바르다는 의미가 아니라는 겁니다. 우리가 흔히 말하는 '양심'과는 조금 다르죠.

이런 오해가 있다 보니 국방부는 '양심적 병역거부'를 '종교적 신앙 등에 따른 병역거부'로 대체하겠다고 밝히기도 했습니다. 그러자 이번에는 국가인권위원회가 우려했습니다. 양심적 병역거부는 단순히 특정 종교나 교리를 보호하고자 함이 아니라는 것이죠. 비폭력과 평화주의 신념 등도 정당하게 보호되어야 한다는 겁니다. 혼란에 혼란이 더해지는 느낌이군요.

그 양심은 국가 없이도 존재할 수 있을까?

'양심'이라는 개념에 대한 오해가 풀렸다면, 그다음에 풀어야 할 문제는 양심과 국가 안전보장의 선후관계일 것입니다. 개인의 양심은 국가의 안전보장 없이도 가능할까요? 어찌 보면 우리가 이렇게 병역거부에 관해 토론할 수 있는 것도 대한민국이 자유민주주의 국가인 덕분입니다. 우리 헌법에는 양심의 자유뿐 아니라 종교의 자유, 거주이전의 자유 등 많은 기본권이 명시돼 있지만, 어떤 종류의 기본권이든 국가가 있어야 제대로 보호받을 수 있겠죠. 그래서 우리 헌법에는 국가안보를 위해 국민의 자유를 제한할 수 있다는 조항이 있습니다.

이런 맥락에서라면 양심적 병역거부는 '양심의 자유'를 자의적으로 해석한 이기주의로 비칠 수 있습니다. 공동체 없이 자신의 양심만 지키면 된다는 논리로 해석되니까요. 남북 정상이 만나 머리를 맞대고 평화의 길을 모색하고 있지만, 여전히 남북은 대치하는 상황이고 냉전의 잔재도 여전히 남아 있습니다. 많은 국민들은 병역의 의무에 대해 거부권을 인정하면 병역기피를 확산시키고 결국 국가안보의 근간을 흔들 것이라 우려하고 있습니다. 앞서 소개한 조사결과는 이런 정서를 고스란히 담고 있습니다. 개인에게 한정되는 양심의 자유와 공동체에 대한 책무인 병역의 의무가 충돌할 경우, 후자에 우선권을 주어야 한다는 것입니다. 한스 모겐소 식 접근이죠.

일부 헌법학자들은 양심의 자유란 헌법이 보장하는 다양한 권리와 의무 중 하나이기 때문에 양심의 자유가 우선시되어야 한다는 주장은 헌법 질서와 충돌을 일으킬 수 있다고 주장했습니다. 하급심에서 대법원의 판례를 깨고 양심적 병역거부자에 대한 무죄를 선고하는 것에 대해 '법체계의 안정성'을 해칠 수 있다는 주장도 나왔죠. 물론 이런 주장은 대법원이 양심적 병역거부에 대해 무죄를 선고한 지금은 더 이상 설득력을 갖기 어렵지만, 여전히 많은 국민이 '양심은 국가 없이도 존재할 수 있을까?'라는 의문을 품고 있습니다.

양심을 판단할 수 있을까?

개인의 양심과 공공의 이익 간의 우선순위도 문제지만, '어떤 양심인가'도 쟁점입니다. 과거에는 양심적 병역거부자에 대해 심정적으로 지지하거나 거부감을 표시하는 데 그쳤다면, 이제는 대체복무제를 시행하는 과정에서 이들의 신념과 양심을 어떻게 판단할 수 있을지 결론을 내야 하는 상황이 되었습니다. 얼마 전에는 폭력적인 게임을 얼마나 즐겼는지를 종교적 양심의 척도로 삼자는 견해가 나와 화제가 되기도 했죠.

그런가 하면 종교계 일각에서는 양심적 병역거부 제도가 특정 종교에 대한 특혜로 전락할 것이라 우려하기도 합니다. 한마디로 '여호와의 증인' 교파에 대한 특혜 아니냐는 거지요. 현재 한국군에는 불교, 개신교, 천주교, 원불교 군종軍宗이 있어서 군 장병들의 사기진작과 정신전력 강화를 꾀하고, 생활 상담과 자살방지 등의 임무를 수행합니다. 이들 종교라고 적극적으로 전쟁을 찬성한다거나 타인의 생명을 가볍게 여기겠습니까? 그런데 특정 종교인에게만 양심적 병역거부가 보장되어야 하는지 논란의 소지가 있습니다. 특정 신념을 지속적으로 가져왔다는 것이 중요해지고 있고, 이것을 어떻게 입증하느냐가 관건이 되고 있습니다.

이러한 논란은 앞으로 더욱 확산될 겁니다. 앞서 소개한 오태양 씨 사례에 비추어보듯이 '여호와의 증인'이 아닌 이들도 자신의 종교적 신념에 따라 병역을 거부할 수 있습니다. 비종교인이 개인의 윤리적·도덕적 사유를 들어 집총 거부의 '신념'을 표할 수도 있고요. 그렇다면 이러한 윤리적·도덕적 신념을 누가 어떻게 확인할 수 있을까요? 독립적인 위원회를 구성하더라도 눈에 보이지 않는 양심을 심사하고 평가하는 것이 가능하기는 한지 의문입니다. 오히려 누군가의 심사에 의해 양심이 재단당하는 것이야말로 인간의 존엄성에 상처가 되지는 않을까 우려되기도 합니다.

총을 들어야만 나라를 지킬 수 있을까?

이번에는 다른 쪽으로 이 사안을 살펴보겠습니다.

안보가 중요하다는 데 동의하지 않는 사람은 많지 않을 것입니다. 전쟁의 참화를 겪고 분단이 고착화된 우리나라의 특수성에 비추어보면 더욱 그렇죠. 하지만 안보를 실현하는 방식이 군사적인 것밖에 없는지는 의문입니다. 반드시 총을 들어야 나라를 지키는 것일까요? 더욱이 전쟁기술이 급속도로 발달하고 있는데 과거처럼 '싸우는' 병력을 확보하는 데 집착할 필요가 있을까요?

양심적 병역거부자들은 타인의 생명을 해치는 '총'을 사용해야 하는 현역복무 형태를 거부하는 것이지, 국방의 의무 자체를 외면하는 것은 아닙니다. 우리 공동체에 대한 의무를 존중하되, 다른 방식으로 국방의 의무를 이행할 수 있도록 해달라는 것이죠. 2018년의 '판문점 선언'에서 보듯이 대화를 위한 노력도 나라를 지키는 유효한 수단이 될 수 있습니다. 이처럼 다양한 방식의 노력을 인정한다면, 반드시 현역복무가 아니더라도 국민으로서 안보에 기여할 방안을 찾을 수 있다는 것입니다.

이 대목에서 생각나는 영화가 있습니다. 바로 〈핵소 고지〉인데요, 꽤 독특한 전쟁영화입니다. 전쟁영웅담이긴 한데, 그 전쟁영웅이 총을 거부하거든요.

비폭력주의자인 데스몬드 도스는 전쟁이 나자 의무병으로 자진 입대하지만, 총을 들지 않겠다는 신념 때문에 필수적인 훈련마저 거부하며 상관과 동료들의 비난을 받습니다. 그런데도 이 남자, 끈질긴 노력과 설득 끝에 무기 없이 전쟁에 참전해도 좋다는 허락을 받아 기어코 전쟁터에 나갑니다. 그것도 2차 세계대전 당시 가장 치열했던 오키나와 전투에 말이죠.

총도 지니지 않은 채 그는 핵소 고지 전장에서 부상당한 전우들을 구하고, 후퇴 명령이 내려진 후에도 목숨을 걸고 전장을 헤집고 다닙니다. 팔이 골절되고 다리에 수류탄 파편이 박히는 심각한 부상을 입은 채로 100여 명의 부상자 중 75명의 생명을 구해내죠.

이 영화 같은 이야기는 실화입니다. 실존 인물인 데스몬드 도스는 총을 들지 않은 군인으로는 최초로 미군 최고의 영예로 불리는 '명예훈장(Medal of Honor)'을 받은 역사적인 인물입니다.

데스몬드 도스의 이야기를 우리나라에 적용할 수 있을까요? 만약 양심적 병역거부자들 가운데 집총을 제외한 형태의 군 복무를 희망하는 사람이 있다면 이를 허용해주면 어떨까요? 이들에게 총기훈련 등 자신이 거부하는 군 훈련은 제외할 수 있도록 허용한다면, 이 또한 하나의 설득력 있는 '대체복무'일 것 같기도 합니다.

만에 하나 전쟁이 발발하면 어떤 형태로든 타인의 생명을 빼앗는 데 영향을 줄 수밖에 없으니 군 복무 자체를 거부한다면요? 물론 그럴 경우에는 또 다른 대체복무 방안이 필요하겠지요. 2018년 11월 잠정 결정된 교도소 복무 같은 것들 말입니다. 국방부는 산업기능요원이나 공중보건의사 등 다른 복무자의 복무기간과 형평성을 맞추어 36개월을 산정했다고 합니다. 현재 18개월인 현역병과 현격한 차이가 없으면 병역기피 수단으로 활용될 수 있다는 설명도 덧붙였고요.

형평성을 지키는 대체복무 방안은?

방금 중요한 키워드가 나왔습니다. 바로 '형평성'의 문제입니다. 국방의 의무에 병역의무만 있는 것은 아닙니다. 하지만 현실적으로 가장 중요하고 필요한 것이 병역의무라고 많은 이들이 생각합니다. 게다가 우리나라는 어떤가요. 현역복무를 마치고 나면 예비군이 기다리고 있죠. 민방위도 마쳐야 하고요. 병역과 관련된 의무를 10년 넘게 져야 합니다.

그런데 병역의무를 이행하지 않아도 처벌하지 않는다면 과연 누가 군대를 가려고 할까요? 양심의 문제를 떠나서 군대 가고 싶어 하는 사람은 거의 없습니다. 그럼에도 누구는 가족과 국가를 위해 희생하는데, 누구는 군 복무를 거부하는 것은 불공정하지 않나요? 특히 군 복무를 마쳤거나 앞두고 있는 20대 초중반의 젊은이 상당수가 이렇게 생각합니다. '공정성'의 가치를 매우 중요하게 여기는 젊은 층의 감각과 맞지 않는 거죠.

이 형평성 시비는 2018년 6월 헌법재판소 결정 이후 대체복무의 기간과 의무 설정을 둘러싸고 또다시 재현되었습니다. 현재 병역을 거부하는 이들이 1년에 600명 정도인데, 앞으로 대체복무제가 도입되면 크게 늘지 않을까요? 애초에 군생활 2년을 인생 낭비라고 생각하는 젊은이들이 적지 않은데, 대체복무가 가능해지면 어떻게든 군대를 가지 않으려는 이들이 많아지리라는 예측은 자연스러워 보입니다. 특정 종교인뿐 아니라 신념에 따른 평화주의자, 사상의 자유를 신봉하는 인권주의자, 그리고 국방의 의무를 회피하려는 기회주의자 등 온갖 사람들이 나타날 테죠.

그래서 나오는 것이 '징벌적 대체복무'입니다. 엄격한 기준으로 대체복무를 설계해야 한다는 입장은 기본적으로 대체복무제가 징벌적이어야 한다고 전제합니다. 사회적으로 기피되는 각종 궂은일을 도맡아야 하는 것은 물론이고, 지뢰작업에 투입하라는 주장도 있습니다. 현역병들이 목숨 걸고 나라를 지킨다는 점, 억압적인 군대문화에 고스란히 노출되어 있는 점 등을 고려할 때 대체복무자들도 유사하게 위험하고 위계적인 상황에 투입하거나, 이에 상응하는 오랜 기간 동안 부역해야 한다는 겁니다. 이런 논리 하에 국방부의 '교도소 36개월 복무 안'이 나오게 된 것입니다.

여러분은 어떻게 생각하시나요? 참고로 유럽 등 선진국의 대체복무 권고안은 1.5배입니다. 독일은 대체복무 기간이 군복무 기간을 초과할 수 없도록 헌법에 명시하고 있네요. 그에 비해 국방부의 안은 현재의 2배이니, 징벌성은 확실해 보이는군요. 시민사회 단체들은 안 그래도 군 복무기간이 외국에 비해 압도적으로 긴데(유럽국가는 대체로 6~12개월), 여기에 1.5배 이상으로 과도하게 늘린다면 또 다른 처벌이자 차별이 된다고 말합니다.

그러나 반대 입장은 유럽 국가의 권고안을 그대로 받아들이는 것은 기계적이라고 강변합니다. 우리나라 안보 환경의 특수성을 고려하지 않고 국제사회의 추세를 따라갈 수만은 없지 않느냐는 것이죠. 일리 있는 주장입니다. 양심적 병역거부를 인정하고 국내 비무장 복무 또는 민간대체복무 제도를 실시하는 나라는 대부분 유럽국가인 것도 사실이니까요. 여전히 양심적 병역거부나 대체복무를 인정하지 않는 나라도 북한, 중국, 싱가포르, 태국 등 48개국에 이른다고 합니다. 반면 덴마크나 체코처럼 징병제를 실시하지만 대체복무를 인정하는 국가도 20여 개국인 것으로 알려져 있습니다.

국가마다 제도가 다르다는 것은 그만큼 국가적 특수성이 큰 영향을 미치는 사안이라는 의미일 겁니다. 유럽 국가들은 많은 분쟁을 겪은 뒤 안보·국방 분야의 협력을 강화해 집단안보체제를 구축했다는 점이 간과되어서는 안 됩니다. 독일은 세계대전을 일으킨 책임을 무겁게 느끼고 반성하는 차원에서 대체복무제를 도입했고요. 이러한 역사적 배경과 지역적 특성을 충분히 고려해야 대체복무제의 형태와 기간뿐 아니라 그에 따른 파급효과까지 제대로 살필 수 있을 것입니다.

군복 입은 시민의 권리

그런 점에서 유럽국가보다는 우리와 상황이 비슷한 대만의 경우를 살피는 것이 도움이 될 듯합니다. 대만은 우리처럼 안보문제에 민감한데도 2000년부터 자원신청 방식을 통해 경찰역, 소방역, 사회역, 환경보호역, 교육서비스역, 문화서비스역의 6개 분야에서 대체복무제도를 실시했습니다. 평가는 긍정적입니다. 특히 대체복무제가 도입되면서 병역제도 자체에도 긍정적인 영향을 주었다는 점에서 사회구성원들의 지지를 받고 있습니다.

군대는 본질적으로 복종과 권위를 강조하기 때문에 군부대에서 민주, 법치, 인권을 침해하는 폭력과 위법현상이 쉽게 나타납니다. 그러다 대체복무제를 도입하자, 입대자가 줄어들 것을 염려한 군이 부당한 처우를 없애는 등 자정작용에 더 큰 관심을 갖고 있습니다. 이는 국가가 군인을 '군복 입은 시민'으로 봐야 한다는 이념과도 통합니다. 어쩌면 대체복무제를 둘러싼 갈등해결의 실마리가 여기에 있는지도 모릅니다.

우리에게는 합리적인 대체복무제 방안을 마련해야 하는 눈앞의 과제 못지않게, 현역복무자의 처우를 개선해야 하는 오래된 과제도 있습니다. 두 가지 과제가 동시에 주어진 것이지요. 현역복무를 하는 사병들 급여를 인상해 처우를 개선하고 복무기간도 단축하는 등 우리나라 병역제도 자체를 개선해가는 노력이 필요합니다. 그와 동시에 대체복무 기간은 조금 더 길게 하면서 힘들지만 사회에 꼭 필요한 임무를 수행하게 해야겠죠. 현역복무자 처우 개선이라는 방향이 확고하게 잡힐 때, 형평성 문제를 내세우며 '누구는 가고 싶어 가나요'를 외치는 20대 청년들의 공감을 얻을 수 있을 겁니다.

실제로 대체복무제에 엇갈린 입장을 보인 네티즌들도 '군 인권 보장'이라는 주제에 관해서는 남녀를 불문하고 대부분 찬성 의견을 보냈습니다. (찬성 84%: 남성 92%, 여성 96%) 대다수가 군 문제에 관심을 가지고 있고, 군 복무를 수행하는 이들에 대한 처우 개선이 필요하다는 데 공감하고 있음을 알 수 있습니다.

대체복무 기간을 현역 육군병사의 1.5~2배로 설정하고 군 병영 생활에 맞먹는 합숙근무를 시행하며, 복무기간 동안 행하는 업무도 중증장애인, 치매환자 수발 등 신체적·정신적 난이도가 높은 복지, 보건, 구호 업무로 설정하는 병역법·예비군법 개정안이 발의되기도 했습니다. 이를 통해 병역의무를 이행하는 다양한 방식을 인정하고 동시에 사회복지를 확대할 수 있다고 기대하는 견해가 있습니다. 다름을 인정함으로써 우리 사회의 민주주의가 한층 성숙해질 것이라는 전망도 있습니다.

요컨대 '형평성'이 중요합니다. 양심적 병역거부자들의 인권이 충분히 보장될 수 있도록 하면서도 군 복무를 하는 사람들의 처우를 함께 개선해 형평성 시비가 생기지 않도록 해야 합니다. 이러한 논의 없이 무조건 대체복무를 군 복무보다 훨씬 힘들게 해야 한다거나, 반대로 복무기간을 똑같이 해야 한다고 주장해서는 사회적 합의에 이르기 어렵습니다. 형식적인 측면에 집착하기보다는 두 제도 모두 발전적인 방향에서 운용될 수 있도록 지혜를 모아야 할 때입니다.[33]

각자의 위치에서 공동체를 위하는 방식

최근 양심적 병역거부를 선택해 병역법 위반으로 재판받은 '여호와의 증인' 신도 두 명에게 무죄를 선고한 판결의 한 구절을 소개하면서 논의를 마치려 합니다.

"대한민국의 모든 국민은 각자의 가정, 사회, 내 자리에서 맡은 바 소임을 다하는 가운데 대한민국의 국민임을 자각하며 소극적으로는 국가의 안전보장에 해가 되는 행위를 하지 않고 적극적으로는 국가의 안전보장에 도움이 되는 행위를 하는 방법으로 모두 국방의 의무를 이행하고 있다. 즉 군인들이 그 복무기간 동안 국방의 의무를 적극적으로 이행하고 있는 것은 사실이나 여성, 장애인, 노인, 청소년, 군 면제자, 군 전역자 등을 포함한 모든 국민이 대한민국의 국민으로 사는 동안 항상 국방의 의무를 이행할 의무가 있으며, 실제로 이를 위와 같은 방법으로 이행하고 있는 것이다."

종교적 신념 때문에 몇 대째 아들들이 수감되어야 했던 이들의 운명이 바뀌기 시작했습니다. 안보 공백을 방지하면서도 국민 개개인의 양심의 자유를 지켜줄 수 있는 합리적인 방안을 논의해보자는 사회적 분위기가 만들어낸, 의미 있는 변화입니다.

교도소에서 20대를 잃어버렸던 정춘국 씨는 요즘 깻잎 농사에 여념이 없습니다. 그런 그가 최근 한 변호사로부터 재심을 받아보자는 제안을 받았다고 합니다. 그 말에 당시 몽둥이찜질을 하던 헌병이 떠올랐고 공포감과 복수심이 몰려왔다고 합니다. 그러나 이내 마음을 가다듬고, 이렇게 말했다고 하네요.

"변호사님, 서산에 해가 집니다. 제게 제가 갈 길에 대한 열정이 있는 것처럼 그분들도 조국에 대한 열정이 있었겠지요. 사회를 지켜야 하는데 누군가 이해되지 않는 방식으로 거부하면 '안 되면 되게 만들어!'라고 하고 싶은 마음도 이해 못할 건 아니잖아요."[34]

인권감수성이 있다면 이런 것이 아닐까요? 나를 해코지한 상대에게까지 공감할 수 있는 것 말이지요. 상대의 입장에서 그가 한 행동의 맥락을 찾아보는 것일 겁니다.

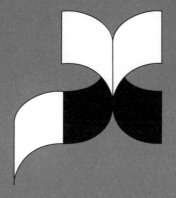

5장

화성 남자와 금성 여자가
함께 살아가려면

"만약 어느 여성이 자신의 삶에 관해 진실을 말한
다면 어떤 일이 벌어질까? 세상은 부풀어 터지고
말 것이다."

-뮤리엘 루카이저, 페미니스트 시인

미국의 미투운동으로 논의를 시작해보려 합니다. 2018년 9월 4
일, 세기의 청문회가 미국 상원에서 열렸습니다. 대법관 후보로 지
명된 브렛 캐버너 연방판사의 성폭력 의혹에 대해 진실을 밝히는
자리였지요. 트럼프 대통령이나 공화당으로서는 대법원의 보수우
위를 만들기 위해 반드시 필요한 임명이었습니다. 중간선거 승리
와 대통령 탄핵을 노리는 민주당 입장에서는 반드시 저지해야 할
임명이었고요.

성폭력이 발생했을 것으로 추정된 시점은 캐버너가 17세였던
1980년대 초반이었습니다. 술에 취한 캐버너가 파티가 열린 한 가
정집에서 15세 여고생 크리스틴 포드를 성폭행했다는 것입니다.
청문회의 정점은 피해자였던 포드 박사의 증언이었습니다. 포드는
차분한 목소리로 이렇게 증언을 시작했지요.

"저는 제가 원해서 오늘 이 자리에 나온 것이 아닙니다… 브렛 캐버너와 제가 고등학교에 다니던 시절 벌어졌던 일을 여러분에게 알리는 것이 시민으로서 제 의무라고 믿었기 때문입니다."

포드는 당시 벌어졌던 성폭행 의혹에 대해 자세히 설명했고, 뒤이어 본인과 가족이 겪었던 2차 피해에 대해서도 증언했습니다.

"곧 엄청난 압박이 뒤따랐습니다. 기자들이 저희 집과 직장에 나타났습니다. (…) 기자들은 제 상사와 동료들에게 전화를 했습니다. 제 전화기에 메시지를 남겼습니다. 제 이름이 곧 언론에 공개될 것이 거의 분명해졌습니다. (…) 저의 가장 큰 두려움이 현실이 된 것이지요. 그리고 그 현실은 제가 생각했던 것보다 훨씬 가혹했습니다. 저와 제 가족은 지속적인 괴롭힘과 죽음의 위협에 시달렸습니다. 가장 더럽고 끔찍한 욕설을 들어야 했습니다. (…) 사람들은 제 신상을 인터넷에 공개하기 시작했습니다."

포드 박사가 퇴장한 뒤 대법관 지명자인 캐버너 차례가 되었습니다. 물론(?) 그는 성폭행 혐의를 전면 부인했습니다. 격앙된 어조로 다음과 같이 말했습니다.

"전 결코 포드 박사가 말한 바에 조금이라도 가까운 일을 한 적이 없습니다. 저를 둘러싼 의혹은 제가 살아온 방식과 전혀 합치되지 않습니다. 학창시절부터 지금까지 제 삶의 기록은 제가 여성의 평등과 존엄성을 한결같이 옹호해왔음을 보여줍니다. 단언컨대 저는 저에 대한 의혹을 부인합니다. 저는 어떤 형태의 성적·물리적

접촉도 포드 박사와 갖지 않았습니다."

청문회 이후 미국사회는 양분되었습니다. 캐버너의 사퇴를 촉구하는 측과 그럴 필요가 없다는 측이 격렬히 맞선 것이죠. FBI의 추가 조사를 요청하는 민주당 의견을 받아들여 일주일간의 조사가 진행되었지만, 성폭력 행위를 입증할 단서는 나오지 않았습니다. 미국 상원은 50대 48로 캐버너의 대법관 임명을 인준했고, 캐버너 판사는 논란 속에 대법관으로 취임했습니다.

단호하게 성폭력을 부인했던 캐버너, 차분하게 수십 년 전 본인이 겪은 악몽 같은 기억을 생생히 진술했던 포드, 과연 누가 옳았던 걸까요? 확실한 물증이 나오지 않는 상태에서 캐버너를 끌어내릴 방법은 없었던 것으로 보입니다. 증언이 일관되긴 했지만 수십 년 전 피해자의 기억만으로는 역부족이었던 거지요. 민주당과 공화당 간의 정쟁이 불행한 마녀사냥으로 이어졌다는 해석도 나왔습니다.

미국사회를 뒤흔든 이 사건은 우리에게 어떤 시사점을 줄까요? 만약 이 사건이 피해자의 잘못된 기억에 근거했다거나 어떤 음모라도 개입되어 있었다면 캐버너와 그 가족에게 가해진 폭력은 무엇으로도 정당화될 수 없을 겁니다. 미투운동이 의도하지 않았던 불행한 결과로 역사에 남겠죠. 기억의 신빙성이나 음모론 가능성과 상관없이, 유일한 증거가 피해자의 진술밖에 없을 때 과연 어떻게 판결하는 것이 성평등을 실현하는 일인지 고민할 기회를 제공합니다.

물론 완전히 반대의 경우도 가능합니다. 30여 년 전 성폭력 의혹을 뒷받침할 명백한 물증이 발견되어 대법관이 사퇴하는 초유의 사태가 벌어질지도요. 그러나 탄핵이 거의 불가능한 미 대법관의 과거를 계속 파헤치는 게 말처럼 쉽지는 않을 것 같군요.

미투, 터질 것이 터졌다

이쯤에서 미투운동의 전개과정을 잠시 살펴볼까요? 2017년 10월 5일, 〈뉴욕타임스〉가 할리우드의 거물 제작자인 하비 와인스틴의 수십 년에 걸친 성폭력에 관해 첫 보도를 했습니다. 이후 열흘 뒤인 10월 15일에 미국의 유명 배우 알리사 밀라노가 하비 와인스틴의 성폭력을 고발하며 #MeToo 해시태그를 달았지요. 낮 12시에 올라온 밀라노의 해시태그 이후 그날에만 SNS에 20만 건의 '미투' 해시태그가 달렸습니다. 다음 날에는 50만 명이 해시태그를 담아 트윗을 보냈습니다. 페이스북에서는 하루 동안 470만 명의 사용자들이 1200만 건의 미투 메시지를 남겼다고 하네요. 미국 페이스북 사용자의 45%가 '친구'의 글에서 미투 해시태그를 보았다는 보도도 있었습니다.[35]

알리사 밀라노는 성폭력 피해자들이 침묵하지 말 것을 호소했습니다. SNS를 통해 성학대와 성폭력의 심각성을 널리 알리고 공감하자는 것이었지요. 이에 많은 배우들이 동참했습니다. 기네스 펠트로, 애슐리 주드, 제니퍼 로렌스 등 누구나 알 만한 유명 배우들이 포함돼 있었습니다. 여성운동의 새로운 장이 열린 겁니다.

한 달도 안 돼 70명이 넘는 할리우드 배우들이 와인스틴에 대한 폭로전에 동참했습니다. 언론 보도 이후 와인스틴은 제작사 CEO를 비롯한 모든 자리에서 물러났습니다. 2018년 5월 18일 성폭력 혐의로 뉴욕 경찰에 체포되어 조사를 받았지만 모든 혐의에 대해 부인하고 있습니다. 모두 동의하에 맺은 성관계라는 것이죠. 2019년 3월 현재까지 민형사상 처벌을 받은 건은 없지만, 모든 혐의에서 자유로워지기는 어려울 것으로 보입니다.

'미투'라는 용어가 사회적 메시지를 담게 된 것은 2006년부터라고 합니다. 미국의 흑인 여성운동가인 타라나 버크가 여성 성폭력 희생자들, 특히 유색 여성들의 성폭력 문제에 대한 인식을 확산시키기 위해 처음으로 사용했다고 합니다.

버크가 미투운동을 시작하게 된 데에는 가슴 아픈 계기가 있습니다. 엄마의 남자친구로부터 지속적인 성폭력을 당했다고 털어놓았던 13세 소녀에게 아무런 말도 해주지 못했다고 했습니다. 그 후 소녀를 다시는 볼 수 없었다고 하네요. 당시 그 소녀에게 '미투'라고 말하지 못한 자신이 부끄러웠다는 유명한 말을 남겼는데요.

이후 버크는 '성평등을 위한 여성들(Girls for Gender Equity)'이라는 NGO를 운영하며 10대 소수자 소녀(young female minoities)들의 처우 개선을 위해 헌신하고 있습니다. 〈타임〉 지는 타라나 버크를 2017 년의 가장 영향력 있는 인물로 선정하며 그녀를 '침묵을 깬 인물 (Silence Breaker)'이라 표현했습니다.[36]

할리우드에서 촉발된 미투운동은 각계로, 세계로 급속히 퍼져 나갔습니다. 대중음악계, 과학계, 스포츠계, 대학, 정치권, 금융권, 의료계에 이어 포르노산업으로까지 확산되었지요. 분야와 나라는 다르지만 모두 일하는 공간에서 지위와 권력을 이용한 성폭행과 성추행에 문제제기했다는 점에서 공통점이 있습니다.

금융권을 예로 들어볼까요? 미국에 금융권 CEO들의 모임이 있었다고 합니다. 본래 아동을 위한 기금 마련이 목적이었다고 하는데, 특이하게도 여성 CEO나 기업인은 참가할 수 없었다고 합니다. 유일하게 참가가 허용된 여성은 이른바 '업소여성'이었다네요. 짧고 딱 달라붙는 옷, 그 안에 검정 속옷을 챙겨 입는 것이 이 여성들에게 요구된 드레스 코드였다고 합니다.

모임에서 어떤 일이 일어나고 있는지 취재하기 위해 두 여성 기자가 '업소여성'으로 위장해 잠입했습니다. 여기서 벌어진 온갖 추태가 고스란히 보도되었음은 물론입니다. 결국 모임은 간판을 내렸습니다. 그 밖에도 세계적 투자은행 모건스탠리의 중개인 더글

러스 그린버그가 헤어진 여자친구의 집을 불사르겠다고 협박한 사실이 〈뉴욕타임스〉에 보도돼 물러나기도 했고요.[37]

인권을 탄생시킨 프랑스는 미투운동이 굳이 필요 없었을까요? 천만의 말씀입니다. 프랑스에서는 '#BalanceTonPorc'라는 해시태그가 미투운동의 상징이 되었습니다. 'Squeal on your pig', 침묵하지 말고 소리치라는 의미입니다. 프랑스 정부는 신속히 대응했습니다. 양성평등부 말레네 시아파 장관은 길거리에서 종종 이루어지는 노상성희롱(catcalling)과 언어성희롱을 금지하는 법안을 통과시켰죠. 법안 발효 직후 버스에서 성희롱 행위와 발언을 한 남성에게 처음으로 300유로의 벌금이 부과되었습니다.[38]

미투운동의 여파가 가장 컸던 나라는 인도입니다. 2018년 10월 구글은 세계에서 '미투(#Metoo)'를 가장 많이 검색한 5개 도시가 모두 인도에 있다고 밝혔습니다.[39] 그러나 높은 관심에도 불구하고 실제 이렇다 할 사회적 변화가 일어나지는 않은 것으로 보입니다. 2000년대 중반 인도의 배우들 간 성추행 폭로가 있었고, 2018년 미투운동이 확산되자 영화계와 연예계에서 성폭력을 고발하는 움직임이 있었지만 영향은 제한적이었습니다. 오히려 여성 배우들이 언론과 대중의 주목을 받기 위해 폭로에 열을 올리는 것 아니냐는 의혹도 나왔습니다.

성인지 감수성과 유죄추정

한국으로 넘어와 보겠습니다. 미국 미투운동의 정점에 캐버너 대법관 후보의 청문회가 있었다면, 한국 미투의 정점에는 안희정 전 충남지사의 재판이 있었습니다. 수행비서의 성폭행 폭로가 있자 안 전 지사는 즉각 공직에서 물러나며 반성하는 듯했지만, 이내 혐의를 전면 부인했습니다. 1심에서 무죄를 선고받은 그는 "다시 태어나겠다"며 몸을 낮췄지요. 그러나 2심의 유죄판결을 피해갈 수는 없었습니다. 2019년 2심에서 3년 6개월의 형을 선고받고 법정 구속되었습니다.

많은 분들이 피해 사실을 폭로한 김지은 씨의 JTBC 인터뷰를 기억하실 겁니다. 인터뷰를 마친 그는 이렇게 말했습니다.

"방송을 마치고 나는 돌아갈 곳이 없었다. 피해자들이 머물 수 있는 긴급 지원 쉼터가 있긴 했지만, 늦은 시간이라 입소할 수 없었다. 방송국에 동행한 쉼터 선생님께서 다음날 입소 전까지 자신의 집에서 머물 수 있게 해주신다고 하셨다… 절대로 벗어날 수 없다고 생각했던 충남 도청에서의 지난 8개월. 나는 드디어 성폭력에서 벗어났다. 내 눈 앞에, 더 이상 그의 범죄는 없다. 폐쇄된 조직 안에서 느꼈던 무기력과 공포로부터도 벗어났다… 다만, 부여잡고 지키려 했던 한줌의 정상적인 삶도 함께 사라졌다."[40]

권력과 위력에 오랫동안 노출되었던 피해자의 좌절과 해방감이

동시에 담겨 있는 진술입니다. 정상적인 삶이 더 이상 가능하지 않은 현실은 '움직일 수 없는' 2차 피해라는 생각이 스칩니다. 2차 피해는 통상 성폭력 사건이 일어난 뒤 집단이나 기관이 보이는 부정적 반응으로 인해 피해자가 입게 되는 정신적, 사회경제적 불이익을 뜻하죠.[41]

안희정 측 변호인은 "사건 이후 피해자가 피고인에게 보낸 문자 메시지에서 이모티콘이나 애교 섞인 표현으로 친근감을 표시하는 등 성범죄 피해자라면 도저히 보일 수 없는 행동을 했다"는 주장을 폈습니다. '합의에 의한 관계'였다는 주장도 굽히지 않았습니다. 1심은 이를 받아들여 김지은 씨의 '피해자답지 않음'을 근거 삼아 무죄를 선고했습니다. 진술에 '의문점이 많다'는 점도 덧붙였고요.

그러나 2심의 판단은 완전히 달랐습니다. 안 전 지사가 '권력적 상하관계'를 이용해 성폭력 범죄를 저질렀다고 판결했죠. 재판부는 유일한 증거였던 피해자 진술에 무게를 뒀습니다. 피해자 주장의 주요 부분이 대부분 일관되고 직접 경험하지 않으면 할 수 없는 진술이라고 봤습니다. 나아가 '피해자다움'을 강조했던 안 전 지사 측을 비판하며, '정형화된 피해자 반응'만을 정상적으로 보는 것은 옳지 않다고 했습니다.

'정형화된 피해자 반응'이란 표현을 좀 더 들여다볼 필요가 있습니다. 우리가 흔히 떠올리는 피해자의 모습은 어떤 것일까요? 성폭력에 적극적으로 저항하고, 어떻게든 가해자를 피해 다니며 스스로를 보호하는 것… 성폭력에 노출되었을 때 '진정한 피해자'라면 이러해야 한다고 규정하는 통념이죠. 이러한 통념은 우리 머릿속에만 있는 것이 아니라 법전에도 존재합니다. 형법 제297조는 폭력 또는 협박으로 부녀를 강간한 경우 강간죄가 성립한다고 규정하고 있고, 이때 폭행, 협박의 정도와 관련하여 '상대방에게 심리적, 육체적으로 영향을 미쳐 반항을 불가능하게 하거나 곤란하게 하는 정도면 족하다'고 해석하고 있습니다.[42]

2심 재판부가 비판한 것은 바로 이것, 즉 '정형화된 피해자'라는 통념에 근거한 최협의설이었습니다. 재판부는 이렇게 밝혔습니다.

"법원이 성폭행 성희롱 사건의 심리를 할 때에는 그 사건이 발생한 맥락에서 성차별 문제를 이해하고 양성평등을 실현할 수 있도록 성인지 감수성을 잃지 않도록 유의하여야 한다."

성폭력 사건은 제삼의 증인이 있기 어렵다는 사실, 대체로 물증도 없다는 사실, 그러므로 피해자 진술 증거의 신빙성을 세심히 판단하는 것이 중요하다는 인식이 깔려 있습니다. 이때 피해자 통념과 최협의설에 근거해 섣불리 판단하기보다는 피해자가 처해 있던 구체적인 상황을 고려해 판단해야 한다는 주문이 녹아 있죠. 성인지 감수성 개념이 폭음을 내며 세상에 나온 순간입니다.

2018년 대법원 판결 때 이미 등장한 바 있는 성인지 감수성은 최협의설에 갇히지 말 것을 강조하는 개념입니다. 아주 새롭다거나 획기적인 개념은 아닌 셈이죠. 그런데 이 논쟁적인 사건에 다시 언급되면서 삽시간에 논란의 중심으로 떠올랐습니다. 증거가 없어도 '성인지 감수성'을 가져다 붙이면 꼼짝없이 유죄가 되는 게 아니냐는 비판이 나왔습니다. 이제 성폭력 관련 사건은 무죄추정의 원칙이 아니라 '유죄추정의 원칙'이 기본이 됐다는 탄식도 함께 말이죠. '의심스러울 때는 피고인의 이익으로'라는 형사법의 대원칙이 '의심스러울 때는 피해자의 이익으로'로 뒤집힌 게 아니냐는 것입니다. 많은 국민들이 우려를 표했고, 현직에 있는 판사들도 가세했습니다. 미투운동 이전에도 우리나라는 성범죄 사건에 대한 사회적 인식이 높아짐에 따라 양형이 강화되어 왔는데, 이 흐름을 두고 한 담당 판사는 진보언론과의 인터뷰에서 이렇게 말했습니다. 2012년 인터뷰입니다.

"솔직하게 말하자면 우리 성폭력 전담 판사들은 어떻게 보면 형사소송법을 어기고 있다. (…) 원래 무죄추정인데 사실 인정부터 양형까지 워낙 비판을 받으니까 아무래도 피해자 쪽으로 기운다. (…) 그 판결이 만약 오판이라면 피고인의 인생은 어찌 되겠느냐."[43]

사실상 미투운동 이전부터 성범죄에 관해서는 유죄편향적인 태도가 만들어지기 시작했다는 내용입니다.

형사판결에 대해 '국민의 법감정'을 고려해야 한다는 표현을 자주 듣습니다. 판결이 국민의 눈높이보다 높거나 낮아서는 안 된다는 의미로도 읽힙니다. 그런데 최근의 성폭력 관련 판결을 보면 법원의 눈높이가 국민의 그것보다 다소 앞서가는 추세라는 지적이 있습니다. 한 연구에 따르면 2008~16년까지 국민참여재판으로 진행된 강간, 강제추행 사건 가운데 14건은 배심원과 재판부의 판결이 엇갈렸다고 합니다. 14건 중 12건은 배심원의 무죄 판단을 재판부가 유죄로 뒤집었다고 하네요. 상급심에서도 그대로 유죄가 확정되었고요. 국민의 판단이 보수적이고 판사의 판단이 더 전향적이라는 의미죠.[44]

연구를 진행한 홍진영 판사는 우리 사회에 널리 퍼져 있는 성폭력 피해자에 대한 통념이 배심원들의 판단에 영향을 준 것 아니냐는 조심스러운 해석을 내놓았습니다. 배심원들이 '강간통념'에 기반하여 이미 '정숙하지 않은' 피해자에 대해 신뢰하지 않는 태도를 확립한 상태에서 재판에 임한 게 아니냐는 잠정적인 결론에 도달한 거죠. [45]

이렇게 국민과 판사의 눈높이가 다를 경우, 우리는 당연히 판사의 눈높이를 더 합리적이고 고결한 것으로 봐야 할까요? 실제 홍진영 판사는 배심원들에게 편견과 고정관념을 교정할 기회를 제공하고, 교정 의지가 없는 배심원은 국민참여재판에서 배제하는 방안을 제안합니다. 배심제도가 일반 시민들이 보는 상식적이고 보편적인 정의관을 중시하는 제도라는 점에서는 이 또한 논란의 여지가 있는 제안입니다. 일부 판사들은 되레 성폭력 사건에서 국민참여재판을 신청해주길 바라는 경우가 많다고 합니다.[46] 법원의 눈높이가 국민의 눈높이보다 과도하게 앞서가는 것을 제어할 수 있는 장치가 되어주길 바라는 것이죠.

여러분은 어떻게 생각하십니까? 안희정 사건의 2심 판결이 양성평등을 실현한 공정한 판단이었다고 보시는지요? 아니면 피해자의 입장을 과도하게 고려한 논쟁적 판결로 생각하시는지요? 대법원은 어떤 판결을 하게 될까요?

"내가 잠재적 가해자라고?"

법정에서의 공방이 사회적 논란을 낳는 동안, 법정 밖에서는 성평등을 외치는 여성들의 목소리가 더욱 커졌습니다. 많은 남성들도 공감을 표했습니다. 한국사회에 오랫동안 자리 잡았던 남성중심주의가 중요한 도전에 직면한 거죠. 20~30대 젊은 여성들이 성평등 운동에 적극 참여하면서 페미니즘이 확산되는 효과를 낳았습니다. 어렸을 때부터 페미니즘 교육을 받아야 한다는 주장도 나왔습니다.

온라인을 통해 확산된 페미니즘이 혜화동 집회와 같은 실제적인 사회운동으로 연결되면서 그 파급력은 더욱 커졌습니다. 미투를 경험한 어떤 나라보다 훨씬 더 역동적인 방식으로 성폭력 반대 운동이 전개되었다고 보아도 무리가 없을 겁니다. 최근에는 중고등학교 여학생들이 교사들에 의한 성폭력을 고발하는 '스쿨 미투'

가 등장하기도 했지요. 남성교사들의 성희롱과 성차별적 발언을 견디다 못한 여중 여고생들이 미투 트윗과 해시태그를 쏟아냈습니다. 성적을 받는 데, 졸업하는 데, 또 취업하는 데 지장이 생길까 봐 쉬쉬했던 것들을 이제는 과감히 말하고 해결을 촉구하는 상황으로 한 걸음 나아간 겁니다.

그러나 우리 모두가 알다시피 미투운동이 순탄한 것은 아니었습니다. 나라를 가리지 않고 백래시가 터져 나왔고, 한국도 예외는 아니었습니다. '그 사람, 그 폭로 하나 때문에 회사에서 잘렸다며?'라는 동정론부터 여성을 무조건 피하고 보는 '펜스룰'까지 다양한 형태의 백래시가 미투운동에 도전장을 내민 거죠. 미국 인력관리 협회의 2018년 조사에 참여한 1만 8000명의 기업 임원들 중 약 3분의 1이 미투운동 이후 자신들의 행동에 변화가 생겼다고 답했습니다. 어떤 임원은 '여성에게 혹은 여성에 관해 말하기가 두렵다'고 했다고 합니다. 이른바 '멘붕' 상태인 이들의 펜스룰도 일종의 백래시로 비추어질 여지가 있습니다.[47]

'힘투(#HimToo)'라는 새로운 구호도 등장했습니다. 캐버너 청문회 당시 힘투 해시태그가 SNS에 집중적으로 올라왔는데요. 이들은 '거짓 미투에 당했다'고 항변합니다. 즉 성폭력 무고로 피해를 봤다고 주장하는 남성들이 일으킨 일종의 '반여성주의 운동'이지요. 이들은 성폭력이 여성만이 아니라 남성에게도 일어날 수 있다는 사

실을 일깨우고 있습니다. 여성들은 고발하고 남성들은 고발당하는 일방향성을 지적하기도 합니다.[48]

힘투운동에 대해서는 여러 가지 논란이 있고, 이 역시 백래시라 보는 시각도 있는 것이 사실입니다. 그러나 남성들의 권익을 대표하려는 한 흐름을 형성했다는 점에서 힘투 또한 일종의 '운동'으로 보는 것이 타당할 것입니다. 미투운동이라는 폭풍에 자칫 잘못 없는 남성들이 휩쓸릴 수도 있고, 이에 대한 충분한 견제장치와 방지책이 필요하다고 자성하는 계기를 만든 것은 사실입니다.

이 외에도 백래시와는 구분해서 살펴보아야 할, 미투운동의 부작용에 대한 정당한 문제제기들이 있습니다. 미투운동 이후 사법체계의 근간인 '무죄추정의 원칙'이 충분히 지켜지지 않는 문제, 급진적 페미니즘이 성평등운동을 한쪽으로 편향시키는 문제 등이 지적되었고, 반드시 살펴보아야 할 의미 있는 문제제기로 들립니다. 언론이 사실관계를 충실히 확인했는지, 여론몰이로 인격권을 침해당한 사람들은 적절히 구제되고 있는지, 다양한 의구심들이 고개를 들었습니다. 법원이 사실관계를 밝히기도 전에 그 사람을 죄인 취급하는 것은 민주주의의 기본 원리를 저버리는 것이라는 비판도 나왔습니다. 법치라는 말을 상식처럼 되뇌면서 정작 중요한 순간에는 편의에 따라 무시한다는 것이죠. 백래시로 감정을 분출하는 것과는 분명히 구별되는 정당한 문제제기입니다.

무엇보다 남자라는 이유만으로 '잠재적 가해자'나 기득권 세력으로 인식되는 데 대해 불쾌해하는 젊은 남성들이 많습니다. 상식을 지닌 대다수의 남성들은 여성을 존중하고 동등한 파트너로 인식하고 있다는 것이죠. 또한 성폭력은 위계나 권력을 기반으로 하는데, 학생이나 사회초년생에게 그런 게 있느냐는 겁니다. 이런 정서 속에서 과연 '젠더 권력'이라는 것이 실존하는 것인지, 그 실체가 무엇인지를 근본적으로 묻는 시각도 나오고 있습니다.

20대를 위시한 젊은 남성들은 유년기, 청소년기를 거치며 또래 여자아이들과 치열한 경쟁을 해야 했던 것이 사실입니다. 그 경쟁에서 어쩌면 여학생들이 더 두각을 나타냈을지도 모르고요. 대학교만 보아도 특히 인문사회계열의 경우 숫자로도 여학생이 다수일뿐 아니라 성적도 남학생들보다 평균적으로 우수한 편입니다. 그런데도 과연 젊은 남성들을 기존 젠더 권력의 프레임으로 이해하는 것이 합당할까요? 실제로 학교에서 남학생들과 대화하다 보면 이와 같은 의구심이 꼬리에 꼬리를 물고 쏟아집니다.

여성들의 입장은 다릅니다. 여성들은 그간 많은 여성들이 성폭행과 성희롱에 시달려왔다는 사실에서 출발합니다. 가해자의 지위와 권력 때문에 여성들은 침묵할 수밖에 없었고, 억눌린 상태로 살수밖에 없었다는 사실에 강한 공감을 표합니다. 미투운동은 여성들이 더는 침묵하지 않고 적극적으로 대응할 수 있게 된 역사적 사건이라고 생각하고 있죠. 단순히 피해 사실에 대한 고발을 넘어, 사회적 약자가 세상에 자신의 목소리를 낼 수 있는 계기가 만들어졌다고 보고 있습니다. 나아가 사회 전반에 성범죄에 대한 경각심을 일깨우기도 했고요.

우리 사회에서 여성운동이 이처럼 전면에 등장한 적이 많지 않기 때문에 여러 가지 논란과 부작용이 생겼다는 것은 여성들도 인지하고 있습니다. 특히 남성들 전체를 몰아세우는 일부 주장에 대해서는 여성들 사이에서도 우려와 자성의 목소리가 나오고 있습니다.

그러나 한편으로는 언론에서 성범죄에 대한 사실관계가 상당히 확인되었거나 합리적인 의심이 충분히 가능한 경우라면 사법적 판단 이전이라도 사회적 비난은 피할 수 없다고 보는 것 같습니다. 미투운동의 진행과정에서 시행착오는 불가피하고, 불편하게 느끼는 사람들도 있겠지만 이런 '성장통'을 통해 좀 더 발전된 사회로 나아갈 수 있다고 생각하는 것으로 보입니다. 그동안 성폭력에 신음하고 고통 받았던 여성들을 생각하면 일부 부작용이나 불편함은 사회의 편익을 증진시키고 남성 쪽으로 기울어진 운동장을 좀 더 평평하게 만드는 데 불가피한 면이 있다고 보는 것이지요.

우리는 왜 점점 과격해질까?

이렇듯 남-녀 간, 남-남 간, 여-여 간의 이견이 다양하게 표출되면서 논쟁이 심화하고 있습니다. 남녀 간의 견해차가 큰 만큼 서로에 대한 불신도 커지고 있지요. 많은 전문가들은 최근 젊은 층에서 관찰되는 남녀대립이나 갈등 양상을 '젠더 갈등' 나아가 '젠더 전쟁'이라 표현합니다. 젊은 남녀 간의 갈등이 젠더 이분법을 기반으로 서로를 맹비난하며 극한 대립으로 치닫고 있다는 겁니다.

2018년 12월에 발표된 리얼미터의 여론조사는 이런 점에서 큰 충격을 주었습니다. YTN 의뢰로 전국 성인남녀 2509명을 대상으로 실시된 조사에 따르면 20대 남성의 문재인 대통령 지지율은 29.4%였습니다. 문재인 정부에 매우 비판적인 60대 남성 지지율 34.9%보다도 한참 낮을 뿐 아니라, 모든 연령대별 남녀를 통틀어 가장 낮은 수치였습니다. 반면 20대 여성의 문 대통령 지지율은 63.5%로 문 대통령의 주요 지지기반인 40대 여성(61.2%)의 지지율보다도 높았습니다.[49]

이 차이를 좀 더 도드라지게 말씀드려 볼까요? 60대 남녀의 지지율 격차는 2.6%p, 50대 남녀는 5.3%p, 40대 남녀는 0.8%p에 불과했습니다. 30대 남녀도 거의 차이가 없고요(0.3%p). 그런데 20대 남녀의 격차는 무려 28.6%p입니다. 이 정도면 상당히 이례적인 통계라고 할 수 있습니다. 이 격차를 대체 어떻게 설명해야 할까요?

같은 시기에 실시된 페미니즘 지지도 관련 조사가 있었습니다. 역시 리얼미터가 조사했다고 합니다. 전국 성인 1018명을 대상으로 한 조사에서 페미니즘 운동을 지지하는 20대 여성은 64%에 달했던 데 반해 20대 남성은 14%에 그쳤습니다. 무려 50%p의 격차입니다. 30대 남녀의 격차가 11%p인 것과 비교되죠.[50]

두 개의 자료를 들여다보니 답은 비교적 쉽게 나오는군요. 20대 남녀의 정부 지지도 차이의 원인은 이 세대의 젠더 갈등에 있는 것으로 보입니다. 성평등과 젠더 문제에 대한 문재인 대통령의 접근법에 많은 20대 남성들이 동의하지 않는다는 거죠. 이에 비하면 취업문제, 주52시간 근무제 도입에 따른 임금하락, 양심적 병역거부에 대한 거부감 등은 상대적으로 지엽적인 요인에 불과합니다. 젠더 전쟁의 치열함이 고스란히 담겨 있는 통계자료입니다.

젠더 전쟁의 뿌리는 미투운동보다 몇 년 앞서 등장한 '여혐 남혐' 혹은 '남혐 여혐'입니다. '일베'라는 남성 온라인커뮤니티가 여혐을 부추기고, 여기에 메갈리아, 워마드 등 여성 온라인커뮤니티가 '미러링(mirroring)' 전략으로 맞서면서 여혐-남혐 갈등이 본격화되었습니다.

대표적인 것이 2015년에 만들어진 '김치녀' 온라인사이트입니다. '김치녀'라는 표현으로 한국여성을 비하하고 해외여성들과 비교하며 모욕을 주는 활동에 일베 등 남성 온라인사이트 회원들이 대거 동조했죠. 2016~17년을 거치면서 '맘충'이라는 여성혐오 표현도 등장했고요. 언론이 자극적 기사를 쏟아내며 혐오를 부추긴 측면도 있습니다. 나아가 출산율 저하의 원인을 여성으로 몰아세우면서 여성혐오를 확산시키는 이들도 있었습니다. 양성평등 실현을 위해 이런 활동을 했노라는 어처구니없는 진술도 있더군요.

급진적 여성운동 집단인 메갈리아나 워마드는 세상에 뿌려진 여혐이라는 씨앗을 먹고 자랐습니다. 사법불평등 중단을 촉구하며 서울 혜화동 시위를 주도한 젊은 여성들도 의도했건 그렇지 않건 남성혐오의 발언과 구호를 쏟아낸 것이 사실입니다. 대통령에게 자살을 권하는 듯한 구호부터 생물학적 남성의 참여를 배제하는 차별적 운동방식까지, '미러링' 전략은 극한으로 치달았습니다. 급기야 워마드 게시판에 성체聖體 훼손 사진이 올라오기도 했습니다. 사진을 올린 회원은 여성 사제와 낙태를 금지하는 천주교를 비판하기 위해 그랬다더군요.

이들의 행동이 과격할지라도 성평등을 외치는 이들의 순수성은 인정해주어야 한다는 시각도 있습니다. 그러나 여기서 잊지 말아야 할 점은, 어떤 입장이든 '인권'을 끌어들이고 있지만 의도했건 그렇지 않았건 차별을 낳을 수 있다는 겁니다. 성평등이라는 '대의'를 위해 남성을 혐오하거나 소수자에 대한 차별적 발언을 하는 것이 정당화될 수 있을까요? 급기야 여성운동 방식과 정당성에 대한 논쟁이 일었고, 특히 20대 남성들은 공감보다는 비판의 시선을 보냈습니다. 기성세대도 우려하고 있습니다.

젠더 전쟁의 승자는?[51]

급진적 여성주의 논란은 사실 우리나라만의 일이 아닙니다. '온건한' 여성주의는 점점 역사의 뒤편으로 밀려나고 있습니다. 1세대, 2세대 여성주의가 저물고 인터넷에 능한 밀레니얼 세대가 주도하는 3세대 여성주의가 대세가 됐죠.

미국의 여성운동가 베티 프리단(Betty Friedan)은 1963년 《여성성의 신화》를 집필했습니다. 자유주의적 여성주의의 입장을 대변하는 페미니즘의 고전입니다. 이 책은 백인 중산층 전업주부가 가사와 양육과정에서 겪는 차별문제, 남녀 간 불평등한 권력문제를 다루고 있습니다. 가족에게 음식을 제공하고 아이에게 옷을 입혀주며 살아가는 평범한 가정주부들에게 '나는 누구인가?'를 질문하게 만드는 책이죠. '신비로운 여성'이라는 고착화된 의미, 여성의 성역할에 대한 고정관념을 신랄하게 비판하면서요.[52]

그런데 말입니다. 《여성성의 신화》에서 남성은 결코 후안무치 악당으로 묘사되지 않습니다. 젠더 권력과 고정관념을 넘어서는 데 함께 손잡고 가야 할 시민으로 그려집니다. 외려 사회와 아내로부터 이중압박에 시달리는 측은한 존재로 묘사되기도 합니다. 하지만 이런 '가여운 이미지'의, 또 '동등한 시민'으로서의 남성 이미지는 서구의 페미니즘에서 자취를 감췄습니다. 한국에서도 그렇고요. 적대적 대결 전략이 대안처럼 여겨졌습니다.

인터넷이 발달하고 소셜미디어가 확산되면서 이러한 변화는 예견된 것이기도 합니다. 남성의 권력을 강화하는 거대한 사회제도나 경제시스템에 대한 비판에서 이제는 남성의 일상적 몸짓과 행동, 즉 남성의 일거수일투족이 비난의 대상이 되었습니다. 남성의 '지질한' 행동과 말투가 스토리로 만들어져 온라인에 퍼지고 손쉽게 조롱의 대상이 됩니다. 여성을 가르치려 드는 남성의 태도를 비난하는 '맨스플레인(mansplain)', 투덜대는 남자들을 조롱하는 '메일 티어즈(male tears)' 등의 용어가 젊은 여성들을 중심으로 인터넷에 퍼져가고 있습니다.

남성들도 가만있지 않았습니다. 이른바 '남성인권운동'이 국경을 넘어 퍼졌습니다. 한편에선 남성들이 처한 처지를 알리고 남성들에 대한 부당한 시각과 관행을 문제 삼는 흐름이 만들어졌습니다. 그러나 남성인권운동을 빌미로 '백래시'를 하는 '불순한' 남성들도 동시에 생겨났습니다. 여성을 폄하하고 조롱하는 기상천외한 표현들이 인터넷에 쏟아져 나왔고요. 백래시는 인류의 역사만큼이나 오래된 여성혐오와 결합하면서 부끄럽게 변해갔습니다.

일부 직장인들은 '펜스룰'에 의지하기 시작했죠. 말 한마디 행동거지 하나로 성범죄자로 찍히느니 차라리 여성을 피하는 전략을 취하는 게 낫다는 논리입니다. 아내 이외의 여성과는 단둘이 식사도 안 한다는 펜스 미 부통령의 '삶의 지혜'를 들여온 거죠. 까딱 잘못하면 수세에 몰릴 수 있다는 생각에 우선은 문제가 될 상황을 만들지 말자는 건데요. 당장 여성을 동등한 사회적 파트너로 보지 않는 처사라는 비난이 나왔습니다.

말 그대로 젠더 전쟁입니다. 여러분은 젊은 청춘들이 벌이는 이 전쟁을 어떻게 생각하십니까? 인권감수성이라는 프리즘으로 보면요? 남성인권운동이 필요하다고 보십니까? 여전히 사회적 강자인 남성에 대한 '혐오'는 형용모순일까요? 최근 여성가족부가 남성에 대한 혐오는 개념상 성립하지 않는다는 교육자료를 배포하여 논란을 키웠습니다. 혐오표현은 여성, 소수인종, 소수민족, 동성애자, 장애인 등 소수자를 대상으로 할 때만 성립된다며, '김치녀'는 혐오표현이지만 '김치남'은 그렇지 않다는 논쟁적인 예시를 포함했습니다. 뭔가 적절치 않다는 생각이 듭니다. 이 논리대로라면 남성노인과 남성장애인에 대한 비하와 조롱은 치열한 젠더 전쟁에서 살아남기 위한 전술일 뿐 혐오는 아닌 걸까요? 그리고 마지막으로, 이 싸움에서 승자는 누구일까요? 있기는 할까요?

승자도 패자도 없는 싸움을 끝내려면

2018년 온 나라를 뜨겁게 달군 미투운동은 성폭력을 겨냥하면서 우리 사회의 남성중심적 문화에 강력한 균열을 냈습니다. 여성

차별이 워낙 견고했고 촛불시위를 통해 정치적 효능감이 커진 터라 그 범위와 파장이 어떤 나라보다 거대했죠.

우리 사회의 성평등 수준이 국제적 기준으로 볼 때 매우 낮다는 것은 널리 알려진 사실입니다. 유엔개발계획(UNDP)이 교육, 건강, 생활수준 등의 지표를 내세워 한국의 성평등 수준을 전체 189개 국가 중 10위로 매우 높게 평가하긴 했지만 세계경제포럼, 영국 〈이코노미스트〉 등은 한국의 성평등 수준이 매우 낮다고 보고 있습니다. 2017년 세계경제포럼 성격차지수(gender gap index)는 144개국 중 118위에 머문다고 보고했지요. 〈이코노미스트〉의 유리천장지수 (glass-ceiling index)는 OECD 29개 회원국 중 최하위입니다. 이슬람 국가인 터키보다, 가까운 나라 일본보다 낮습니다.

유리천장지수는 남녀의 '경제활동참여율 격차' 그리고 '남녀 임금 격차' 등 경제적 불평등을 드러냅니다. 성격차지수는 여성의 정치적 권리와 대표성 확보 수준이 매우 낮다고 지적하고 있고요. 가령 여성의 국회의원 비율은 17%에 그쳐, 남녀 동수를 향해 가는 유럽연합 국가와 비교해 매우 저조하다는 겁니다.[53] 어쩌면 이런 불편한 진실 때문에 많은 국민들이 미투운동에 더 큰 지지를 보내고 여성들의 목소리에 귀 기울였는지 모릅니다.

결국 젠더 권력의 기원은 남녀 간에 형성된 경제적, 정치적 불평등입니다. 임금수준이 낮고 정치적 대표성이 미약한 탓에 사람들은 남성에 비해 여성의 권한과 영향력이 약하다고 믿고 살아갑니다. 자연스레 남녀 간의 권력 불평등, 즉 젠더 권력이 만들어집니다.

미국 사회학회장을 지낸 스탠퍼드 대학의 사회심리학자 세실리아 리즈웨이(Cecilia Ridgeway)는 남녀 간에 발생하는 지위 차이를 '지위형성이론(status construction theory)'으로 설명합니다.[54] 남녀 간의 지위 격차는 경제적, 정치적 권한의 차이를 반영하고 있지만, 실질적으로는 개인들 간의 자연스런 상호작용을 통해 만들어집니다. 남성이 여성에 비해 더 많은 자원을 갖고, 더 받은 보상을 받기 때문에 사람들은 자연스레 남성의 지위와 권한이 높다고 생각하게 됩니다. 이 평가는 입소문을 타고, 사람들의 말과 행동을 통해 전파됩니다. 결국 사람들은 여성보다 남성의 지위가 높다는 '믿음' 및 '신념'을 갖게 되고, 이것이 사회 전체에 퍼지면서 '젠더 지위' 및 '젠더 권력'이 만들어집니다. 네, 젠더 권력은 실체이며, 우리 사회는 부지불식간에 젠더 권력을 인정하고 믿으며 살아온 겁니다.

미투운동이 시작된 지 1년여가 지나 가해자로 지목된 남성들이 사법부의 단죄를 받고 있습니다.

미투운동에 참가한 전 세계 모든 여성들이 공통적으로 하는 말이 있습니다. '조금 바뀌긴 했다. 그러나 큰 변화는 없다.' 아마 많은 여성들이 공감하는 바일 겁니다. 일상에서 직장에서 성추행과 성폭력에 대한 경각심이 높아졌고 조심하는 분위기는 분명 만들어졌죠. 그러나 아직 진정성 있는 대응은 부족한 실정입니다. 가해자에 대한 처벌도 부족합니다. 여성들이 갖는 무력감과 불안함은 여전히 남아 있습니다. 젠더 권력의 근간이 되는 남녀 간의 경제적, 정치적 불평등은 충분히 개선되지 않았습니다. 여전히 여성의 임금은 낮고, 대기업의 여성 중역이나 임원은 턱없이 부족합니다. 그러다 보니 남성의 능력에 대한 신화적 믿음이 여전히 강하고 또 광범위하게 공유되고 있는 실정이지요.

그래서 젊은 여성들의 참여 열기는 여전히 현재진행형입니다. 10대 청소년부터 20~30대 여성까지 '탈 코르셋'을 선언하고, 실천하는 이들도 많아지고 있습니다. 미투운동을 일상의 영역으로 확장하자는 거죠. 사회적으로 당연시되는 자신의 정체성을 거부하고 새로운 정체성을 확산함으로써 정치적 메시지를 보내는 것입니다. 그와 동시에 여성을 평등하게 대하지 않는다고 여겨지는 이슬람 국가와 이곳에서 온 난민들에 대해서는 매우 예민한 반응을 보이기도 합니다.

미투운동이 어느 정도 성과를 내는 동안 뜻밖에 젠더 전쟁이 터졌습니다. 우리 사회는 한 차례 홍역을 앓는 중입니다. 온라인에서는 청춘들이 서로에게 독설을 내뱉고 있습니다. 한쪽은 정부에 대한 지지를 철회하고, 다른 한쪽은 우리 사회가 여전히 가부장주의적이고 젠더 권력으로 가득 차 있다고 성토합니다. 한쪽은 페미니즘을 신봉하고 다른 한쪽은 손사래를 칩니다.

젠더 전쟁을 끝낼 방법은 없을까요? 우선 놀이처럼 시작했던 여성혐오 그리고 남성혐오가 도를 넘었다는 것을 우리 모두 인정해야 합니다. 여성을 진정한 파트너로 보려는 노력 없이 거리두기로 일관하는 태도는 무책임한 행동이죠. 노인, 성소수자, 아동, 난민과 같은 사회적 약자들을 '게임'이라는 허울 아래 조롱하는 것 역시 반인륜적입니다.

급진적 페미니즘이 젠더 권력을 바꾸고 개선하는 유일한 방법은 결코 아닙니다. 오히려 우군 남성들과 연령을 아우른 여성들의 지지를 이끌어내는 데에는 역부족인 경우도 많습니다. 급진적 페미니즘의 전략과 방법이 스스로를 고립시키는 측면이 있기 때문이죠. 흑인 운동이 인종주의에 성공적으로 대응할 수 있었던 건 백인들에 대한 '역*인종주의' 전략을 몰라서가 아니었습니다. 그렇게 하는 순간 고립된다는 이치를 깨달았기 때문이죠.

'남성인권운동'도 우리 사회와 일상에 광범위하게 침투해 있는 젠더 권력을 드러내고 넘어서기에 적절한 처방을 하고 있지 못합니다. 오히려 분명히 실존하고 실체를 갖는 젠더 권력을 애써 부인하는 경우가 많습니다.

젠더 전쟁은 치료가 필요합니다. 이를 끝내기 위해서는 새로운 전략이 필요해 보입니다. 여성운동은 양심적인 남성을 포용해야 합니다. 미투나 성평등 운동에 비판적 목소리를 내는 모든 남성을 '백래시'라고 몰아갈 수는 없습니다.

남성들도 여성들의 오래된 문제의식에 공감하고 연대하는 노력을 해야 합니다. 이를 통해 사회에 확산돼 있는 젠더 권력에 적극적으로 문제제기하고 포용적 발전 방향을 모색해야 합니다.

　여성과 남성… 서로가 서로에게 손을 내밀어야 합니다. 20~30대 젊은 남성들도 희망 없는 '헬조선'의 같은 피해자 아닌가요? 동시에 여성들의 과격성을 빌미로 성평등 운동의 정당성을 훼손하려는 일부 젊은 남성들의 전략 역시 당장 중단되어야 합니다. 성폭력은 권력과 재력이 있는 일부 특권층에 한정된 문제가 아닙니다. 일상에서, 연인과의 관계에서도 얼마든지 발생할 수 있는 문제입니다. 성인지 감수성과 인권감수성을 최대한 발휘하고 상대방을 존중할 때 '화성남'과 '금성녀'는 공존하며 살아갈 수 있습니다.

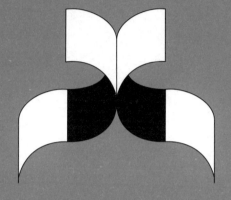

6장

결혼만은 포기하라는
말의 의미

"사람들은 나이나 인종·성별·성정체성에 상관없이 인권을 보장받아야 한다. 우리가 이 자리에 있는 것, 우리가 여기에 있다는 것을 보여주는 것이 성소수자들에게 보여줄 수 있는 가장 좋은 지지와 연대라고 생각한다."

– 데이비드 머피 주한 아일랜드 대리 대사

지난 2015년 미국 연방대법원이 동성혼을 합법으로 판결한 '사건'은 한국사회에도 큰 영향을 미쳤습니다. 미국이라는 나라는 한때 자유세계의 상징과 같았고, 국내 기독교계나 보수주의 단체들에게는 일종의 지침이자 이상으로 받아들여지곤 했습니다. 그런 나라에서 동성혼이 합법화되었으니 동성혼을 반대해온 기독교계와 보수단체들이 놀란 건 당연합니다.

미국에서 동성결혼 문제는 오랜 세월 진지하게 다루어져 왔지만, 국내외 종교계에서는 청교도 정신을 토대로 세워진 미국에서 동성결혼은 결코 용납될 수 없을 거라고 전망했습니다. 그러나 많은 논란 끝에 마침내 동성결혼이 정식으로 인정받은 겁니다. 여기 판결문 일부를 소개해드리겠습니다.

"동성애자 남성들과 여성들이 결혼이란 제도를 존중하지 않는다고 말하는 것은 그들을 오해하는 것이다. 그들은 결혼을 존중하기 때문에, 스스로 결혼의 성취감을 이루고 싶을 정도로 결혼을 깊이 존중하기 때문에 청원하는 것이다. 그들의 소망은 고독함 속에 남겨지지 않아야 하고, 문명의 오래된 제도로부터 배제되지 않아야 할 것이다. 그들은 법 앞에서 동등한 존엄을 요청하였다. 연방헌법은 그들에게 그러할 권리를 보장한다."[55]

이제 동성결혼은 몇몇 특이한 국가의 별난 결혼제도로만 취급되는 것이 아니라, 인권에 관한 중요한 지표이자 공동체의 다양성을 나타내는 하나의 상징이 된 것 같습니다.

지금까지 우리는 사회적 논의가 부족하다는 이유로 동성결혼 합법화 논쟁을 외면해왔지요. 그러나 인적 교류가 활발한 지구촌 시대에 동성결혼 문제는 한 국가가 외면하거나 부정한다고 더 이상 피할 수 있는 주제가 아닙니다. 동성결혼이 합법인 국가에서 살다 온 외국인들에게 그저 '우리나라에는 동성애자가 없다'는 식으로만 말하는 것은 아무래도 궁색합니다.

사실 이미 우리나라에서도 동성결혼 문제는 법적으로 적지 않은 논의가 이루어졌지요. 동성애자 커플이 결혼허가를 내달라고 법원에 요청했다가 기각되기도 했고요. 이제 미국에서 동성결혼이 합법화되면서 주한미군의 동성 배우자에게도 '주한미군주둔군지위협정(SOFA)' 상의 피부양자 지위를 정식으로 인정하게 되었습니다. 우리나라로서는 예외적인 경우죠.

동성결혼 허용, 시대의 흐름인가?

세상이 인정하든 그렇지 않든, 동성애는 인류사와 문화에 꾸준히 발자취를 남겼습니다. 한국사에도 왕실에서는 물론 민초들 사이의 동성애 논란이 기록되어 있습니다. 하나의 문화적 코드로서 예술적 영감을 제공하기도 했고요.

그러나 동성 간의 결합이 법 테두리 안으로 들어온 것은 선진국에서도 그리 오래되지 않았습니다. 1989년 덴마크가 세계 최초로 시민결합 형태의 동성커플을 인정했고, 2001년에 네덜란드가 동성결혼을 법제화한 최초의 국가가 되었죠. 그 후로 벨기에, 스페인, 캐나다, 남아프리카공화국이 뒤따랐습니다. 2015년 미국의 합법화 판결 이후 아일랜드, 콜롬비아 등에서 동성결혼이 합법화되어 2019년 현재 약 26개국에서 동성결혼이 법적으로 인정받고 있습니다. 오스트리아는 유럽 최초로 헌법재판소의 결정으로 2019년 1월 1일부터 동성결혼이 가능해졌습니다. 코스타리카는 2018년 법원의 위헌판결에 따라 동성결혼을 허용하는 법 개정을 추진하고 있고요. 2017년 5월 아시아에서는 최초로 대만 최고법원이 동성결혼을 금지한 민법을 위헌으로 판결하고 2019년 5월까지 법 개정을 요구했습니다. 캄보디아, 태국, 필리핀 등에서도 동성결혼 합법화에 관한 논의가 본격적으로 이루어지고 있다고 합니다.

성소수자 인권에 대한 견해는 그 사람의 인권감수성을 단적으로 드러내는 '설명력이 큰' 항목입니다. 저희가 오랜 연구결과 내놓은 '인권감수성 예측 모형'에 따르면 그렇습니다.[56] 아직 우리 사회에서 동성혼에 관한 논의가 활발하지는 않지만, 인권을 다루는 지면에서라도 이에 대해 생각해보았으면 합니다.

저희가 진행한 인권감수성 테스트 결과를 보면 우리나라 네티즌들은 대체적으로 '성소수자라 할지라도 적극적으로 사회의 일원으로 받아들여야 한다'는 입장에 동의하는 편이었습니다. 성소수자 학생들을 분리해서 교육하는 데에는 반대 의견이 많았고요. 다만 여성보다 남성이, 연령대가 높을수록 성소수자 문제에 보수적인 입장을 보였습니다. 많은 여론조사에서 젊은 층이 동성결혼 합법화에 긍정적이라는 결과와 같은 맥락입니다. 청년층은 상대적으로 개인주의 성향이 강해 타인의 성향에 대해서도 가치판단을 내리기보다는 존중하려는 태도를 보이죠. SNS 등을 통해 동성애자들의 이야기나 어려움 등을 좀 더 많이 접한 것도 영향을 미쳤을 겁니다.

치유가 인권보호?

그렇다면 동성결혼 합법화가 시대적 방향이자 요청이라 단언할 수 있을까요? 과거 인류가 노예제 폐지나 인종차별 철폐를 시대의 명령으로 삼았던 것처럼 동성결혼 허용에 대해서도 그래야 할까요? 천부인권 보호를 위해 대한민국도 적극 동참해야 할까요?

선뜻 그래야 한다고 단언하기는 어려운 것이 사실입니다. 동성결혼 합법화는 다른 인권 문제와는 맥락이 다르다고 주장하는 사람들도 적지 않습니다. 아직까지는 동성결혼뿐 아니라 동성애 자체를 금기시하는 국가가 많은 것도 현실이고요.

아프리카의 국가들 대부분은 동성애를 불법으로 규정해 강력하게 처벌하고 있죠. 에이즈 확산을 억제하기 위한 불가피한 정책이라는 설명도 있습니다. 이렇게 보면 동성결혼을 합법화하는 것이 반드시 세계적인 추세라거나 필연적인 과정이라고 단언하기는 어려울 것 같습니다. 동성결혼 사안은 각국의 문화, 종교, 역사 및 사회제도 등과 밀접하게 연관되기 때문입니다.

스펙트럼의 끝에는 동성애를 죄악시하고 동성애자를 과도하게 탄압하는 국가도 있습니다. 짐바브웨의 독재자 로버트 무가베는 건전한 사회분위기 조성을 위한 종교의 역할을 강조하면서 동성애를 악으로 지목했습니다. 그는 동성애자들의 인권을 존중해달라는 국제사회의 요청을 다음과 같이 반박했습니다.

"여기는 아프리카이고, 우리는 아프리카적 가치에 의해 규제받으며, 서구문화에 속하는 것은 여기에 포함되지 않는다. 나는 경찰에게 체포된 동성애자 커플이 임신하면 풀어주라고 명령했다. 아무도 임신하지 않는다면? 계속 감옥에 있어야 할 것이다."[57]

우리 사회 또한 아직까지는 종교계를 중심으로 동성애를 죄악시하거나 '치료'의 대상으로 바라보는 경향이 있습니다. 특히 학교에서 성소수자 학생이나 교사로부터 자녀들이 부정적인 영향을 받을까 우려하는 학부모들이 많습니다. 지자체별로 학생인권조례 제정을 놓고 첨예하게 대립하는 지점 중 하나가 '동성애 옹호' 항목인 것이 대표적입니다. '성소수자로서 차별받지 않도록 한다'는 내용이 동성애를 조장한다는 비판과, 조례 내용은 헌법에서 보장한 기본권을 학교생활에 맞게 구체화해 누구나 차별받지 않고 배울 권리가 있음을 강조한 것이라는 입장이 맞서고 있습니다.

성소수자에 대해 부정적인 측에서는 성소수자나 동성애에 관한 이야기가 사회 표면에 드러나는 것 자체에 극도의 거부감을 보입니다. 각종 선거에서 '동성애'나 '동성결혼'에 대한 후보들의 입장은 유권자들의 선택을 가르는 이정표가 되기도 하죠. 아직까지는 대체로 동성애에 보수적인 후보가 많고, 심지어 논의 자체를 막아야 한다며 공개적으로 비판하는 단체들도 나타나곤 합니다.

동성결혼을 반대하는 측에서는 결혼의 본질은 한 명의 남자와 한 명의 여자가 그들의 삶을 공유하며 사는 것이라고 주장합니다.

이러한 형태의 결합이 자연스럽기 때문에 보호받고 존중받는 것이고, 이성혼이 인류 역사와 문화에 깊이 뿌리를 내린 이유라는 것이지요. 이성간의 결합을 통해서만 친부모와 친자녀의 관계가 자연스럽게 형성되고 자녀들이 아버지와 어머니의 역할을 보고 배우며 다음 세대가 이어지게 된다는 논리입니다. 동성 간의 결혼으로는 이러한 과정이 불가능하다는 것이죠.

또한 반대 측은 동성결혼이 큰 사회적 비용을 초래할 것이라 주장합니다. 동성결혼을 인정하는 것은 단순히 두 사람이 법적으로 부부가 되었음을 공인하는 것을 넘어 동성애 자체를 사회적으로 받아들이는 것인데, 사람들이 그 위험성을 과소평가하고 있다는 것입니다. 학교에서 동성애를 가르치는 것에서부터 동성 간 성관계에서 생기는 질병 치료비용, 체외수정 및 출산 지원 등 각종 의료비용을 이성애자들이 부당하게 부담해야 한다는 주장입니다. 그렇게 태어난 아이들이 자라면서 느낄 위화감이나 정서적 불안은 어떡할 거냐고도 반문합니다. 게다가 일단 동성결혼이 인정되면 그 외 다양한 형태의 결혼도 합법화해달라는 요구가 폭증할 수도 있습니다. 나이 어린 미성년자와 결혼할 수 있게 해달라는 주장이 나올지도 모르죠.

마지막으로 동성애를 반대하는 측에서는 동성결혼 합법화 주장은 시기상조이며, 사회적 합의를 거치지 않은 상태에서 인권을 명분으로 절차적 정당성을 회피하려 한다고 비판합니다. 누구든 자신만의 가치관과 판단을 다른 사람에게 강요할 수 없으며, 그렇기 때문에 우리나라에서도 공식적으로 동성애를 탄압하거나 금지하지 않습니다. 그런데 동성애자들은 자신들의 특이한 지향을 결혼제도에 강요하고 있다는 것이죠. 결혼제도는 어디까지나 사회적 합의에 따라 운용되는 공공의 영역인데 말입니다.

과거 우리나라 법원 또한 비록 혼인제도가 시대에 따라 변화되었다 하더라도 남녀의 결합관계를 본질로 해왔고 일반 국민들의 인식도 이와 다르지 않다는 점에 방점을 두었습니다. 우리 헌법 제37조 2항[58]이 명시하듯 개인의 행복추구권은 국가안전 보장, 질서 유지 및 공공복리를 위하여 필요한 경우에는 본질적인 내용을 침해하지 않는 한도 안에서 제한될 수 있습니다. 그런 점에서 동성결혼 합법화는 국가의 의무가 아니며, 오히려 이를 막는 것이 우리 사회의 질서를 유지하는 길이라는 판단도 가능합니다.

그런데 동성애는 허용할 수 있지만 결혼은 결코 안 된다는 식의 주장은 과연 동성애자들의 인권을 실질적으로 존중하는 방식일까요? 실제로는 동성애를 금기시하고 탄압하는 것과 다를 바 없다는 입장을 가진 사람들도 많습니다. 특히나 개인의 성적지향은 국가가 개입할 수도 없고 개입해서도 안 되는 영역인데, 동성결혼을 제도 미비 등의 핑계로 인정하지 않는 것은 사실상 국가가 이성애만을 '정상적'이라고 강요하는 것과 무엇이 다르냐는 항변입니다.

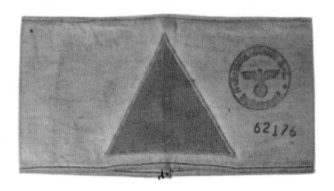

1937년, 나치는 강제수용소의 남성 동성애자들에게 핑크색 삼각형을 가슴에 달게 했다. (사진 출처 : https://hiskind.com)

지금도 많은 국가에서 동성애자들이 박해당하고 있지요. 가장 극단적인 형태는 과거 나치 독일에서 발견할 수 있습니다.

앞쪽 사진 속 분홍색 삼각형은 나치가 동성애자들을 수용소에 가둘 때 표식으로 붙인 배지입니다. 이 마크는 오늘날 동성애와 동성애자들의 인권을 표현하는 상징으로 통합니다. 당시 나치는 기독교 정신에 입각한 국가 건설을 표방하며 동성애를 악으로 규정해 근절하려 했습니다. 아리아 인의 우수성을 내세운 나치는 남성 동성애자들을 유약하며 출생률을 높이는 데에도 기여하지 못하는 아리아 인의 수치라고 여겨 '제거'하는 수순을 밟았습니다.

이 일련의 '게이 홀로코스트'는 국가에 의한 극단적인 성문화 규정이 얼마나 위험할 수 있는지를 단적으로 보여주는 대표적인 동성애 탄압 사례입니다.

'시민결합'이라는 실험

"인류학자들은 한 세기 넘게 여러 문화권과 역사적 시기를 넘나들며 가구와 친족관계 그리고 가족에 대한 연구를 해왔지만, 문명이나 지속 가능한 사회질서가 오로지 이성애에만 기초한 제도로서의 결혼에 의존하고 있다는 근거는 어디에서도 발견하지 못했다. 거꾸로, 인류학적 연구는 동성결합 관계에 기초한 가족을 포함해 매우 방대한 가족 형태들이 안정되고 인도적인 사회에 기여할 수 있다는 결론에 도달했다."

-미국인류학회 성명서, 2004년 2월

사실 흔히 생각하듯 한 남자와 한 여자의 결합에 따른 결혼만이 인류사회에서 유일하고 정통적인 것으로 받아들여졌던 것은 아닙니다. 이성 간의 일부일처제는 로마법과 기독교 문화를 기반으로 하는데, 그 외에도 다양한 유형의 결혼이 있었죠. 반인륜적으로 들리지만 근친혼이나 일부다처제도 있었고, 역시 끔찍하게 들리지만 강제결혼, 매매혼, 약탈혼, 노예 결혼 등도 있었습니다. 그중 한 남자와 한 여자의 결혼만이 '정상적인' 것으로 현대사회에 인정받은 겁니다.

심지어 남녀 한 쌍의 결혼이라고 다 허용된 것도 아니었습니다. 다른 인종 간의 결혼을 금지하는 법이 존재하기도 했고, 국내에서는 1997년에야 동성동본 금혼제도가 위헌판결을 받았습니다. 오늘날 다른 인종 간의 결혼이나 동성동본 간의 결혼을 다시 금지시켜야 한다는 주장은 설득력을 잃었지만, 오래지 않은 과거에는 금지가 당연하게 여겨졌습니다. 지금 우리가 논의하는 동성결혼 합법화처럼 말이죠.

2001년 네덜란드가 동성결혼을 합법화한 지 10년 이상의 세월

이 흘렀지만 사람들이 걱정하는 만큼 네덜란드 사회가 붕괴되었다 거나 혼란 상태에 빠졌다는 징후는 찾기 어렵습니다. 반면 사회로 부터 정신적, 경제적 지원을 받게 된 동성커플은 이전보다 더 나은 삶을 살 수 있게 되었죠. 결혼하지 않은 성소수자들도 사회가 자신 들을 받아들이고 있다고 느끼고 있고요. 더 많은 사람들이 새로운 가정을 꾸리고 사회구성원으로서 자유롭고 행복한 삶을 누릴 수 있게 된 만큼 공동체적 기반은 더욱 튼튼해진 측면이 있습니다.

동성결혼 가족의 자녀가 다른 학생들에게 피해를 준다거나 학 업 능력이 뒤처진다고 단정할 이유도 없습니다. 일부 부모들의 우 려와 달리 개인의 성적지향은 다른 사람에게 전염되는 것도 아니 고, 교육으로 강제되는 것도 아닙니다. 여러 연구결과를 종합해보 면 부모의 성적지향 및 성정체성과 자녀의 정서발달 및 정신적·육 체적 성숙 사이에는 특별한 연관성이 없습니다.[59] 중요한 것은 자 녀를 양육하기에 충분한 여건을 갖추고 있는지, 그리고 부모로서 책임감 있게 자녀를 양육할 수 있는지 여부일 겁니다.

더러는 양육의 어려움을 이유로 동성결혼을 허가할 수 없다고 주장하기도 하는데요, 결혼하는 이유가 아이를 낳아 키우기 위해 서만은 아니지 않을까요? 주위를 둘러보면 자녀 없이도 행복하고 의미 있게 살아가는 커플들이 많이 있습니다. 자녀를 키우며 세대 를 이어주는 역할도 물론 중요하지만, 그것은 국가가 개인에게 요 구할 수 있는 것이 아닐뿐더러 이성부부의 가정에도 강요되어서는 안 된다는 데 많은 분이 동의할 겁니다.

일부 국가에서는 동성애자의 요청을 받아들이면서도, 기존 결혼제도에 이들을 편입시키는 대신 대안으로 '시민결합제도(same-sex partnership 혹은 civil union)'를 운영하기도 합니다. 시민결합제도는 동성커플에게 혼인한 이성부부와 같거나 유사한 법적 지위를 부여하는 것으로 재산권, 사회보험, 상속권 등 다양한 영역에 걸쳐서 사실상의 결혼관계를 인정해주는 제도이지요. 아시아 국가 중에는 일본이 2015년에 일부 지방자치단체에서 동성 파트너십 제도를 수용하여 '결혼에 상당하는 관계'로 인정하고 있습니다. 이 덕분에 지자체뿐 아니라 기업에서도 복리후생 등에서 동성 파트너를 배우자와 동등하게 대우하고 있습니다. 사실상 부부로 생활하고 있는데도 법망이 미비해 곤란을 겪는 동성커플에게 큰 도움이 되었음은 물론입니다.

이러한 제도조차 없는 동성커플들은 아무리 부부처럼 살아도 법적 혜택을 받을 수 없습니다. '배우자'의 지위를 인정받지 못하기에 배우자의 사망 후 유산을 상속받을 수도 없죠. 중대한 수술을 앞두고 보호자의 지위를 인정받지 못할뿐더러 진료기록을 열람할 수도 없습니다. 자신에게 가장 소중한 사람의 생명과 건강이 위험에 빠졌을 때 중요한 결정에 관여할 수 없는 겁니다. 이처럼 많은 부분에서 동성커플들은 충분한 사회적 보호를 받지 못하고 있고,

안정적인 기반을 토대로 행복한 삶을 살아가기 힘든 처지입니다. 이들에게 '결혼'만은 포기하라는 주장은 어떤 의미로 들릴까요? 사실상 동성 파트너를 제외한 '모든 것'을 포기하라는 말과 다를 바 없을 겁니다.

최근 연구자들은 동성결혼의 법제화가 공공의 복리 증진에 얼마나 기여하는지 연구를 진행하고 있습니다. 존스 홉킨스 대학교 블룸버그 공공보건학교의 줄리아 레이프먼(Julia Raifman) 연구원은 미국의 32개 주에서 동성결혼이 합법화되기 이전과 이후를 비교하여 청소년들의 자살 시도 변화를 추적했는데요. 이 연구에 따르면 동성결혼 허용 이전에는 청소년의 9%, 그리고 퀴어 정체성을 가진 청소년의 28.5%가 자살 시도를 했다고 합니다. 하지만 각 주에서 동성결혼이 합법화된 이후의 자살 시도 통계를 분석해보니 10대 전체는 8%, 퀴어 10대는 25%로 줄었다는 분석결과를 내놓았습니다.[60] 미미한 차이에 불과하다고 보는 분도 있겠지만, 통계학적인 차원에서 보자면 꽤 의미 있는 변화입니다.

매사추세츠 대학 경제학과의 리 배지트(Lee Badgett) 교수는 스칸디나비아 국가들의 경우 파트너십 등록제를 비롯한 동성결혼 제도를 시행한 후 결혼율이 눈에 띄게 높아졌다는 점을 보여줍니다. 특히 덴마크의 결혼 상승세가 두드러진다고 하네요. 미국의 경우 레즈비언 커플의 3분의 1, 일반 동성애자 커플의 5분의 1이 입양을 통해 새로운 양육계층으로 등장했습니다. 배지트 교수는 동성결혼으로 경제적 혜택을 보는 계층이 늘어난 반면, 경제적으로 손해를 보는 계층은 거의 없다고 설명했습니다. 공리주의적 관점으로 보았을 때 동성결혼 제도도 어느 정도 정당화가 가능한 것처럼 보입니다.[61]

게이처럼 보이지 않는 이유

최근 미국에서 동성결혼이 합법화된 배경에는 여론의 변화도 큰 몫을 했습니다. 애초에 동성애를 지지하던 정치세력이 세를 넓혀갔을 뿐 아니라, 동성애를 부정적으로 바라보던 사람들의 시각에도 변화가 생겼습니다. 여기에는 대중매체를 통해 동성애자들의 모습을 많이 접할 수 있었던 것도 영향을 끼쳤습니다.

대표적으로 시즌10까지 이어지며 큰 인기를 끌었던 미국 시트콤 〈모던 패밀리〉 시리즈가 있습니다. 현대 미국 가족들의 다양한 일상을 유쾌하게 풀어낸 이 드라마에는 다양한 형태의 커플과 가족이 등장합니다. 그중에도 동성부부인 카메론과 미첼, 그리고 그들이 입양한 딸 릴리의 이야기는 동성커플도 다른 이성부부와 다를 바 없다는 당연한 사실을 보여줍니다. 웃고 울고 싸우고 화해하며 성숙해지는 그들의 모습을 보며 시청자들은 행복한 '가족'이 되는 데 동성커플이라는 점은 걸림돌이 되지 않는다는 사실을 깨닫게 되죠. 미국 드라마 최초로 트랜스젠더 아역이 등장해 화제가 되기도 했습니다. 개성을 가진 다양한 캐릭터들은 우리가 살아가는 사회에 실제로 존재하는 사람들을 연기합니다. 자신과 타인을 함께 인정하고 사랑하는 것이 삶의 미덕이라는 것을 강조하고 있지요.

한국에서는 2005년에 제작된 영화 〈왕의 남자〉가 천만 관객을 돌파한 이후 각종 드라마나 영화에서 동성애가 본격적으로 다루어지기 시작했습니다. 동성애자 아들을 둔 가족의 이야기를 그린 드라마 〈인생은 아름다워〉는 동성애자를 양산한다는 격한 비난에 직면했고, 비판 광고가 신문에 실리기도 했지요. 최근에는 동성애 코드가 반영된 K-Pop도 나오고 있습니다. 모든 매체가 동성애에 대해 구체적이고 진지하게 접근한 것은 아니며 일부는 현상을 왜곡하거나 미화했다는 비판도 받았지만, 어찌 되었든 그만큼 성소수자들에 대한 사회적 관심을 반영한 것은 사실인 것 같습니다.

미디어를 통해 공감하기도 하지만, 신뢰하는 사람이나 가까운 사람이 커밍아웃을 할 때 더 드라마틱한 변화가 생깁니다. 많은 이들이 자신과 친밀한 사람, 또 믿고 따르는 사람이 동성애자임을 알게 될 때 부정적이던 태도를 바꿀 가능성이 한결 커진다고 합니다. 대표적인 보수 정치인이 자신의 가족이 동성애자임을 밝히고 동성결혼을 지지한 경우, 유명 기업가가 커밍아웃하고 동성애자 권리 운동을 후원한 사례 등을 접한 일반 시민들은 자기 내면에서도 변화를 경험합니다. 동성애자를 직간접적으로 대면할 기회가 시민들의 공감력을 높이는 데 긍정적 영향을 미치는 것입니다. 대표적으로 애플의 CEO 팀 쿡은 "동성애자로 살면서 소수자에 대해 깊이 이해할 수 있었고 더 공감을 잘하는 사람이 될 수 있었다"고 말했습니다. "때로는 힘들고 불편했지만 나 자신으로 살고 역경과 편견을 넘어설 자신감을 심어줬다"고 강조하기도 했죠.[62]

종교계에서도 비록 교리에 반하는 부분까지 인정할 수는 없더라도, 성소수자 문제에 대하여 관용과 배려, 공존의 관점으로 접근해야 한다고 강조합니다. 아직 가톨릭에서는 "동성애자들의 결합을 어떤 식으로든 혼인과 가정에 대한 하느님의 계획과 유사하거나 조금이라도 비슷하다고 여길 수 있는 근거는 전혀 없다. 혼인은 신성하지만, 동성애 행위는 자연 도덕법에 어긋난다"고 보아 공식적으로는 동성결혼을 금지하고 있습니다.[63] 그러나 성 요한 바오로 2세 교황은 1994년 2월 20일 바티칸 대중 삼종기도 강론에서 다음과 같이 말했습니다.

"우리는 동성애 성향을 지닌 사람들을 보호해야 할 뿐 아니라 그들에 대한 부당한 차별을 배격해야 합니다. 교회는 이 일을 전적으로 지지합니다. 모든 인간은 존중받아야 하기 때문입니다. 윤리적으로 받아들일 수 없는 것은 동성애에 대한 법적 승인입니다. 동성애 경향에서 자유로울 수 없는 사람들에게 이해심을 보여야 한다는 것이 윤리적 기준을 바꿔야 한다는 의미는 아닙니다. 그리스도는 간음한 여인을 용서하셨고 돌로 쳐 죽임을 당해야 하는 데서 구해주셨습니다. '가거라. 그리고 이제부터 다시는 죄짓지 마라.'(요한 8,11)"[64]

어떻게 들리십니까? 제게는 성소수자라 할지라도 얼마든지 신앙생활을 할 수 있고 또 신앙의 보호를 받을 수 있다는 메시지로 들리네요.

최근에는 영화에서도 다양한 LGBTQ(lesbian, gay, bisexual, transgender, and queer) 캐릭터가 등장하고 있습니다. 이에 대해 '정치적 올바름'을 위해 무리하게 LGBTQ를 내세운다는 비판도 있지만, 반대로 LGBTQ가 엄연히 이 세상에 살아가는 구성원인 만큼 대중매체에서도 그들을 캐릭터로 등장시키는 것이 바람직하다는 입장도 있습니다. 해리포터의 작가 J.K.롤링은 소설 속 캐릭터인 덤블도어가 사실은 게이라는 사실을 밝힌 뒤 많은 항의와 격려를 동시에 받았다고 합니다. 그중 '덤블도어가 게이처럼 보이지는 않던데요?'라는 한 독자의 이의제기에 대하여 "아마도 그건 게이들도 사람처럼 보이기 때문 아닐까요?"라고 대답한 일화는 유명합니다.[65]

많은 사람들이 즐기는 게임에서도 동성애나 동성결혼은 종종 이슈가 되곤 합니다. 동성애 콘텐츠가 담긴 게임은 동성애를 엄격하게 금기시하는 러시아나 중동지역에서는 서비스가 중단되기도 하죠.

게임 제작자들은 동성애 콘텐츠라는 이유만으로 배척되어서는 안 된다는 입장을 밝힙니다. 반면 많은 국민들, 특히 아이를 키우는 부모들은 절대 있을 수 없는 일이라고 반발합니다. 국산 온라인 롤플레잉 게임 '마비노기'에서는 유저들의 캐릭터끼리 결혼할 수 있는데, 아직 한국에서는 제공되지 않지만 북미와 일본 서버에서는 동성결혼도 가능하다고 합니다. 이에 대해 한 게임 프로듀서는 "플레이어들은 결혼할 수 있고, 용과 싸울 수도 있고, 음악가가 되거나 요리를 배울 수도 있죠. 동성 캐릭터들 간에도 결혼 시스템을 이용할 수 있도록 하는 것이 플레이어들에게 끝없는 옵션을 제공한다는 우리 취지에 맞다고 생각합니다"[66]라는 입장을 밝혔습니다.

여러분은 어떻게 생각하시나요? 자라나는 아이들을 생각할 때 동성애 게임 콘텐츠는 시기상조일까요? 아니면 균형 잡힌 사회를 위해 필요한 걸까요? 공리주의 원칙에 따라, 많은 부모들이 반대한다면 규제하는 것이 바람직할까요?

성소수자들은 퀴어문화축제와 퀴어퍼레이드를 통해 그들의 문화를 향유하고 사회에 의견을 표출합니다. '일상 어디에든 성소수자가 주변에 있다'는 것을 알리고자 행사를 열지만, 조용히 끝나는 경우는 드뭅니다. 동성애를 반대하는 시민단체, 종교단체와 으레 충돌이 생깁니다. 몇몇 참가자의 극단적인 노출과 퍼포먼스를 불편해하는 시민들도 많습니다. 하지만 동성애에 관한 일체의 표현을 혐오스러운 것으로 여긴다면 양측 간의 대화는 불가능할 것 같다는 생각도 듭니다.

적극적인 사회적 논의가 필요합니다. 문제를 덮어두고 아무 일 없다는 척하는 것은 결코 책임 있는 태도가 아닙니다. '역지사지'하는 태도가 필요하겠죠. 공감의 정신입니다. 성적지향이 다르다고 해서 인간존엄성이 존중받지 못하는 상황을 애써 외면해서는 안 됩니다. 종교전통이나 문화적 전통을 고려할 때 지금 당장 동성결혼을 합법화하라는 요구도 현실적이지는 않겠죠. '로드맵'을 만들어갈 필요가 있겠습니다. 사회적 대화를 언제 어떻게 진행할지, 무엇을 논의하고 무엇을 결정할지 사회구성원들 간의 책임 있는 소통이 필요합니다.

이런 로드맵과 소통이 바탕이 된다면, 동성애를 치료가 필요한 '질병'이라거나 '악한' 것으로 단정 짓는 불합리한 관행은 줄어들 겁니다. 성소수자들이 요구하는 것이 인간의 가장 기본적인 권리임을 인식하게 될 날이 앞당겨질 수 있습니다. 동성결혼을 점차 제도적으로 보장함으로써 우리 공동체가 한 단계 성숙하는 계기가 될 수도 있습니다. 성소수자 문제와 동성결혼 합법화에 관해 열린 마음으로 의견을 청취하고, 다양한 성적지향을 가진 시민들과 공존하려는 태도가 출발점이 될 수 있습니다.

7장

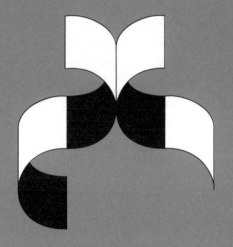

혐오 표현도
표현의 자유일까?

"우리가 경멸하는 사람에게 표현의 자유가 있다는
것을 믿지 않으면 우리는 표현의 자유를 믿지 않는
것이다."

-노암 촘스키

디지털 시대를 맞이하여 인터넷을 통한 여론형성이 더욱 쉬워
지고 있습니다. 그 중요성 또한 강조되고 있죠. 사람들은 인터넷 댓
글을 통해 시간과 장소에 구애받지 않고 자유롭게 의견을 교환하
고 다른 사람들의 생각을 확인합니다. 표현의 자유가 혁신적으로
확대되고 있는 거지요.

하지만 이런 '자유'를 악용하는 사례도 덩달아 많아지고 있습니
다. 인터넷 댓글 실명제 도입 논의가 활발히 이뤄지는 배경입니다.
각종 여론조사를 보면 지역이나 연령, 이념과 관계없이 대다수의
사람들이 인터넷 댓글을 실명으로 달자는 의견에 찬성합니다.

댓글뿐 아니라 인터넷 활동 전반에 실명제를 적용했던 '인터넷
실명제'는 과거 헌법재판소에서 위헌결정을 받았지요. 그런데 왜
사람들은 다시 '인터넷 댓글 실명제'라는 유사한 주장에 관심을 갖

는 걸까요?

몇 가지 배경을 따져보죠. 모욕과 명예훼손 가능성, 소수자와 사회적 약자들에 대한 혐오표현 범람, 불법·유해 자료의 확산, 인터넷상의 여론조작 활동 등이 떠오릅니다. 인터넷 실명제가 폐지되면서 사람들은 자유롭고 공정한 인터넷 토론 문화가 생겨날 것으로 기대했지요. 그런데 현실은 어떤가요? 지금 온라인 공간은 악성 댓글과 선동, 거짓 뉴스가 넘쳐나고 있습니다. '자정작용'을 기대하기 힘들어 보일 정도지요. 익명제 뒤에 숨어 각종 비윤리적 행위가 난무하는 세상, 이를 방치하는 것은 무책임한 행위 아닐까요? 여러분은 어떻게 생각하시는지요?

악성댓글, 혐오표현, 드루킹 그리고 '인터넷 댓글 실명제'

인터넷 뉴스를 읽다 보면 실로 다양한 댓글들을 보게 됩니다. 진위를 따지며 검색을 계속하다 보면 이내 악성댓글로 피해를 입은 연예인 이야기를 접하게 되죠. 소속사가 악성댓글을 단 누리꾼들에게 강력 대응하겠다는 입장도 밝힙니다. 그러면 '아니 땐 굴뚝에 연기 나랴?'는 취지의 또 다른 루머와 악성댓글이 달립니다.

비난의 대상이 내가 좋아하는 연예인이라면 정말 분통이 터집니다. 왜 자기 마음대로 상상하고 단정하는지 이해할 수가 없지요.

아무리 소속사에서 대응한다고 해도 이미 악성댓글은 사람들에게 퍼져나간 뒤고, 내가 좋아하는 연예인은 그 글을 보고 마음에 큰 상처를 입었겠지요. 근거 없는 비난과 조롱, 인격모독을 담고 있는 악질적인 댓글은 당사자에게 큰 상처를 주고 심지어는 죽음에 이르게도 합니다.

이것이 비단 '공인公人'들만의 고충일까요? 주위를 살펴보면 어떻습니까? 악성댓글은 더 이상 연예인이나 유명인만의 문제가 아닙니다. 요즘은 남녀노소 상관없이 일반인에게도 번지고 있습니다. SNS, 각종 인터넷 방송이 대중화되면서 일반인 가운데 주목받는 이들이 많아졌다는 이유도 있습니다.

경찰청 통계에 따르면 악성댓글을 포함해 인터넷 게시글을 통한 온라인 명예훼손·모욕 사건은 2016년 1만 4908건에 달했습니다. 2012년 5684건에서 3배 가까이 늘어난 수치죠.[67] 인터넷을 사용하는 사람 누구라도 악성댓글로 고통 받을 개연성이 커진 겁니다. 악성댓글 피해자들은 한결같이 '집단폭행을 당하는 느낌'이라고 증언합니다. 서로 얼굴을 맞대고 신원을 확인할 수 있는 상황에서는 결코 하지 못할 말들이 거리낌 없이 터져 나온다는 거죠. 얼마 전에는 지속적으로 악성댓글에 시달린 한 대기업 회장이 "심각한 악플의 폐해를 직접 재판정에서 말하겠다"며 증인으로 나서기도 했습니다.[68]

말은 뱉으면 사라지지만 글은 반영구적으로 남아 지속적인 고

통과 후유증을 남깁니다. '악플 테러'라고까지 여겨지는 이 문제를 어떻게 해결해야 할까요? 인터넷 댓글 실명제가 해결책이 될 수 있을까요?

1%를 규제해서 민주주의가 지켜진다면?

인터넷이 등장한 이후, 많은 사람들은 인터넷이 민주주의를 강화하는 데 큰 기여를 할 것이라 입을 모았습니다. 전자민주주의를 통해 사람들이 정치적 의사결정에 직접 참여할 수도 있고 시공의 제약을 넘어 토론할 수 있다는 것은 정말 놀라운 일이지요. 하지만 이를 악용하는 사람들도 동시에 늘었습니다. 인터넷 여론을 호도하고 조작하려는 시도가 끊임없이 나타나고 있습니다.

2018년 봄 국민의 눈과 귀를 사로잡았던 댓글 조작 사건, 이른바 '드루킹 사건' 기억하십니까? 댓글 실명제에 관한 논쟁에 그야말로 불을 댕겼지요.

민주당원인 김모 씨(필명 '드루킹')는 2016년 대선을 전후해 댓글과 기사 추천을 다량으로 조작했습니다. 매크로 프로그램(같은 작업을 단시간에 반복하게 하는 프로그램)으로 특정 의견에 대한 긍정 반응수를 집중적으로 늘리는 기법을 사용했죠. 이를 주도한 집단은 체계적이고 조직적으로 움직였습니다. 댓글 작업을 위해 유령 출판사도 설립했다죠. 유력 정치인과 긴밀하게 소통했다는 정황 증거도 발견되었고요. 가짜뉴스가 우리 일상에 침투해 민주주의를 뒤흔든 충격적인 사건이었습니다.

댓글 조작에 참여한 이들은 대다수 국민이 스마트폰이나 인터넷으로 뉴스를 접한다는 점에 착안했습니다. 아무래도 사람들은 조회수가 높고 추천을 많이 받은 글에 더 큰 관심을 가지게 마련입니다. 조작에 참여한 이들의 노림수죠. 많은 사람들이 공감했다는 건 그만큼 중요한 내용을 담고 있다는 의미일 수도 있으니까요. 무언가 검증된 내용이라는 인상을 주기도 합니다.

이처럼 어떤 의견이 대중적으로 유행하게 되고 이내 그 의견에 동조하는 사람이 더욱 늘어나는 현상을 '밴드웨건 효과(bandwagan effects)'라고도 합니다. 다수의 아이디를 만들거나 반복적으로 추천하는 등 특정 의견을 다수의 의견인 것처럼 조작하는 이유가 바로 여기에 있지요. 그런 점에서 드루킹 사건은 가짜뉴스의 전형을 보여줍니다. 익명성 뒤에 숨어 검증되거나 확인되지 않은 뉴스를 퍼트리는 행동을 설명해주죠.

드루킹 사건을 경험하면서 국민들은 온라인 여론활동이 왜곡되고 있다는 사실을 확인했습니다. 어렵게 지켜낸 민주주의가 오염된 여론 때문에 풍전등화 처지가 된 것을 보고 개탄을 금하지 못했습니다. 적극적인 규제가 필요하다는 견해가 힘을 얻었지요. 네이버 등 포털 기업들의 책임론이 등장했습니다. 댓글을 달고 기사를 인기순으로 정렬하는 방식을 개혁해야 한다는 주장도 나왔고요. 검색창에 검색 박스만 덩그러니 보이는 구글의 인터페이스가 정답인 것처럼 느껴졌습니다. 당연한 수순인 듯, 댓글 실명제를 요구하기 시작했습니다. 많은 국민들이 이에 동조했고요.

이쯤에서 인터넷에서 익명으로 댓글을 쓰게 허용하는 것이 표현의 자유를 누리는 데 얼마만큼 도움이 되는지 궁금해지는군요. 인터넷 댓글 분석 사이트 '워드미터'에 따르면 2018년 5월 7일 하루 동안 네이버 뉴스에 11만 333명이 25만 9511개의 댓글을 달았다고 합니다. 엄청난 양이죠. 그런데 네이버 뉴스 하루 평균 이용자가 1300만 명에 달하는 것을 고려하면 댓글을 다는 사람들은 약 0.9% 정도뿐인 셈입니다.

익명성을 보장해줘도 댓글을 다는 사람이 1%도 안 된다면, 이들을 규제한다 해도 큰 문제는 없을 것 같은 생각도 듭니다. 사실 사람들이 댓글을 보고 자신의 의견을 적극적으로 바꾸는 경우는 많지 않고, 원래 가지고 있던 자신의 태도나 생각을 더 강화할 뿐이라는 주장도 있습니다. 이것을 사회심리학에서는 '편향적 선택지각'이라고 합니다. 생각해보면 그렇기도 하죠. 혹시 여러분은 자신의 주장과 반대되는 댓글을 읽고 설득되어 입장을 바꾼 경험이 있나요? 많지 않을 겁니다.

정보화 시대에 댓글을 통한 '여론몰이'의 유혹은 피할 수 없습니다. '열린 사회의 적들'은 도처에 있습니다. 이를 방치하면 민주주의가 훼손될 수 있죠. 디지털 시대의 명암입니다. 여러분은 어떠십니까? 규제 대상이 1% 미만이라면 인터넷 댓글 실명제를 도입할 수 있다고 보시나요? 댓글 실명제는 민주주의를 보호할 수 있는 대안일까요?

1%의 규제로 전체가 위축된다면?

하지만 자신의 의견을 밝힐 때마다 이름도 함께 밝혀야 한다는 것은 과도하다는 느낌을 줍니다. 물론 악성댓글을 달아 다른 사람에게 상처 주는 행위는 지탄받아 마땅하지만, 댓글 실명제에 반대하는 이들은 실질적인 규제 그 이상의 묵시적인 영향을 우려하고 있습니다.

글은 종종 목소리를 내는 것에 비유됩니다. 목소리를 낼 때 어떤 제약이 따라서는 안 되겠죠. 인터넷 댓글 실명제가 실시되면 어떻게 될까요. 과연 시민들이 충분히 목소리를 낼 수 있을까요? 표현의 자유를 충분히 누릴 수 있을까요? 악성댓글은 분명 다소간 줄어들 겁니다. 피해자가 감당해야 했던 고통의 총량도 줄겠죠. 하지만 어쩌면 자유로운 개인들의 목소리가 그 이상으로 줄어들고 위축되는 문제가 생길 수도 있을 겁니다. 여러분은 어떤 선택을 하시겠습니까? 피해자들의 인격권인가요, 아니면 좀 더 많은 사람들이 인권의 이름으로 누리고 지켜온 표현의 자유인가요?

익명성에 대해 잠시 생각해봤으면 합니다. 익명성은 말 그대로 이름을 밝히지 않는 겁니다. 만약 자신의 이름을 밝혀야만 글을 쓸 수 있는 '자격'이 주어진다면 어떨까요? 특히 어떤 견해에 대한 자신의 가감 없는 비판적 생각과 뜻을 밝히고자 할 경우에 말입니다. 사실 일상에서도 주위 사람들이 불편할 수 있는 말은 가급적 꺼리게 됩니다. 설사 그 사람들이 명백히 잘못된 행동을 했어도 마찬가지입니다. 처음 보는 사람의 결례를 용기 내어 지적할 수는 있지만, 그 후에 남는 무거운 마음을 대할 땐 괜히 말했나 싶지요.

특히 만약 내 목소리가 특정한 정치적 견해나 회사의 부당한 고용관행을 향해 있을 때는 어떨까요? 이름을 밝히는 게 전제조건이라면 선뜻 자판에 손이 가지 않을 것 같습니다. 혹시 불이익을 받지 않을까 하는 우려가 앞서기 때문이지요. 그럴 때 '익명성'은 우리가 용기를 낼 수 있는 언덕이 되어줍니다.

2018년 대한항공 사주 퇴진운동에 참여한 직원들이 포크스의 가면을 쓰고 시위에 참여한 일화는 유명합니다. 대한항공 직원들은 재벌가의 갑질 경영을 고발하고 사람 중심의 조직문화를 복원하고자 했죠. 하지만 회사 측에서 참석자를 색출해 불이익을 줄 수 있다는 우려에서 가면을 착용했습니다. 가면으로 자신을 보호하되, 저항의 상징인 '가이 포크스(Guy Fawkes)' 가면을 택한 것입니다.

만약 대한항공 직원들에게 '가면을 벗으세요. 그래야 주장의 진

대한항공 직원들이 포크스의 가면을 쓰고 총수
일가의 '갑질'을 규탄하는 촛불집회를 열고 있다.
(사진 출처 : 중앙일보 2018년 7월 6일자)

정성을 인정받을 수 있습니다'라고 했다면 어땠을까요? 벗지 않겠다는 직원들에게 '당신들은 비겁하네요'라고 쏘아붙여야 할까요? 이렇게 거칠게 반응하는 사람은 많지 않을 겁니다. 가면을 쓴 이유가 있고, 가면을 통해 사회 부조리에 더 용감하게 발언할 수 있다는 것을 알기 때문입니다.

온라인에서도 마찬가지일 겁니다. 익명성이라는 가면을 벗고 모든 신분을 공개해야 한다면 시민들은 여론을 형성하고 부조리를 고발하는 데 큰 부담을 지게 되겠죠. '괜히 이런 글을 썼다가 보복 당하지 않을까?'라는 두려움은 사고의 폭을 좁히고 생각 자체를 제한하게 될 겁니다. 단순히 어떤 생각을 표현하지 못하는 문제를 넘어 생각의 '자기검열'이 이루어지는 것입니다. 인터넷 실명제 혹은 인터넷 댓글 실명제와 같은 제도가 개인의 인격권을 보호하고 자신의 말에 책임지는 문화를 만들자는 좋은 취지에서 출발하더라도 이처럼 의도치 않은 부작용을 낳을 수 있습니다.

2000년대에 시행되었던 인터넷 실명제를 기억하시나요? 하루 방문자 20만 명 이상인 언론사, 하루 이용자 30만 명이 넘는 포털 사이트에 대해 '제한적 본인확인제'가 적용되자 곧 여러 가지 부작용이 뒤따랐습니다. 표현의 자유가 위축되는 문제가 대표적이었죠. 개인정보 유출도 골칫거리였지요. 실명으로 글을 남기다 보니 주민번호 등 개인정보를 입력해야 하는데 해킹에 취약했던 인터넷 인프라 때문에 우리나라 국민 대부분의 신상이 털린 적도 있었습니다. 2011년 네이트·싸이월드 해킹 사건으로 무려 3500만 명, 국민 70%의 개인정보가 유출됐습니다. 성난 국민들은 집단 소송에 나섰고요.

결국 2012년 헌법재판소가 인터넷 실명제를 위헌으로 판단해 시행 5년 만에 폐지되었습니다. 재판관 8명 모두 같은 의견이었고요. 재판관들은 인터넷 실명제가 건전한 인터넷 문화의 조성을 위해 입법되었지만 이용자의 표현의 자유나 개인정보 자기결정권을 심각하게 제약한다고 보았습니다. 쓰는 것뿐 아니라 읽을 때에도 실명 확인을 강제한 데다, 적용 범위 또한 지나치게 광범위하다고 지적했습니다. 또 인터넷 주소의 추적이나 손해배상 등 인터넷 이용자들의 권리를 제약하지 않는 다른 방법을 활용해 충분히 규제할 수 있다고 보았습니다.

헌법재판소는 "표현의 자유는 국민 개인적인 차원에서는 자유로운 인격 발현의 수단인 동시에 합리적이고 건설적인 의사형성 및 진리 발견의 수단이 되며, 국가와 사회적인 차원에서는 민주주의 국가와 사회의 존립과 발전에 필수불가결한 기본권이 된다"고 밝혔습니다. 나아가 "익명이나 가명으로 이루어지는 표현은 외부의 명시적, 묵시적 압력에 굴복하지 아니하고 자신의 생각과 사상을 자유롭게 표출하고 전파하여 국가권력이나 사회의 다수의견에 대한 비판을 가능하게 하며, 이를 통해 정치적·사회적 약자의 의사 역시 국가의 정책 결정에 반영될 가능성을 열어준다"고 했습니다.

익명을 통한 참여가 표현의 자유 실현에 의미 있는 기여를 한다는 견해이지요.

헌법재판소의 결정은 당시 국내외 사회 분위기와도 궤를 같이 합니다. 인터넷 실명제 실시 이후 악플 숫자가 7%가량 줄어든 데 반해 댓글 숫자는 68%나 감소했다는 연구결과가 있습니다. 분명 악플을 줄이는 효과가 있었지만 부작용도 나타난 겁니다. 50%가 넘는 사람들이 의견 표명 자체를 하지 않게 되었으니까요. 악플로 상처받는 사람들이 많고 따라서 악플을 줄이는 게 인권존중 사회를 만드는 첩경처럼 보이지만, 결과적으로는 사람들의 입을 막는 효과가 훨씬 크다는 겁니다. 헌법재판관들의 만장일치 결정은 이러한 '위축의 부작용'에 철퇴를 가한 것입니다만, 이에 반대하는 입장도 있을 것 같습니다. 대부분의 언론 또한 인터넷 실명제 도입에 대한 지지여론이 높다는 점을 강조한 바 있고요.

인권감수성 테스트는 '사생활 침해 등 부작용을 고려할 때 인터넷에 익명으로 글을 올리는 행위는 제한되어야 한다'에 대한 네티즌들의 의견을 물었습니다. 누리꾼들은 대체로 부정적이네요. 85%가 동의하지 않았고, 15%만이 찬성하고 있습니다. 직접 온라인에서 활동하는 네티즌이어서인지, 기존의 언론보도 내용과는 꽤 온도차가 있군요. 본 조사에 참여한 사람들의 인터넷 사용 경험과 숙련도가 높다는 점을 분명 감안해야겠지만, 인터넷을 적극적으로 활용하는 경우 익명성의 양면 중 표현의 자유 쪽에 손을 들어주고 있는 모양새입니다. 과거 인터넷 실명제가 논란이 되었을 때에도 연령대별로 다른 반응이 나왔습니다. 대체로 연령이 높은 네티즌들은 쾌적한 인터넷 사용을 위해 다소 번거롭더라도 실명제 도입이 필요하다는 의견을 보였습니다.[69] 표현의 자유라도 일정한 제약은 필요하다는 것이죠.

혐오표현도 지켜내야 할 표현의 자유일까?

우리를 바라보는 외국의 시각은 어떨까요? 앞서 인터넷 실명제를 시행하던 시절, 동영상 공유 사이트 유튜브는 우리 정부의 규제에 맞대응해 실명제 도입을 거부하는 우회적 조치를 취했습니다. 유튜브 한국 사이트에서는 영상이나 댓글 등을 아예 올릴 수 없도록 한 것이죠. 유튜브는 구글의 자회사로 표현의 자유를 중시하는 기업입니다. 한국에서만 정부 규제에 굴복해 예외를 만들 수 없다며 다음과 같은 입장을 밝혔지요.

"평소 우리가 일하는 모든 분야에서 표현의 자유에 대한 권리가 우선시되기를 바라고 있다. 더 많은 정보를 갖는다는 것은 더 많은 선택과 더 많은 자유, 궁극적으로 더 많은 힘을 개인에게 준다고 믿기 때문이다. 사용자들이 원한다면 익명성의 권리는 표현의 자유를 위해 중요하다고 믿는다."[70]

익명성을 하나의 '권리'로 표현하는 것이 흥미롭습니다. 익명성의 부작용도 있지만 그것이 가져다주는 이익이 더 크다는 점을 강조하고 있네요. 개인이 제약 없이 자유롭게 의견을 표명하는 것이 결국 우리 사회를 건강하게 만드는 길이란 판단이 엿보입니다.

여러 국제단체들도 온라인상에서 표현의 자유를 보장하는 것이 중요하다는 데 이견을 달지 않습니다. 더욱이 과거 우리나라는 언론 및 표현의 자유에 많은 부침을 겪었기 때문에 국제단체들은 늘 엄격한 잣대로 우리를 바라봅니다.

이와 관련해 흥미로운 자료 하나를 보여드리겠습니다. '국경 없는 기자회'라는 국제단체에서 내놓은 것인데요. 이 단체는 언론자유 증진을 위해 전 세계 모니터링을 하는 단체로 유명합니다. 옆의 그래프는 세계 180여 개국의 '세계언론자유지수' 중 한국의 순위를 보여줍니다.

2007년 인터넷 실명제가 도입될 당시 순위는 39위였다가 이듬해인 2008년에는 47위로, 2009년에는 69위로 곤두박질친 점이 눈에 띕니다. 헌법재판소가 인터넷 실명제를 위헌으로 판결한 2012년에는 어느 정도 회복되었지만 여전히 44위에 그치고 있죠. 물론 언론자유지수 순위가 이렇게 떨어진 것이 반드시 인터넷 실명제 때문만은 아닐 것입니다. 정부의 방송장악 시도, 언론노조 탄압, 그리고 이른바 '미네르바 사건'으로 알려진 표현의 자유 침해 등이 더 큰 원인일 겁니다. 인터넷 실명제가 사라진 후에도 순위가

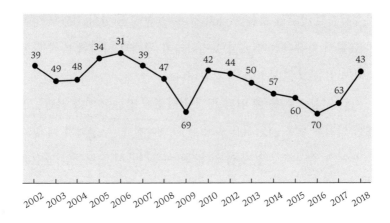

한국의 언론자유지수(2002~18) (출처 : 국경 없는 기자회)

지속적으로 하락한 것을 보아도 알 수 있습니다. 어찌 되었건 언론 및 표현의 자유라는 점에서 우리나라가 경제적 입지에 비해 많이 뒤처져 있는 것은 사실인 것 같습니다.

이런 정황으로 볼 때 인터넷 댓글 실명제 같은 조치가 사람들의 표현 의지를 꺾을 개연성은 꽤 있다고 봐야겠죠. '누군가가 내 말과 글을 계속 감시하고 있지 않을까?'라는 두려움이 오랫동안 만연해 왔던 터라 익명성을 보장받지 못한다면 표현의 빈도가 줄어들 것은 뻔합니다. 그 결과 개인이 접근할 수 있는 정보의 양도 줄어들 겠죠. 유튜브 경영자들이 지적했듯 개인의 힘과 용기도 줄어들 수밖에 없을 겁니다.

인터넷 실명제 부활이 가져올 부작용은 자명해 보입니다. 어쩌면 정보통신 강국으로서 한국의 위상을 깎아내리는 일이 될 것도 같습니다. 실명제를 둘러싼 최근의 논의가 댓글에만 한정돼 있다 해도, 이 역시 정보화시대의 흐름과 개인의 자유를 중시하는 세계적 흐름과는 어긋나 보입니다.

그렇다면 다른 방향에서 대안을 모색해볼 수는 없을까요? 인터넷의 개방성과 참여성을 바탕으로 여론이 형성되는 과정에서 어느 정도 부작용을 감수할 만한 여유와 아량이 필요한 것은 아닐까요? 다양한 사람과 정보를 공유하고 자유롭게 의사소통을 한다는 인터넷 자체의 장점을 되새겨볼 필요가 있을 듯합니다.

지금까지 '표현의 자유'의 중요성을 강조했는데요. 사실 '표현의 자유'는 평소에는 별로 주목받지 못하다가 독특하거나 논란이 되는 표현이 나타나면 비로소 논쟁의 대상이 됩니다. 우리가 기본적으로 표현의 자유를 옹호하는 이유는 사람들이 불편하게 느끼거나 사회통념에 반하는 표현 역시 보호되어야 한다는 공감대가 있기 때문입니다. 다소 비판적이거나 도발적인 어조라 해도 표현 그 자체 때문에 제약되어서는 안 되며, 이를 존중할 수 있는 여유와 아량이 있을 때 비로소 표현의 자유를 보장할 수 있다는 겁니다.

　1988년 미국에서 중요한 판결이 있었는데요. 한 성인잡지사가 저명한 목사를 패러디한 것에 대한 소송에서 연방대법원이 만장일치로 잡지사의 손을 들어준 사건으로(Hustler Magazine v. Falwell) 세상을 바꾼 판례의 하나로 꼽힙니다. 래리 플린트는 1970년대에 〈허슬러〉라는 남성 잡지로 큰 성공을 거뒀는데요. 당연하게도 성적 도덕성을 강조하는 기독교계의 거센 반발을 샀습니다. 급기야 1978년 3월 백인우월주의자가 그를 저격해 하반신이 마비되는 고통을 경험하기도 했죠.

　래리 플린트는 유명한 기독교 원리주의 지도자였던 제리 폴웰 목사를 패러디의 타깃으로 삼습니다. 1983년 11월호 〈허슬러〉에 실린 패러디 광고는 폴웰 목사를 성적, 도덕적으로 철저히 모욕하고 있습니다. 이태리산 양주 캄파리 광고 인터뷰를 빗댄 것인데요. 캄파리의 첫 맛이 어땠냐고 묻는 질문을 잘못 이해한 폴웰 목사가 자신의 첫 성경험을 이야기하는 장면이 나옵니다. 누추한 헛간에서 어머니와 성관계를 맺었으며 그 후에도 여러 차례 그랬노라고 했습니다. 기독교 도덕주의자를 근친상간자로 묘사한 것이죠. 그 밖에도 설교를 하기 전에 늘 캄파리를 마신다는 내용도 나옵니다. 물론 광고 하단에는 패러디이니 심각하게 받아들이지 말라고 작게 쓰여 있긴 했습니다.[71] 패러디이지만 너무 과하다는 생각이 들죠. 이쯤이면 명백한 명예훼손 아닌가요? 이런 표현이 과연 '표현의 자유'라는 이름으로 보호받을 수 있을까요?

미국 연방대법원은 8대 0 만장일치로 래리 플린트의 손을 들어주었습니다. 패러디인 경우 표현이 과하더라도 공인에 관한 것이라면 정당화될 수 있다는 것입니다. 판결문은 "자신의 생각에 대해 말할 수 있는 자유는 개인의 자유의 한 측면일 뿐 아니라, 진실의 추구와 사회 전체의 활력을 위해 매우 중요하다"[72]고 적시하고 있습니다. 더욱이 그 목소리가 중요한 공적 이슈에 직간접적으로 연관되는 공인에 관한 것인 경우 특히 보호되어야 한다는 것이죠. 〈허슬러〉의 패러디 광고가 과하고 비윤리적이지만 미국 연방대법관들은 그보다는 폴웰 목사가 공인이라는 사실에 주목해 표현의 자유의 영역을 비교적 넓게 해석한 겁니다.

우리나라에서도 최근 혐오표현과 관련된 사회적 논쟁이 뜨거운데요.[73] 인터넷 댓글이 혐오표현의 대표적인 진원지로 지목되면서 표현의 자유의 범위를 둘러싼 논쟁이 격화되고 있습니다. 이른바 '혐오댓글'이 특정 집단과 계층을 타깃으로 삼아 조롱과 멸시의 언어들을 쏟아냅니다. 최근에는 '젠더 전쟁'에서 혐오표현이 일종의 무기 비슷하게 사용되는 양상입니다. 소비를 즐기는 여성을 비난하는 '된장녀', 아이 엄마들을 비하하는 '맘충', 한국 여성 전체를 혐오하는 '김치녀' 등 여성을 대상으로 한 수많은 혐오 언어들이 인터넷 댓글을 통해 표현되고, 전파됩니다. 일상에서 여성들은 '된장녀'나 '김치녀'가 아님을, 이기적인 '맘충'과는 거리가 먼 존재로 스스로를 입증해야 하는 무거운 짐을 지고 있지요.

남성이라고 자유로운 것도 아닙니다. 최근 중장년층 남성을 비하하는 '개저씨', 한국남성을 집단적으로 깎아내리는 '한남충' 같은 용어가 생기더니 이제는 곧 '한남충'이 될 어린 남자아이를 '유충'이라 조롱합니다. 고 성재기 남성인권연대 대표의 죽음을 빗대 자살을 요구하는 '재기해'라는 남성혐오 표현도 확산되면서, 급기야 남성 대통령에게 '재기하라'고 해 논란이 되었습니다.

논쟁에서 '무기'로 쓰일 목적으로 만든 게 아닌, 일상적인 혐오표현도 많습니다. 급식 먹는 학생들을 비하하는 '급식충', 게임과 PC방에 빠진 초등학생을 조롱하는 '초글링'(초등학생+저글링), 부모의 등골을 빨아먹는 존재로 청소년을 묘사하는 '등골브레이커', 마치 단어 공부하듯 그 의미를 식별해내야 할 정도입니다. 혐오언어에는 국경도 없지요. '똥남아', '똥냥인', '외노자' 모두 외국인과 외국인 노동자를 비하하는 표현들입니다. '쟤 다문화래'라는 표현이 일상적이듯 온라인과 댓글에서도 외국인에 대한 적대적 표현들이 수없이 많습니다. 검증과 절차를 거치지 않는 온라인 댓글은 이러한 표현들이 양산되는 토양이 되고 있습니다.

과연 이런 표현들이 '표현의 자유'와 어떤 관련이 있을까요? 인격을 모독하는 표현을 동원해야 민주주의의 금과옥조인 표현의 자유를 완전히 향유할 수 있는 걸까요? 미국의 연방대법원은 비판 대상이 공인이기 때문에 표현의 자유를 더 넓게 해석했다고 했지만, 우리의 경우 모욕과 모독의 대상이 되는 사람들은 공인과 거리가 먼 일반 국민일 때가 더 많습니다. 그 때문에 표현의 자유가 소중하다고 해서 무제한적으로 허용해야 한다는 것은 과하게 들립니다. 표현의 자유의 역할과 가치가 큰 만큼 책임이 따라야 합니다. 이를 악용하는 일도 없어야 합니다. 다른 사람의 명예나 권리를 함부로 침해하는 행위를 '표현의 자유'를 내세워 정당화할 수는 없을 테니까요.

다만 무엇이 혐오표현이고 무엇이 아닌지 구분할 수는 있을까 하는 현실적인 문제가 남습니다. 혐오표현과 익명성이 직접적으로 연관되어 있는지도 더 생각해볼 문제이고요. 실명으로 댓글을 남기게 하면 과연 혐오표현이 얼마나 줄어들까요?

'익명성' 그 자체가 도덕적으로 옳거나 그른 것은 아닙니다. 인터넷상에서 벌어지는 온갖 일탈과 해악이 전적으로 익명성 때문이라고 볼 수도 없고요. 실명제를 도입해 혐오표현을 차단하는 것은 하나의 선택지라고 볼 수 있지만, 표현을 위축시키는 문제는 여전히 골칫거리로 남습니다.

선거기간에만 실명제를 적용한다면?

전면적인 규제는 거부감이 들지만 지금 그대로 두는 것도 문제라는 입장에서는 '절충점'이 필요합니다. 만약 특정 주제나 일정 기간에 한정해 댓글 실명제를 도입해본다면 어떨까요? 연예인에 대한 악성 루머나 정치인에 대한 근거 없는 비방 등을 제재의 대상으로 삼는다면? 만약 실명제가 꼭 필요한 이슈들을 고른다면 무엇이 있을까요?

2015년 7월, 헌법재판소는 인터넷 실명제와 관련해서 또 하나의 주목할 만한 결정을 내렸습니다. 선거운동 기간 중 언론사 홈페이지 등에 후보나 정당 관련 글을 올릴 때 실명 확인을 하도록 한 '공직선거법상 인터넷 실명제'에 대해 재판관 5대 4로 합헌결정을 내린 것입니다. 익명표현의 자유가 선거운동 기간 중에는 직접적으로 제한될 수 있다고 판결한 것입니다.

왜 이런 판결을 내렸을까요? 정치 풍자는 때와 장소를 가리지 않고 가능해야 하지 않을까요? 래리 플린트의 손을 들어준 미국 연방대법원의 경우 패러디의 상대가 공인일 경우 명예훼손이 성립되지 않는다고 보지 않았던가요?

헌법재판소의 판결 이유는 선거기간에 인터넷에서 흑색선전이나 허위사실 등이 유포될 경우 광범위하고 신속하게 정보 왜곡이 일어날 가능성이 높으며, 결과적으로 선거 공정성이 크게 훼손될 수 있다고 보았기 때문입니다. 선거가 끝난 후에는 정보 왜곡에 따른 피해 회복도 어렵다고 봤고요. 또 실명 확인 후에도 게시자의 개인정보를 노출하지 않고 '실명인증' 표시만 나타나도록 한다면 표현의 자유를 과도하게 침해하는 것은 아니라고 판단했습니다.

그러나 본 판결은 재판소 내부에서도 팽팽하게 의견이 맞선 상태에서 나온 것입니다. 2012년에 인터넷 실명제를 만장일치로 위헌판결한 것과는 상황이 꽤 다르죠. 위헌의견을 낸 재판관들의 생각은 어땠을까요? 2015년 판결에서 반대의견을 낸 재판관들은 선거운동 기간일수록 국민들의 정치적 의사표현의 자유를 더 견고히 보장해야 한다고 했습니다. 또 정당한 익명표현과 유해한 익명표현을 구분하기 모호한 상황에서 정당·후보자에 대한 지지/반대 의견표명을 모두 제약하는 것은 과도한 조치이므로 오히려 선거의 공정성을 저해할 수 있다고 보았습니다.

판결 이후에도 다양한 의견이 나왔습니다. 민주주의를 위해서는 선거과정에서 발생하는 각종 이슈에 대해 개별 유권자들의 의견교환이 충분히 이루어지도록 유도해야 한다는 비판이 대표적입니다. 이 또한 후보자 검증절차라는 것입니다. 민주주의 국가에서 선거가 토론의 장이 되려면 가짜뉴스를 차단할 필요도 있지만, 적절한 검증을 강화하는 데 기여하는 '정당한 의혹제기'는 허용되어야 한다는 관점이죠. 익명이라는 이유로 의혹을 제기할 수도 없는 것은 지나치며, 표현의 자유를 과도하게 제한한다고 보는 것입니다.

여러분은 어떻게 생각하시나요? 일반 시민들은 실명 확인이 부담스러워 표현을 못하는 반면, 정작 소수가 조직적으로 여론조작을 하거나 부당한 선거운동을 하는 것은 막기 어렵지 않을까요? 드루킹 같은 이들이 차명으로 여론을 움직인다면 어떻게 규제해야 할까요? 국정원 같은 국가기관이 차명 뒤에 숨어 선거과정에 개입한다면? 문제 하나를 해결하면 또 다른 어려운 문제가 우리 눈앞에 놓입니다. 이렇듯 인권은 어려운 선택의 연속입니다. 끝났다고 생각해도 늘 끊임없이 우리의 고민을 요구하고 또 선택지를 들이미는 힘든 선택의 과정입니다.

주어지는 것이 아니라 지켜가는 것

논의를 정리해볼까요. 정보사회에서 인터넷과 온라인 공간은 여론을 형성하고 확산시키는 중요한 역할을 하는 것이 사실입니다. 촛불을 들고 광장에 나와 민주주의의 회복을 외치는 사람들도 있지만, 페이스북이나 트위터 등을 통해 운동을 지지하고 개인적 견해를 개진하는 사람들도 있습니다. 숫자로 보면 이렇게 간접적으로 참여하는 국민들이 훨씬 많겠지요. 그만큼 '온라인 공론장'의 역할은 정보통신기술 시대를 살아가는 우리에게 절실하게 다가옵니다. 온라인 공론장이 살아 숨쉬려면 표현의 자유를 최대한 부여하는 것이 중요합니다.

대형 포털은 온라인 공론장에서 핵심적인 역할을 합니다. 대형 포털을 통해 수많은 개인들이 여론형성에 참여하고 이를 통해 우리 사회의 부조리를 바꾸려 합니다. 이렇게 형성된 여론이 국가 정책에 반영되면서 참여민주주의가 꽃피기도 합니다. 개인의 삶은 더 참여적, 표출적으로 진화해갈 수 있고요. 그러므로 여론형성의 장이 왜곡되는 것은 반드시 막아야 합니다. 일부 왜곡되고 오염된 온라인 여론을 바로잡는 것은 중요하지만, 인터넷 실명제나 댓글 실명제와 같은 방식은 자칫 빈대 잡으려다 초가삼간을 태우는 결과를 낳을 수 있습니다.

인터넷 댓글 실명제의 실효성에 의문을 품는 시각도 만만치 않습니다. 인터넷 상에서 각종 불법행위를 저지르는 사람들은 애초에 명의를 도용해 진짜 신분을 숨기는 경우가 많습니다. 실명제가 효과를 거두기 어렵다는 거죠. 그보다는 '신상 털기'와 같이 개인정보의 과도한 노출이나 익명성을 제대로 보장받지 못하는 구조적인 환경을 개선해야 사이버 폭력 문제가 줄어들 겁니다.

피해자들이 민사소송으로 갈 수 있는 길을 폭넓게 열어주고 가해자가 피해자에게 보상하는 문화와 제도를 만드는 것도 하나의 대안이 될 수 있습니다. 피해자에게 반론권을 부여하는 장치를 마련할 수도 있겠죠.

그러나 어쩌면 제도는 하나의 수단에 불과한 것일지도 모르겠습니다. 네티즌 개개인을 '잠재적 범죄자'로 간주하여 스스로를 자기검열하게 하고 처벌하는 데 급급하기보다는 건전한 인터넷 문화를 조성하는 게 궁극적인 해결책이 되지 않을까요?

무엇보다 포털 기업이 적극적으로 나서야 합니다. 민간부문에서 적극적으로 온라인 여론 가이드라인을 만들어서 여론의 오염을 막을 필요가 있습니다. 그들 입장에서도 인터넷 댓글 실명제는 영업활동을 제약하는 조치가 될 수 있습니다. 실제로 과거 인터넷 실명제를 시행했을 당시에 많은 사람들이 익명성이 보장되는 외국계 플랫폼으로 집단 이주하는 '사이버 망명'이 일어났죠. 결과적으로 국내 인터넷 업체들이 큰 손해를 보았고요. 새로 실명제를 도입한다 하더라도 구글이나 페이스북 같은 외국 기업에는 적용을 강제할 수 없으니 한국 기업에 대한 '역차별 규제'가 될 가능성도 있습니다.

최근 인터넷 기업들이 익명제의 부작용을 바로잡고 바른 인터넷 문화를 조성하는 데 적극적인 점은 고무적입니다. 매크로 댓글 조작 방지를 위한 자동입력방지문자(CAPTCHA) 기술의 확대 적용과 AI 기반 이상징후 포착·방지 기술 개발, 서비스 정책 강화 등이 대표적입니다.

인터넷에 댓글을 남기는 것은 국민들이 누리고 지켜야 할 표현의 자유입니다. 개인의 자유를 더 넓혀가는 소중한 행위죠. 과거 방식의 댓글 규제 논의를 답습하기보다는 '새 술은 새 부대에' 담는 마음으로 표현의 자유를 보장할 방법을 찾아보면 어떨까요? 우리가 누리는 민주주의는 언제 어떻게 흔들릴지 모릅니다. 우리 스스로 표현의 자유를 지키기 위한 노력이 절실해 보입니다.

이런 점에서 인터넷 상에서 미디어를 주체적으로 해석할 수 있는 '미디어 리터러시(media literacy)' 역량을 키울 필요성도 있습니다. 사실과 의견의 구분이 모호한 상황에서 이를 가려낼 수 있어야 하고, 출처가 불분명한 정보를 일방적으로 수용해서는 안 되겠죠. 또 자신과 의견이 다른 기사와 미디어들도 살펴보며 확증편향을 경계하는 태도도 필요합니다. 표현의 자유는 그저 주어지는 것이 아니라, 능동적으로 지켜가야 하는 것이니까요.

8장

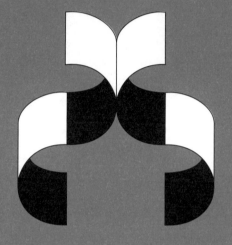

장애인 앞에 놓인
장애물을 없애려면

"과학이 거의 모든 악의 치료약을 찾아내긴 했지만, 그중 최악에 대한 약은 찾지 못했다. 그것은 바로 인간의 무관심이다."

– 헬렌 켈러

　몇 년 전 우리 사회에 큰 파문을 일으켰던 사건 하나를 소개합니다. 2017년 9월이었지요. 서울시 강서구에 거주하는 장애 학생 부모들이 지역주민들 앞에 무릎 꿇고 눈물을 흘렸습니다. 특수학교인 '서진학교' 설립에 찬성해달라는 '읍소'였습니다. 조선시대에나 있을 법한 장면이 21세기 대한민국에서 재현된 것이죠. 이 장면을 접한 많은 부모들과 국민은 분통을 터트렸습니다.

　학교 설립을 반대하는 주민들은 왜 하필 우리 동네냐고 반문했습니다. 그도 그럴 것이 서울시의 여러 자치구가 특수학교를 설립하지 않았는데, 강서구는 이미 한 개의 특수학교를 운영해온 '모범 사례'였기 때문입니다. 그러니 특수학교 말고 한방병원을 지어 지역주민의 복지에 이바지해야 한다는 것이죠. 집값이 떨어질 거라는 걱정은 기본이고요. 격노한 일부 주민은 무릎 꿇은 장애 학생

부모들에게 "쇼하지 마!"라고 소리쳤습니다.

끝이 보이지 않던 갈등은 결국 이해당사자들 간의 합의로 마무리되었습니다. 서진학교는 서초구의 나래학교와 더불어 2019년 개교를 목표로 하고 있습니다만, 주민의 민원과 견제로 공사가 계속 지연되어 예정대로 개교할 수 있을지 불투명한 실정입니다. 어찌됐든 서울에 특수학교가 설립되는 것은 17년 만입니다. 턱없이 부족한 교육시설에 힘들어했던 장애인 학생과 부모들에겐 희소식입니다. 몇 시간을 통학에 허비해야 했던 수십 명의 학생은 이제 조금이나마 고단함을 덜 수 있을 겁니다.

다행히 긍정적인 방향으로 매듭지어졌지만 서진학교 사건은 우리 사회에 치유되기 힘든 상처를 남겼습니다. 우리 사회가 여전히 장애인을 사회구성원으로 받아들이지 못하고 있음을 보여준 것이죠. 장애 학생과 비장애 학생이 더불어 살아가는 길이 얼마나 험난한지도 엿볼 수 있었습니다.

사실 여러 자치구와 지역에서 이와 유사한 논쟁이 일어나고 있습니다. 만약 여러분이 강서구 주민이었다면 어땠을까요? 장애인 시설이 필요하다는 데에는 공감하겠지만 막상 '우리 동네'에 지어진다면, 내가 사는 아파트 앞에 지어진다면 과연 흔쾌히 찬성할 수 있을까요? 만약 찬성에 주저한다면 이기적이라는 증거일까요? 인권감수성이 떨어진다는 방증일까요? 또 다른 어려운 질문에 맞닥뜨리게 됩니다.

님비즘 때문만은 아니다

아픈 기억이지만 끄집어내어 생각해봐야 할 사건이 하나 더 있습니다. 2014년 겨울, 복지관 건물 3층에서 19세 발달장애인이 두 살 아기를 1층으로 던져 숨지게 한 사건입니다. 놀라 제지하던 부모의 눈을 바라보며 씩 웃었다고 해서 충격을 더했습니다.

법원은 살인 혐의로 기소된 발달장애인 이모 군에게 무죄를 선고했습니다. "살해행위가 충분히 인정되지만, 발달장애 1급인 이 군은 심한 자폐증세로 사물을 변별하거나 의사를 결정할 능력이 없는 심신상실 상태에서 범행했기 때문에 처벌할 수 없는 경우에 해당한다"는 이유였습니다.

이 판결은 '장애라는 이유로 다른 사람의 목숨을 뺏은 것이 정당화될 수 있는지'에 관한 사회적 논쟁을 불러왔습니다. 아무리 장애인이라도 면죄부를 주는 것은 공정하지 않다는 분노죠.

아이 엄마는 재판 내내 지옥 같은 시간을 보냈다고 합니다. 아무런 저항도 할 수 없는 어린아이가 허망하게 세상을 떠났는데 누구도 제대로 된 사과 한 번 하지 않았다고 합니다. 발달장애인 가족, 복지관 측, 활동보조인, 국가 모두 원망스러웠을 겁니다. 붙들고 따지고 하염없이 울고 싶었겠지요. 가슴 아픈 일입니다.

그 후로도 몇 년간 유사한 사건이 반복되었고, 대부분 무죄와 감형이 이어졌습니다. 이러한 사건과 판결이 국민들 사이에 장애인에 대한 부정적 인식을 증폭시켰을지도 모릅니다. 장애인에 대한 터부에 '불공정' 코드가 결합해 장애인에 대한 부정적 시선이 더욱 강해진 것이죠. 2018년 PC방 아르바이트생 살인사건에 대한 청와대 국민청원이 역대 최고인 80만 명에 육박한 것은 우연이 아닙니다. 아르바이트생을 잔혹하게 살해한 가해자가 우울증 진단서를 내세워 감형을 받으려 한다는 소식에 많은 사람이 분노했습니다. 장애인의 인권보호도 중요하지만, 법 집행의 공정성 역시 중요하지 않느냐는 반발이 커졌습니다.

이러한 부정적 인식이 장애인 시설 반대에 직접적인 영향을 주었다고 단언할 수는 없습니다. 직접적인 인과요인도 결코 아니고요. 그러나 이런 인식이 아무 영향도 주지 않았다고 확언할 근거 역시 없습니다. 특정 사회집단에 대한 부정적 시선과 차별적 인식은 교묘한 형태로 우리의 판단과 의사결정에 영향을 미치곤 합니다.

최근 조사에서 '장애인 관련 시설 설립에 대한 견해'를 묻는 질문에 반대 의견이 늘고 있는 것은 주목해야 할 현상입니다. 통계청의 사회조사 결과 장애인 관련 시설에 반대하는 의견이 2015년 7%에서 2017년에는 14.5%로 두 배 이상 증가했습니다. 10대(11.9%)보다 60대(16.6%)가, 남자(13.6%)보다 여자(15.4%)가 더 부정적인 것으로 나타났고요.[74] 반대하지 않는다고 답한 비율이 85.5%로 훨씬 높다지만 사회적 인식이 부정적으로 바뀌고 있다는 점은 우려할 만한 대목입니다. '장애인 혐오'가 표면화되는 징후일까요?

장애인 시설에 거부감을 느끼는 것을 '차별의 증거'라고 단정하거나, 반인륜적인 사람들이 늘고 있다는 식으로 몰아갈 수는 없습니다. 물론 장애인에 대한 혐오는 어떤 경우에도 용납될 수 없지만, 장애인에 대한 불편한 인식 자체도 역사성을 가지며 사회적 맥락속에 서서히 생겨난 것이기 때문에 도덕적 잣대로만 단정한다면 오히려 부정적 인식을 키울 수도 있습니다. 전반적인 사회복지 인식이 악화되고 스스로 제 살길을 찾아야 하는 각자도생各自圖生 사회로 전락하고 있다는 진단 또한 섣부를 수 있습니다.

우리 사회가 장애인 시설 설립에 관하여 장애인들의 '불쌍한 처지'만을 부각하여 동정심을 끌어내고, 이에 반대하면 '님비즘'[75], '집단이기주의'로 비난하는 경향이 있는 것도 사실입니다. 충분한 설명이나 사업 타당성을 제시하여 주민을 설득하는 대신 반대하는 주민을 피도 눈물도 없는 냉혈한 취급하는 것도 인권을 앞세워 누군가를 차별하는 행위입니다. 인권감수성과 거리가 먼 태도죠. 모두에게 필요한 시설이라 하더라도 그것이 왜 꼭 '이 지역'에 설치되어야 하는지에 대해서는 납득할 만한 설명이 필요합니다. 그간 우리가 차분한 토론과 설득 없이 선악구도에서만 바라봤던 것은 아닌지 돌아볼 필요가 있습니다.

말이 나온 김에 반대하는 주민의 입장에서 조금 더 생각해볼까요. 장애인 시설이 지역주민들의 삶에 방해가 된다는 명백한 증거는 아직 없습니다. 많은 사람의 우려와 달리 장애인 시설 때문에 집값이 떨어지는 것도 아니라고 합니다. 집값이 일시적으로 떨어지는 경우에도 금세 회복되거나 오히려 더 오르기도 한다는군요. 2015년 JTBC 취재팀이 전국에 들어선 특수학교 주변 아파트값을 조사해봤더니 시세 분석이 불가능한 곳을 제외한 8곳 중 6곳의 집값이 특수학교 설립 후 오히려 올랐다고 합니다. 같은 구에 있는 인근 동과도 평균 상승률이 비슷했고요.[76] 집값에는 여러 요소가 영향을 미치는 만큼 장애인 시설이 생기는 것만으로 인근 부동산 가격이 출렁이지는 않는 것 같습니다.

장애인 시설 설립에 대한 찬성 의견이 압도적이고, 여러 정황증거로 볼 때에도 시설 건립을 반대할 이유가 충분치 않은데도 입주 반대 활동이 매우 빈번하게 일어나는 것은 왜일까요? 이 질문을 곱씹어볼 필요가 있습니다. '집값' 논쟁에서 벗어나 지역주민들이 갖는 여러 가지 불편함과 불만을 꼼꼼히 따져볼 필요가 있습니다.

실리를 중시하는 입장에서 보자면, 장애인 시설 때문에 편익시설을 유치할 기회가 사라지는 것은 아쉬운 대목입니다. 그 자리에 의료시설, 체육시설, 문화시설 등이 들어올 수도 있었으니까요. 역시 공리주의적인 발상입니다. 그렇다면 국가 예산을 투입해 주민들에게 금전적 보상을 제공하는 방안도 생각해볼 수 있을 겁니다. 물론 이 접근법은 장애인 시설을 기피시설로 기정사실화하는 결과를 낳을 수 있습니다. '대가성 합의'니까요.

그보다는 아예 규모를 더욱 키워서 영화관이나 미술관 등 문화시설을 겸하도록 만들면 어떨까요? 실제 서초구 나래학교 주변 주민들은 학교 층수 제한 규제를 기존의 2층 이하에서 4층 이하로 완화하여 주민편의시설로 사용할 수 있도록 해달라고 요구했습니다. 서진학교 역시 주민들의 요구를 받아들여 일부 공간을 주민편의시설로 배치할 계획입니다. 물론 예산 문제가 있을 겁니다. 공공시설 복지기금을 위한 작은 규모의 세금을 신설하는 것을 포함해 재원 마련 방안을 고민해야겠죠. 그렇더라도 양측이 입장을 좁히지 못한 채 갈등만 깊어지는 것보다는 훨씬 나은 방향일 겁니다.

이처럼 조금만 노력한다면 시설 주변 주민들에게 미약하나마 실질적인 혜택을 제공할 수 있을 겁니다. 장애인 시설이라고 해서 장애인만을 위한 시설일 필요도 없고, 그래서도 안 됩니다. 오히려 일반 주민들도 편하고 쾌적하게 이용하면서 장애인들과 접촉하고 소통할 수 있도록 하는 것이 더 바람직합니다. 공리주의적 원리가 인권을 증진하는 데 도움이 될 수도 있다고 할까요?

실제로 강남구에 있는 밀알학교는 지역주민들에게 음악회나 각종 취미활동을 즐길 수 있는 공간을 제공하고 있습니다. 처음에는 반대했던 주민들도 어느덧 시설에서 자원봉사도 하고 지역 현안도 논의하며 장애인만을 위한 시설을 넘어 상호교류와 소통의 장으로 진화하고 있다고 합니다. 서로에 대한 인식의 폭이 넓어진 거죠. 다른 곳에도 시도해볼 만한 모델 아닐까요? 일단은 '최대다수의 최대

행복'이란 관점에서 접근하되, 점차 공감의 폭을 넓혀가는 방향으로 말이죠.

돈으로 해결할 수 없는 것

그런데 여기서 한 가지 생각해볼 점이 있습니다. "우리는 그런 시설 필요 없으니 장애인 시설 안 받겠다"고 한다면 어떡하죠? 이미 문화와 복지 혜택을 충분히 누리고 있는 지역에는 장애인 시설이 들어설 명분이 없는 걸까요? 그렇다면 장애인 시설은 '가난한 동네'에만 들어서게 될 겁니다. 이렇게 생각해보면 우수한 시설로 주민들에게 편익을 제공한다는 것이 장애인 시설을 유치할 근거로 충분하지 않다는 느낌이 드는군요. 효용 중심의 공리주의적 접근이 다시 어려움에 부딪힙니다.

마이클 샌델 교수는 《정의란 무엇인가》의 후속작 《돈으로 살 수 없는 것들》에서 우리의 평범한 삶 속에 깊숙이 파고든 시장중심주의의 폐해를 파헤쳤습니다. 새치기하지 말라고 배웠지만 일등석, 비즈니스석을 사면 공항에서는 얼마든지 빠른 탑승이 가능하지 않습니까? 야근에 시달리는 맞벌이 부부가 아이를 늦게까지 맡기려면 돈을 더 내야 하는 게 상식이 되었고요. 샌델 교수는 우리가 공공재로 여겼던 많은 것들이 '금전적 거래'의 대상이 되었다는 사실을 차분히 지적합니다.[77] 장애인 시설은 어떨까요? 만약 유치 지역의 주민들에게 반대급부나 문화적 혜택을 줄 수 없다면, 또 그 지역 주민들이 그 정도로는 효용을 못 느낀다면 시설을 만드는 것은 의미가 없는 걸까요?

샌델 교수는 이 책에서 스위스의 핵폐기장을 예로 들며, 보상 차원으로 접근했을 때보다 자발적 참여를 유도했을 때 훨씬 호응이 높았다고 말합니다. 스위스 주민들은 여전히 우리 삶에서 '돈으로 살 수 없는 것'에 대한 공감대가 남아 있는 것 같습니다.

물론 장애인 시설은 핵폐기장과는 결이 근본적으로 다릅니다. 혐오시설도 아니고요. 그러나 이 사례는 돈으로 해결할 수 없는 것, 그리고 그래서도 안 되는 것들이 일상의 도처에 있다는 것을 알려줍니다. 그리고 시민들이 금전적 보상이라는 틀을 넘어 시민적 덕목에 근거해 문제를 풀어갈 역량이 있다는 사실을 깨닫게 해주죠. 하지만 결코 쉬운 일은 아닙니다. 우리가 사는 세상은 오해와 편견으로 가득 차 있으니까요.

얼마 전 의족을 달고 살아가는 장애인 아이의 어머니 이야기가 한 방송 프로그램에서 화제가 되었습니다. 한국의 이야기입니다. 어머니는 아들의 재활치료를 위해 수영을 배우게 하고 싶었습니다. 그런데 장애인을 받아주는 수영장이 없었습니다. 물이 더러워질 것을 우려한 학부모들의 반대에 부딪혔던 겁니다. 어머니는 마음을 굳게 먹었습니다. 수영장을 직접 청소해가며 다른 학부모들과 이용자들을 설득했습니다. 아들의 다리를 보고 수영장을 나가는 손님들에게는 직접 환불도 해주었다 합니다. 사람들은 어머니의 의지에 놀랐지만, 선입견 자체를 바꿀 수는 없었습니다.[78]

장애에 대한 선입견이 우리만의 문제는 아닙니다. 소수자 인권에 민감한 미국에서도 이 문제는 여전히 중요한 사회적 이슈로 남아 있습니다. 2017년 미국 럿저 대학의 연구자들이 중요한 연구결과를 발표했습니다. 이들은 최근 공유경제의 상징처럼 되어 있는 숙박업체 에어비앤비 호스트들을 대상으로 실험연구를 진행했는데요. 25개의 사용자 계정을 만들어 미국 전역에 있는 에어비앤비에 3847건의 숙박예약을 신청하면서, 실험집단의 예약자들이 다양한 형태의 장애를 갖고 있음을 슬쩍 노출시켜 호스트들의 반응을 분석한 겁니다. 통제집단의 예약자들은 장애가 없다고 믿게끔 하여 반응을 살폈고요.

결과는 놀라웠습니다. 장애가 없는 예약자의 경우 75%가 사전예약을 할 수 있었던 반면 '소인증' 집단은 61%, 시각장애인 집단은 50%, 뇌성마비 집단은 43%, 그리고 척수손상 집단은 25%의 예약률을 보여, 장애에 대한 에어비앤비 호스트들의 선입견을 '실증적으로' 보여주었습니다. 연구자들은 연구가 진행된 해에 에어비앤비가 차별을 금지하는 새로운 정책을 추진했음에도 실제로는 여전히 차별이 횡행하고 있으며, 장애인이 표적이 되고 있다는 사실에 우려를 표명했지요.[79]

이처럼 장애에 대한 편견과 선입견은 국가와 사회를 떠나 다양한 곳에서 교묘히 작동하고 있습니다. 아무리 좋고 훌륭한 시설을 갖춘다 한들 주민들이 '장애' 자체를 받아들이지 못하고 편견과 선입견에서 벗어나지 못한다면 과연 의미가 있을까요? 이 편견과 선입견에 대한 적극적 대응이 없다면 샌델이 말했던 '돈으로 살 수 없는 것들'이라는 이상은 신기루에 지나지 않을 것입니다.

이처럼 장애에 대한 왜곡된 인식과 뿌리 깊은 편견 그리고 이러한 태도가 만들어지는 사회적 과정을 이해하지 못한다면 근본적인 문제해결에 다가설 수 없습니다. 가령 발달장애인들을 위한 시설이 들어설 때 지역주민들이 느끼는 불안함은 어찌 보면 자연스러울 수 있습니다. 장애아 부모의 심정을 헤아리는 것도 중요하지만 똑같이 자식 키우는 입장에 있는 지역주민들의 불안 심리도 함께 바라봐야 합니다. 미디어에서 내보내는 '갑자기 이상한 행동을 하는 발달장애인'들만 보아온 입장에서는 장애인들이 무섭기도 하고 혹시나 자녀에게 부정적인 영향을 주지는 않을지, 해코지하지는 않을지 걱정되기도 할 테니까요.

대다수의 비장애인들은 장애인과 공존한 경험이 없습니다. 그러다 보니 안 그래도 낮은 장애인에 대한 이해도가 더 낮아지고, 장애인들을 사회로부터 격리시켜 한정된 시설과 지역으로 몰아넣기만 한 것은 아닐까요. 이는 장애를 일상적이지 않은, 나와는 관계

없는 것으로 생각하게 만들었습니다. 최소한의 관심조차 갖지 않는 '무관심의 일상화'를 낳았습니다.

우리 헌법 제31조는 "모든 국민은 누구나 능력에 따라 균등하게 교육받을 권리를 가진다"고 말하고 있죠. 비장애인 학생의 면학 분위기가 중요한 것만큼 장애인 학생들도 쾌적하고 좋은 여건에서 교육받을 권리가 있습니다. 장애인과 비장애인이 한 학교, 같은 교실에서 통합교육을 받을 수도 있고 때로는 장애 학생들을 모아 생활적응이나 직업훈련과 같은 특수 맞춤형 교육을 제공할 수도 있을 겁니다. 어떤 경우라도 적절한 시설이 필요한 것은 마찬가지입니다. 제2, 제3의 서진학교, 나래학교, 밀알학교가 필요한 이유입니다. 장애인의 교육권을 위해서는 물론이고, 장애인과 비장애인이 함께 살아가는 법을 배우기 위해서라도 말이죠.

탈시설은 해결책이 될까?

2006년 유엔이 채택한 '장애인의 권리에 관한 협약'은 장애인의 자립적 생활과 지역사회에 참여하는 것을 장애인 인권의 핵심으로 보았습니다. 이와 관련해 1999년 6월 22일, 미국 연방대법원은 의미 있는 판결 하나를 내놓았습니다. 장애인을 필요 이상으로 정신병원에 오래 입원시켜 사회로부터 격리하는 것은 장애인에 대한 차별이라는 판결입니다. (Olmstead v. L.C.)

이 사건은 정신장애를 앓던 두 소녀가 격리된 환경에 감금되어 생활하는 것은 부당하다며 조지아 주를 상대로 소송을 제기하며 시작되었습니다. 두 소녀는 주치의의 진단에 따라 시설이 아닌 지역사회 기반의 치료프로그램에 참여하고자 했으나 시설이 이를 거부했다고 합니다. 법원은 "자격을 갖춘 장애인은 장애를 이유로 사회 프로그램, 봉사, 활동 등의 참여나 혜택에서 제외될 수 없다"는 미국 장애인법(American Disabilities Act, ADA)을 근거로 두 소녀의 손을 들어주었습니다. 이 판결은 장애인이 정신병원 등의 시설이 아니라 가능한 한 '통합적인 환경'에서 서비스를 받을 수 있도록 관련 정책을 정비하는 데 촉매 역할을 했습니다.

오늘날 전 세계적으로 장애인 인권에 대한 관심이 높아지면서 '탈시설' 운동이 주목받고 있습니다. 우리나라에서도 장애인 당사자와 관련 시민단체들로부터 탈시설의 필요성이 제기되고 있지요.

통계에 따르면 우리나라 장애인 거주시설은 지속적으로 증가해 수용인원이 3만여 명에 달하고 있습니다. 그러나 2012년에 이루어진 국가인권위원회의 '시설거주인 거주 현황 및 자립생활 욕구 실태조사'에 따르면 시설에서 생활하는 장애인들은 사생활 부재나 외출 제한 등 불편함을 호소하는 것으로 나타났습니다.[80] 그중에서도 기존 시설에서 벌어진 인권유린이나 운영비 횡령, 설립과정에서의 비리와 같은 각종 사건 사고들은 장애인들을 멍들게 하고 장애인 시설에 대한 우려를 키우고 있습니다.

기존의 '시설보호' 방식은 통제와 관리를 이유로 반복적인 일과와 철저한 위계질서를 바탕으로 했지요. 이런 폐쇄적 문화는 결국 장애인 개인의 욕구나 개성을 무력화하고 사회구성원들과의 교류를 차단하는 결과를 낳았습니다. 자신의 삶을 주체적으로 꾸려가고 책임지는 것이 아니라 시설에만 의존하는 수동적 개인을 만들어내는 것이죠.

이에 문재인 정부는 장애인 탈시설화를 국정과제로 추진할 계획이라고 밝혔습니다. 바람직한 방향으로 볼 수 있지만, 과연 '탈시설'만이 옳고 진정 장애인을 위한 것인지에 대한 질문은 여전히 남습니다. '탈시설'이 그렇게 중요하다면 앞으로 장애인 시설에 관한 논의는 자연스럽게 사라지게 될지도 궁금하군요. 장애인 시설 설립에 관한 논의가 한층 복잡해지는 모습입니다.

현재 운영되는 시설들 역시 장애인 보호와 복지를 위한 정부 정책에 따라 만들어진 것이고, 그곳에 입소해 살아가는 많은 장애인이 있습니다. 다양한 문제나 뉴스에 등장하는 일부 사건 사고에도 불구하고 시설 자체를 구시대적인 것이라거나 전면적인 개혁의 대상으로만 규정해서는 안 된다는 겁니다. 시설은 여전히 중요하며, 합리적 개혁을 통해 장애인들이 더욱 만족하는 공간으로 재탄생시키는 것이 필요합니다.

각종 장애인 시설들을 탈시설화한다는 것은 그들을 포용하는 지역사회가 얼마나 준비되었는지의 문제와도 연관됩니다. 단순히 해당 예산을 개별 장애인에게 나누어주고 스스로 자립해 살아가라는 식의 접근법과는 다릅니다. 주민들의 지지와 도움 없이는 결코 가능하지 않습니다. 준비되지 않은 상태에서 무조건 탈시설화만을 강조하는 것은 장애인들을 방치하는 것과 다를 바 없는 결과를 낳을 수 있습니다.

장애인 시설은 매우 다양한 얼굴을 갖고 있습니다. 그 다양한 기능 때문에 복지사회의 첨경이라는 평가도 나오죠. 보호시설이기도 하면서 교육기관, 문화시설, 복지시설의 기능을 동시에 갖습니다. 장애인들이 문화적 삶을 향유할 수 있도록 돕고, 나아가 그들의 의견을 사회에 반영하게끔 지원하기도 합니다. 주민들이 얼마나 어떻게 협력하고 포용하느냐에 따라 지역공동체의 위상을 갖기도 하고요.

누구나 복지사회를 꿈꿉니다. 그리고 이 복지사회를 실현해가는 과정에서 장애인 시설이 중요한 기능을 할 수도 있겠다는 생각이 듭니다. 그런 점에서 대도시뿐 아니라 고령인구가 많은 농·어촌 지역에서도 장애인 복지를 위한 인프라 구축이 필요합니다. 또 단순히 장애시설-비장애시설이라는 이원적 구분이 아니라 단계별로 여러 층위의 장애복지 체계를 만들 필요가 있는 것이죠.

탈시설 논의에서는 주로 대규모 장애인 시설에 초점이 맞춰지지만, 앞서 살펴본 서진학교 등 장애인의 직접적인 편의에 부응하는 중소규모의 장애인 시설의 건립은 오히려 권장되는 것이 맞습니다. 대규모가 아니라 소규모시설 위주로, 체육·문화 등 다양한 기능을 가진 종합복지시설을 구축해가며 궁극적으로 장애인들의 삶을 개선하는 과정에서 '시설'은 어떠한 형태로든 우리 주변에 남아 있게 될 것입니다.

'무지의 베일'과 역지사지

이 외에도 우리 사회가 풀어야 할 장애인 인권 이슈는 여러 가지입니다. 그중 대표적인 것을 꼽으라면 '이동권', 즉 교통권 문제가 금방 떠오릅니다.

인권감수성 테스트에서 네티즌들은 '세금이나 요금을 올려서라도 대중교통시설에 장애인용 시설을 설치해야 한다'는 문항에 남녀노소를 불문하고 압도적인 지지를 보였습니다. 찬성 의견 83%, 반대 의견은 4%에 그쳤습니다. 일견 고무적입니다만, 좋은 인상을 줄 수 있는 답을 하는 '사회적 바람직성 편향'이 아니라고 자신 있게 이야기할 수 있을지는 모르겠습니다.

대중교통이 있는 한 우리는 누구나 원하는 곳으로 자유롭게 이동할 수 있다고 생각하죠. 우리나라 버스, 지하철 등 대중교통은 외국과 비교해도 환승도 잘되고 운임도 저렴한 편입니다. 그렇지만 장애인들은 이러한 '교통권'을 충분히 누리지 못하고 있습니다. 장애인의 교통권을 보장하는 법률이 있지만 장애인들의 이동을 돕는 시설이나 교통수단은 여전히 부족한 실정입니다. 그나마 있는 시설들도 제대로 활용되지 못하고 있죠.

사람은 누구나 자신이 원하는 곳을 자신이 원하는 때에 자유롭게 갈 수 있어야 합니다. 장애인들도 인간으로 또 시민으로서 이동할 권리를 보장받아야 합니다. 저상버스 등 특별 교통수단의 도입과 장애인 편의시설 설치를 점차 확대해가는 것은 결코 특별대우가 아닙니다. 인권감수성이 우리에게 지시하는 사회적 의무입니다.

장애인 고용 문제도 중요한 현안입니다. 정부는 장애인들의 고용촉진을 위해 국가, 지방자치단체와 50명 이상 공공기관, 민간기업 사업주에게 일정 비율 이상의 장애인을 고용하도록 의무를 부과하고 있습니다. 장애인에게도 사회구성원으로서 노동권을 보장하고 직업생활을 통한 생존권을 보장해주는 것입니다. 다만 적지 않은 기업이 고용 대신 부담금을 납부하는 방식으로 의무를 해결하고 있다는 점은 아쉬운 대목입니다. 장애인 고용과 기업의 사회적 책임에 대한 인식 개선 및 정부의 적극적인 고용지원 서비스 제공이 필요해 보입니다.

이쯤에서 한 연구자의 사고실험을 소개해드립니다. 존 롤스

(John Rawls)라는 철학자가 있습니다. 하버드대에서 정치철학 교수로 재직하며 평생을 '정의' 연구에 헌신한 학자입니다. 그가 1971년에 펴낸 《정의론》은 정치철학 분야에서 가장 중요한 교재로 평가받고 있지요. 그는 "모든 사람은 전체 사회의 복지라는 명목으로도 유린될 수 없는 정의에 입각한 불가침성을 갖는다"라는 유명한 말을 남겼습니다. 공리주의에만 입각한 정의의 실현이 아니라 '공정한 절차'에 의한 합의의 중요성을 강조한 겁니다.

공정한 절차를 보장하기 위해 롤스는 두 가지 조건으로 구성된 '원초적 입장(original position)'이라는 가정적 상황을 제시하였습니다. 첫 번째 조건, 사람들은 자신의 재능, 지위, 가치관, 재산이나 거주지 등과 같은 조건들을 알 수 없습니다. '무지의 베일(veil of ignorance)'에 가려져 있다고도 표현합니다. 두 번째 조건은 사람들은 자신의 이익을 극대화하려 하고 다른 사람의 이익에는 무관심한 합리적 존재라는 것입니다.

이러한 가정 하에 사회적 이익이나 혜택을 사전에 분배하라고 한다면 사람들은 어떻게 할까요? 어떤 지역에 어떤 복지시설을 지을지, 어느 영역에 더 많은 예산을 지원할지와 같은 상황인 거죠. 이때 사람들은 자신이 약자가 될 수도 있음을 알기 때문에 힘들고 어려운 처지에 있는 사람의 이익을 극대화하고자 한다고 롤스는 말합니다. 이를 '최소 극대화의 원칙(max-min)'이라 합니다.

존 롤스의 사고실험은 우리가 익히 알고 있는 '역지사지易地思之'의 원리를 말하고 있습니다. 이 실험을 특정 부지에 장애인 시설을 세울지 말지에 관한 고민과 선택에 대입해보면 어떨까요? 역지사지의 원리를 곱씹어보는 것이 문제해결의 실마리가 될 수 있지 않을까요?

우리나라에서 선천적 장애인과 후천적 장애인의 비중은 1대 9 정도입니다. 우리는 누구나 살아가면서 사고나 질병으로 장애를 입을 수 있습니다. 이 논리를 따라가면 장애에 대한 편견과 배척은 궁극적으로 나와 가까운 사람들 그리고 어쩌면 나를 향한 것일 수도 있다는 생각과 마주하게 됩니다. 특히 나이 들면서 신체적으로나 정신적으로 '완전한' 사람은 없다는 자명한 진리를 떠올리게 됩니다.

이런 마음가짐을 갖게 된다면, 즉 역지사지의 원리를 떠올린다면 장애시설 설립에 조금 더 마음을 열게 되지 않을까요? 또 단순히 장애인들을 수용하는 공간이 아니라 사회의 일원으로서 다양한 문화, 체육 그리고 복지 혜택을 충분히 누릴 수 있도록 하는 공간으로 만들어야겠다는 마음이 생겨날지도 모릅니다. 시설뿐 아니라 장애인들의 삶 자체를 사회로부터 격리하거나 배척하지 않고 공존하려는 의지를 불러올 수도 있을 겁니다.

'장애'란 것은 결국 정의하기 나름이며 장애인 복지가 강화될수록 일반 사회구성원들도 혜택 받을 수 있는 여지가 커집니다. 불확실한 미래에 대비하는 의미도 있겠죠. 이런 논리가 좀 더 광범위하게 확산된다면 장애인 시설 운영에 관한 주민들의 적극적인 지지도 기대해볼 수 있지 않을까요? 비합리적인 운영 행태나 후원금 전용 등의 문제점들은 당국이 적극적으로 해소해야겠죠. 그럼으로써 국민들의 불필요한 염려를 없애가야 합니다. 이러한 선순환이 이루어진다면 궁극적으로는 장애인과 장애 자체에 대한 오해와 차별도 줄어들 수 있을 겁니다.

　장애란 무엇인지, 장애인과 비장애인의 경계는 무엇인지에 대해 묻는 흥미로운 영화가 있습니다. 영화 〈가타카〉입니다. DNA의 염기서열인 G(구아닌), A(아데닌), T(티민), C(시토신)의 앞글자를 딴 제목이라 하네요. 영화에서 미래의 사람들은 유전자 기술을 활용해 신체적으로 완벽한 인간을 만드는 데 혈안이 됩니다. 반대급부로 유전자 시술 없이 자연 그대로 태어난 아이들은 '불량품' 취급을 받고 자신이 원하는 직업을 선택하기도 어렵습니다. 오늘날의 비장애인들도 이 영화에서는 '불량품' 신세를 면치 못하겠군요. 영화는 유전자 시술 없이 태어난 주인공이 각고의 노력으로 자신의 신체적 한계를 극복해가며 우주비행사의 꿈을 키워나가는 과정을 담고 있습니다.

　우리는 흔히 '일반적'이지 않은 신체 상태를 '장애'와 같은 것으로 취급하곤 합니다. 그렇다면 영화와 같이 처음부터 유전적으로 우수한 신체를 지닌 채 태어나는 사람들은 모두 '정상'일까요? 만약 모두가 신체적으로 완벽한 세상이 된다면 장애라는 개념이 없어질까요? 영화는 우리에게 장애란 무엇인가를 생각해볼 기회를 제공합니다. 단순히 신체적 우월함이 '정상'이 되는 것도 아니고, 장애가 열등한 것과 동일시되는 것이 아님을 이해한다면 나와는 조금 다른 사람들에게 좀 더 포용력을 갖게 되지 않을까요?

과거 나치는 신체적, 정신적 장애인들은 사회에 '쓸모없는 자'들로서 살 가치가 없다고 규정했습니다. 히틀러는 "전쟁은 불치병을 가진 자들을 제거할 수 있는 최적의 시간"이라는 끔찍한 생각을 했습니다. 2차 세계대전이 시작되면서 정신지체자, 신체적 장애인, 정신병자 등은 소위 'T-4' 또는 '안락사' 프로그램을 통해 잔혹하게 살해되었습니다. 인류 역사의 치부이지요.

지금은 이 치부가 100% 사라졌을까요? 반드시 그렇지는 않은 것 같습니다. 과거와 같은 끔찍한 학살과 배척은 없지만, 장애인들을 배제하고 '정상적인' 사회로부터 격리코자 하는 어두운 마음은 분명 우리 마음 한 편에 남아 있습니다.

장애는 당사자 개인의 책임이나 비극으로만 치부되어서는 안 됩니다. 장애를 가진 사람뿐 아니라 그 가족, 우리 공동체 모두가 함께 겪는 것이며 그래서 더욱더 외면하거나 격리할 수 없습니다. '장애'가 '결핍'으로 여겨지지 않는 사회를 위한 노력이 절실합니다.

마지막으로 '지구에서 가장 행복한 곳'으로 불리는 곳의 이야기를 전해드릴까 합니다. 미국의 놀이동산 디즈니랜드는 유명한 애니메이션 제작자 월트 디즈니의 비전을 담아 1955년에 개장했습니다. 많은 어린이들의 꿈과 희망이 펼쳐지는 이곳은 장애인들도 함께 즐길 수 있도록 많은 노력을 기울여 왔습니다. 각종 놀이기구는 장애인들도 이용할 수 있도록 설계했지요. 직원들 역시 앞장서서 다양한 편의 서비스를 제공하고 있습니다. 홈페이지에는 장애인들의 접근성 안내를 위한 별도의 페이지가 있으며 청각장애인들을 위해 수화 안내도 제공합니다. 이처럼 장애인들이 서비스를 이용하는 데 걸림돌이 없도록 하는 것을 '배리어 프리(Barrier Free)' 정책이라 부릅니다.

얼마 전 인터넷에서는 디즈니랜드를 방문한 다운증후군 소녀의 이야기가 큰 화제가 되었습니다. 한창 퍼레이드가 진행되던 도중 소녀가 뛰쳐나와 도로에 누워버렸는데요, 눈살을 찌푸리던 관람객들과 달리 디즈니 직원들은 소녀 옆에 함께 누워 소녀의 시선에 맞춰 하늘을 가리키며 "하늘에 뭐가 보이니?"라고 물어보았다고 합니다. 이 모습은 전 세계 누리꾼들에게 큰 감동을 주었습니다. 디즈니랜드 캐릭터가 수화로 말을 걸자 깜짝 놀란 청각장애아의 기뻐하는 모습은 우리가 꿈꾸는 행복한 사회의 단면이 아닐까요?

9장

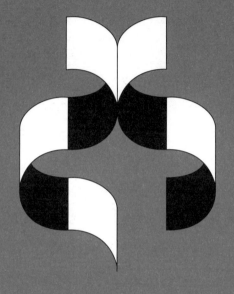

공정한 채용을 위한
차별은 정당할까?

"카카오는 여전히 같은 생각입니다. 개발자가 자신의 가치를 증명할 수 있는 것은 자소서나 스펙이 아니라 코드라고 말이죠."

-2019 카카오 신입 개발자 블라인드 채용 광고

극심한 청년실업 문제가 우리 사회를 짓누르고 있습니다. 통계청의 경제활동인구조사에서는 최종 학력에 따른 실업률 차이를 볼 수 있는데요. 2017년 대졸 이상 학력자의 실업률은 4.0％로 고졸 학력자(3.8％)보다 0.2％p 높은 것으로 나타났습니다. 2000년부터 현행 실업률 집계를 시작한 이래 처음으로 대졸 이상 학력자의 실업률이 고졸 학력자보다 높게 나온 것입니다. 실업자 역시 대졸 이상이 50만 2000명으로 고졸 실업자 40만 9000명보다 9만 명가량 많은 것으로 집계되었습니다.

과거에는 대학 졸업장만 있으면 취업이 보장되던 때가 있었다지요? 지금 청년들에게는 '호랑이 담배 피우던 시절' 이야기로 들릴 겁니다. 이제 단순히 학교생활을 충실히 하고 대학을 나왔다는 것만으로는 원하는 직장에 들어갈 수 없다는 것이 '팩트'가 되었습니다. 그럴수록 대학생을 비롯한 취업준비생들은 '스펙' 쌓기 경쟁으로 내몰리고 있습니다. '대학생'이 '취업준비생'과 동일시되고, 입학과 동시에 취업을 준비하는 것이 상식이 되었지요. 대학의 의미와 역할에 대한 기존의 믿음도 흔들리고 있습니다. "느리고 확실한 대학의 죽음"이라는 진단이 나올 정도니까요.[81]

2000년대 들어 청년들은 학벌, 학점, 토익, 어학연수, 자격증을 '취업 5대 스펙'이라 불렀습니다. 그러다 봉사, 인턴, 수상경력을 더한 '8대 스펙' 그리고 성형수술과 인성까지 추가된 '10대 스펙'이 등장했지요. 최근에는 '잉여스펙' 내지는 '자충수펙'이라는 신조어도 생겼습니다. '잉여스펙'은 직무에 별 도움이 되지 않는 스펙이라는 의미일 테고요. '자충수펙'은 자충수와 스펙을 합쳐 부르는 말입니다. 최근 직무연관성이 강조되다 보니 직무와 크게 관계없는 스펙만 잔뜩 쌓으면 오히려 역효과라는 의미죠. 스펙을 쌓기 위해 많은 시간과 비용을 투자하는 데에서 나아가 이제는 어떤 스펙을 쌓을지도 적절하게 취사선택해야 합니다.

스펙에 대한 집착이 계속되면서 사회적 비용도 덩달아 높아지고 있습니다. 스펙 압박에 많은 청년들의 삶이 소모되고 있는 거죠. 교육부의 '2014년 전국 4년제 대학 9학기 이상 등록 현황'에 따르면 졸업유예자가 이미 10만 명을 넘어섰다고 합니다. 대학생 대상 인턴십이나 활동 프로그램에 참가하기 위해, 또 대학생 신분을 유지해야 취업에 유리하다는 생각에 졸업마저 미루는 것입니다.

정작 기업 입장에서는 지원자들이 다들 틀에 박힌 스펙만 똑같이 나열하다 보니 누가 적임자인지 구별해내기가 어렵다고 합니다. 그렇다고 어떤 스펙을 중시하는지 명시하는 것도 곤란하다고 하네요. 지원자들이 더욱더 획일화될 우려가 있다는 거죠. 특정 기업이 중시하는 항목이 공개되는 순간 스펙 리스트에 또 하나가 추가될 게 뻔합니다.

사정이 이렇다 보니 구직자 입장에서는 기업의 선발 기준이 모호하게 느껴집니다. 원하는 인재상도 엇비슷해 보이고요. 그 결과, 불확실성 속에서 우왕좌왕하느니 '잉여스펙'이라도 일단 쌓고 보자는 생각이 만연해지겠죠. 이런 악순환 속에 나의 스펙 부족을 탓하며 오늘도 청년들은 고군분투하고 있습니다. 즐거워야 할 여행조차 자소서에 한 줄 추가할 스펙이 되어갑니다. 스스로 누려야 할 경험들을 '의무'처럼 쌓고 소비하는 비정상적인 구조가 만들어진 것입니다.

모든 스펙은 서울로 통한다?

'10종 스펙'이 부담스럽지 않을 청년은 없겠지만, 각자가 처한 상황에 따라 부담의 무게는 조금씩 더 달라집니다. 특히 지방대학에 다니는 학생들은 처음부터 한 수 밑지고 시작하는 싸움처럼 느껴집니다. 학벌에서부터 지방대학이 수도권 대학보다 낮게 취급되곤 하는 데다, 스펙을 쌓기 위한 인턴 프로그램이나 각종 대외활동, 공모전 등이 수도권 위주로 진행되다 보니 지방 학생들은 참가 자체도 녹록지 않은 상황입니다. 결과적으로 지방대 학생들의 스펙 쌓는 것 자체가 어려워지니 취업시장에서 더욱 어려운 처지에 놓이게 됩니다.

이는 고스란히 지방대 학생들의 불안감으로 이어집니다. 온라인 취업 포털 '잡코리아'가 2018년에 취업준비생 887명을 대상으로 '출신학교 소재지로 인해 취업에서 불리할 거라 생각한 적이 있느냐'는 질문을 했는데요, 지방 군소도시 대학에 다니는 학생들의 66.3%가 '그렇다'고 대답했다고 합니다. 서울 학생들은 39.9%였고 지방 광역도시는 55.2%, 인천/경기 출신은 51.7%인 것과 비교되죠.[82]

지방에 있어서 불안하다고 느끼는 청년들의 선택은 뭐가 될까요? 네, 서울로 오는 겁니다. 학원비와 주거비가 서울에서 소비되고, 그만큼 지역의 재원이 유출될 수밖에 없습니다. 결국 지역대학뿐 아니라 지역산업마저 영향을 받아 성장동력을 잃는 악순환이 반복되죠.

대한민국 면적의 0.6%에 불과한 서울에 1000만이 넘는 인구가 모여 있고 수도권 인구는 2500만 명에 육박합니다. 스펙 문제를 해결하지 못한다면 수도권 비대화에 따른 교통·주택·삶의 질 문제도 계속 악화될 수밖에 없습니다. 지역 전문가들은 지역인재들이 충분한 직무역량을 갖추고도 단지 지역대학 출신이라는 이유만으로 원하는 일자리를 찾기 힘들다거나 채용과정에서 손해 보는 문제를 서둘러 해결해야 한다고 지적합니다.

최근 지역인재 채용 전형과 더불어 각종 공공기관이 지방으로 이전한다는 소식이 전해지며 지역학생들의 기대가 높아졌습니다. 그렇다면 실제로 지역학생들이 혜택을 받았을까요? 2017년 한국 고용정보원의 '지방대학 졸업생의 수도권 이동과 노동시장 성과' 연구를 보면 최근 공공기관들이 지방으로 이전한 후에 지방에 양질의 일자리가 늘어난 것은 사실이지만, 이 일자리들이 정작 지역대학 출신이 아니라 수도권 대학 출신에게 돌아가고 있다는 점을 지적했습니다. 지방기업들이 수도권에서 채용한 뒤 고임금 등 혜택을 제공하며 지방으로 내려보내고 있다는 겁니다. 지역대학 출신들은 여전히 일자리를 찾아 수도권으로 내몰리고 있으며 그마저 상대적으로 불안정한 직장에 자리 잡는 것으로 나타났습니다.

특히 보고서는 기업 이전으로 지방에 좋은 일자리가 생겨도 실제 지역대학 졸업생들의 취업으로 이어지지 않으면 지역 전체가 취약해질 수밖에 없다는 점을 지적하고 있습니다. 지역 소재 공공기관들에게 다양한 세제 혜택 및 보조금 지원을 늘려 지역대학 졸업생들의 취업을 유도해야 한다고 제안하고 있네요.[83]

공정성 아래 희생되는 것들

스펙에 대한 사회적 비용이 지나치게 상승하고 스펙 경쟁이 지역대학 졸업생들에게 불리하게 작용한다는 비판이 커지면서 '블라인드 채용'과 '지역인재 채용'이 해결방안으로 등장했습니다. 직무와 무관하거나 연관성이 낮은 스펙, 그리고 차별을 조장할 수 있는 학력·성별·출신지 등을 처음부터 지원서에 기재하지 않게 함으로써 공정하게 인재를 선발하자는 것입니다. "사회에 첫발을 내딛는 청년이라면 누구나 당당하게 실력으로 경쟁할 기회를 보장받아야 한다"[84]는 것이 블라인드 채용의 취지입니다.

특정 대학 출신이라거나 어떤 자격증을 가지고 있다고 해서 다른 지원자들보다 반드시 뛰어나다고 단정 지을 수는 없지요. 그런데도 지금까지 많은 기업은 물론 공공기관에서도 스펙을 기준 삼아 결과적으로 차별적 채용을 충분히 방지하지 못했던 것이 사실입니다. 또 지원자들에게 지나치게 많고 상세한 개인정보를 요구하는 것도 문제가 되었습니다. 채용에 반영되는지 알 길이 없는 민감한 개인정보를 다수 제공해야 한다는 사실만으로도 지원자들은 부담과 불쾌감을 느꼈습니다. 소위 '낙하산'을 비롯한 채용비리를 낳기도 했고요.

고용노동부에서 새로 제시한 '표준이력서'는 기존의 학력, 성별, 가족관계, 출신지 등 항목을 삭제한 대신 직무와 관련된 교육이나 자격증 항목 등만을 기재하게 하고 있습니다. 많은 청년들이 환영했죠. TV 예능 프로그램에서도 오디션 프로그램이 많은데, 특히 참가자들이 실력으로만 평가받는 '블라인드' 방식이 큰 인기를 끌고 있습니다. 소속사나 외모 등이 아니라 실력으로 평가받는 것이 더 공정하다는 시청자들의 생각이 반영된 겁니다. 많은 시청자들이 이에 열광하는 모습을 보면 일자리 정책도 '블라인드'를 통해 공정성을 극대화할 수 있지 않을까 하는 희망을 갖게 됩니다.

그런데 이런 생각도 해볼 수 있습니다. TV 예능 프로그램에서는 노래나 요리와 같은 명백한 '직무'가 제시되어 있기에 블라인드 방식이 가능한 것 아닐까? 그 사람들이 그 무대에 오를 수 있는 것은 자신이 원하고 재능에 맞는 분야를 찾아 끊임없이 노력했기 때문 아닐까? 우리가 자칫 그러한 노력까지도 '공정성'이라는 이름 아래 무시하거나 역으로 기회를 박탈해버릴 가능성은 없을까요?

일례로 대전에 있는 수자원공사는 2019년 상반기 일반직 신입사원 공채에서 전체 선발인원의 45%는 비수도권 지역인재를, 35%는 여성을 뽑는 채용목표제를 시행한다고 밝혔습니다. 최근 여성의 공무원 합격자 비율이 점점 높아지는 추세이므로 여성할당제의 의미가 크진 않지만, 일단 수도권 대학 출신 남성들로서는 반발할 여지가 있습니다. 차별을 해소하기 위해 도입된 일자리 정책이 오히려 역차별을 초래한다는 주장도 나옵니다. '노력'이라는 가치를 무시한 채 '결과의 평등'만을 추구해서는 안 된다는 것이죠. 이 주장을 자세히 검토할 필요가 있습니다.

첫째, 기존의 스펙을 무조건 나쁘거나 불필요한 것으로 단순화해서는 안 된다는 것입니다. 비록 '스펙'이라는 이름 아래 도매금으로 취급받고 있지만, 하나하나를 살펴보면 개인의 성실성과 노력을 담고 있다는 것이지요. 성실성과 노력의 결실이 스펙이라면, 업무수행에 필요한 역량을 설득력 있게 지표화한 것으로 볼 수 있지 않느냐는 겁니다.

물론 이런 성취가 부모의 사회적 지위에 따른 것이라거나 값비싼 사교육의 결과라는 주장도 있습니다. 완전히 틀린 이야기는 아니죠. 하지만 아무리 부모가 지원한다 해도 학업성취의 많은 부분은 학생 당사자의 땀방울이 만들어낸 결과입니다. 집이 잘산다고 대학학점도 덩달아 올라가진 않을 테니까요. 성실함과 책임감이 기본이 되어야 가능한 겁니다.

사람들의 경험과 역량은 시간이 지나면서 쌓이고 성장하는 것인데, 과거를 무시한 채 미래의 능력을 말할 수 있을까요? 명문대에 진학하거나 좋은 학점을 받는 것, 높은 어학점수를 취득하는 것 또한 개인이 오랜 시간 노력한 결과물인데 이를 인정하지 않는 것이 과연 '공정한' 것인지 많은 학생들이 의문을 제기하고 있습니다. 여러분은 어떻게 생각하시는지요? 혹시 이렇게 문제제기하는 학생들의 기본권이 어디선가 침해되고 있는 것은 아닐까요? 평범한 가정에서 자라 열심히 공부해서 좋은 대학에 가고, 열심히 공부해서 높은 학점을 받은 대학생들의 권리 말입니다. 이들이 남긴 '좋은 기록'들은 깡그리 무시해도 좋은 걸까요? 인권감수성의 관점에서 점검이 필요해 보입니다.

'결과의 평등'에 초점을 맞추는 정책은 단기간에 가시적 효과를 볼 수 있을지 몰라도 장기적으로는 많은 부작용을 낳게 마련입니다. 대표적으로 대학 교육이 부실해질 우려가 있습니다. 학점을 기재할 필요가 없으니 수업에 열심히 참여해 좋은 평가를 받을 유인이 줄어듭니다. 직무적합성과 관련된 과목 학점은 이력서에 적을 수 있으니 해당 과목만 열심히 듣는 학생도 많아질 것 같습니다. 아무래도 경영, 경제, 행정 등 '실용적' 과목에 치우칠 가능성이 높겠죠. 문학, 어학, 철학 등 순수학문 분야는 관심에서 더 멀어지겠군요.

둘째, 지역인재 채용은 본인의 능력이나 노력이 아니라 단순히 학교 소재지로 채용이 결정된다는 점에서 차별적이라는 주장이 나옵니다. 지방대학 출신 구직자들이 상대적으로 교육이나 취업정보 수집, 실무 경험 등을 얻기 어려운 것이 사실이라 해도, 지역인재 채용 비율을 사전에 할당하는 것은 더 뛰어난 역량을 가진 지원자의 취업기회를 박탈하는 결과를 낳을 수 있다는 것입니다.

2018년부터 공공기관의 의무사항이 된 '지역인재 채용'은 채용인원의 18%를 시작으로 매년 3%씩 늘려가는 것을 골자로 합니다. 이렇게 되면 2022년부터는 30% 이상을 지역인재 중에서 선발하게 되는 거지요. 채용의 일정 비율을 의무적으로 할당하는 쿼터제의 성격이 강합니다.

쿼터제는 '결과의 평등'을 담아내는 유용한 정책적 도구로 여겨져 한때 선진국에서 각광받았습니다. 그러나 지금은 시대적 흐름에 맞지 않는다는 지적이 끊임없이 나오고 있습니다. 이런 이유에서 캘리포니아, 미시간 등 미국의 많은 주에서는 대학 입학과 공공기관 채용에 일정 비율의 성별이나 인종을 할당하지 못하게 하고 있습니다. 그런 제도를 우리는 뒤늦게 모방하고 있는 셈입니다.

지역 쿼터제의 취지에 공감한다 해도 대학 소재지만을 따져서 지역인재를 정의할 수 있는지는 또 다른 논란거리입니다. 지역 초·중·고등학교에서 열심히 공부해서 수도권 대학에 입학한 사람들도 있지 않습니까? 정작 이들이 수도권 대학을 나왔다는 이유로 고향에 돌아와 취업하는 데 제한을 받는다면 지나친 제도의 희생양일 수 있고, 궁극적으로 지역발전을 가로막는 부메랑이 될 수도 있습니다.

생각을 이어보면, 이 제도 때문에 지방대학 출신 학생들에게도 차별이 발생할 수 있습니다. A지방의 대학을 졸업한 학생이 B지역에 있는 공공기관에 취업할 때에는 지역인재 혜택을 받을 수 없거든요. 공공기관이 다수 이전한 지역의 대학생일수록 상대적으로 더 큰 기회를 얻게 되겠고요. 결과적으로 이것이 직업선택의 자유를 침해하는 것은 아닌지 고민이 필요해 보입니다.

이런 유추를 이어가다 보면 어떤 상황까지 예상 가능할까요? 특정 대학의 특정 학과를 나오면 해당 지역의 공기업이나 공공기관에 입사하는 것이 일종의 '코스'가 되고, 그렇지 않으면 사실상 입사가 불가능해진다면? 그렇게 된다면 자칫 지연과 학연으로 얽힌 카르텔이 형성될 위험은 물론 조직에 필요한 최소한의 다양성마저 갖추지 못할 수도 있습니다. 이러한 문제점들을 방치한 채 형식적 평등만을 추구하다 보면 예기치 않은 차별과 갈등을 불러올 수 있습니다.

블라인드 채용과 지역인재 채용을 비판하는 세 번째 논리는 정부가 일자리 문제에 일방적인 기준을 강요하는 것 자체가 문제라는 것입니다.

모든 공공정책이 그렇듯 일자리 정책 역시 특정 제도만이 독자적으로 운용될 수는 없습니다. 국가 행정의 다른 여러 요소들도 함께 고려되어야 하지요. 지역인재 채용을 장려하는 것은 바람직하지만 그 때문에 직무적합성이 높고 역량이 뛰어난 인재가 배제된다면 행정서비스의 질적 저하나 기업경쟁력 약화가 초래될 수도 있습니다. 사회 전체적으로도 인재들이 적재적소에서 활약하지 못하게 될 위험이 있고요. 결국 국민 모두에게 피해가 돌아가는 겁니다. 실제로 일부 공공기관 등에서 목표치를 달성하기 위해 서류를 조작한다거나 초단기간 인턴십 일자리를 무리하게 만들어내는 등 어처구니없는 사례들이 보고되고 있습니다.

더욱이 공공기관이 아닌 사기업에는 저마다 원하는 인재상이 있습니다. 그에 맞는지 알아보기 위해 각종 경력을 중요한 판단요소로 활용해왔는데, 그런 핵심정보를 배제하고 선발하라고 강요한다면 오히려 기업의 채용의지를 위축시킬 수 있다는 겁니다.

새로운 선발기준을 마련하는 과도기인 만큼 혼란이 가중되기도 합니다. 최근 많은 기업들이 블라인드 채용이라는 명목 아래 거창한 이름의 '전형'들을 만들어내고 있습니다. 불필요한 스펙을 쌓기보다는 SNS 홍보 서포터즈, 인턴십, 공모전 참가, 대학생기자 활동 등 직무와 연관된 구체적인 경험을 하도록 권장합니다. 그러나 많은 대학생들은 이러한 활동을 통해 직무 경험을 얻기보다는 기업에 자신들의 아이디어와 노동력을 빼앗기기만 하는 것은 아닌지 반문하고 있습니다. 지원하려는 기업이 주관하는 활동에 반드시 참여해야 할 것 같은 부담감도 있고요. 이런 활동이 또 하나의 '스펙'이 되어버리는 겁니다. 실제로 이를 통해 1차적인 가선발이 이루어질 가능성도 충분히 있으니까요.

여기에 더해 대학 교수 입장에서 보면 기업이 제공하는 프로그램을 통해서만 직무 경험을 할 수 있다는 편견이 생길까 염려되기도 합니다. 대학에서 쌓은 직무 관련 지식과 경험은 '블라인드' 처리되어 채용에 영향을 미치지 못하니 말입니다. 어떤 정치인이 이런 말을 했다죠? "블라인드 채용하니까 진짜 블라인드다. 아무것도 모르고 뽑는다"고요. 공정성이라는 명목 아래 대학의 인재육성과 개인의 노력이라는 가치가 희생되어서는 안 된다는 것입니다.

차별과 역차별, 어디까지가 '정당한 차별'일까?

이러한 우려와 걱정에도 불구하고 왜 블라인드 채용과 지역인재 채용이 각광받는 걸까요? 먼저 두 정책이 담고 있는 '채용의 공정성' 나아가 '근로의 공정성'이라는 가치에 대해 살펴보겠습니다.

오늘날 대부분의 국가에서는 노동권을 헌법으로 보장하고 있습니다. 일할 능력과 의욕을 지닌 사람이 제약 없이 근로활동을 할 수 있도록 국가가 책임져야 한다는 것입니다. 여기에 청년취업난이 장기화하면서 채용과정의 공정성에 대한 사회적 관심과 요구가 커지고 있습니다. 노동시장에서 자유롭게 경쟁이 이뤄지고 모두에게 공정한 기회가 보장되어야 우리 사회도 건강해질 수 있다는 전제가 깔려 있습니다. 이를 통해 학력·직업·계층의 세습과 고착화를 방지할 수 있는 거죠.

이런 이유에서 세계 각국은 사용자가 무작정 자기 입맛에 맞게 사람을 모집하고 채용하는 것을 금지하고 있습니다. 대한민국 역시 헌법에서부터 평등과 차별금지의 정신을 담고 있으며 각종 법률로 이를 뒷받침해왔습니다. 특히 2014년 고용정책기본법을 개정해 취업기회를 균등하게 보장하며 근로자를 채용할 때 성별은 물론 출신지역이나 학교, 병력, 학력을 이유로 차별하지 못하도록 하고 있습니다. 일부의 우려와 달리 블라인드 채용이나 지역인재 채용은 하루아침에 생겨난 포퓰리즘 정책이 아닙니다. 오히려 공정한 사회를 만들어가기 위한 오랜 노력의 연장선상에서 나타난 것이지요.

다른 나라 역시 이와 비슷한 법률과 제도를 마련해왔습니다. 유럽연합은 회원국들에게 '반인종차별지침(Richtlinie 2000/43/EG)'을 비롯해 '종교, 세계관, 장애, 연령, 성적지향 등을 이유로 하는 취업 및 직업에서의 차별을 금지하는 종교 등에서의 균등대우 실현을 위한 기본지침(Richtlinie 2000/78/EG)', '노동 및 취업문제에서 남녀의 기회평등과 동등처우 원칙 실현을 위한 지침(RL 2006/54/EG)' 등을 국내법으로 수용하도록 하고 있습니다. 아울러 유럽사법재판소를 통해 채용상 차별행위와 관련된 사건에 직접 관여하는 등 법률이 유효성을 지니도록 노력하고 있지요.

미국의 경우에는 1960년대 흑인민권운동을 계기로 소수자 집단이 사회적 자원을 충분히 누리지 못하고 있다는 인식이 확산되었습니다. 그 이후 불공정한 차별금지는 물론 여성, 흑인, 장애인 등 구조적으로 외면당해온 미국 내 사회적 소수자에게 대학 입학, 취업, 진급 등에서 우대해주는 소수계 우대정책(affirmative action)을 펼쳐왔습니다. 일종의 '긍정적 차별'이지요.

다만 최근 미국에서는 이러한 적극적 우대조치가 인종 쿼터제로 변질되었다는 지적도 나오고 있습니다. 단지 흑인이라는 이유만으로 다양한 제도적 혜택을 받는다는 것이죠. 할당제의 한계를 극복하고 좀 더 근본적인 해결책을 마련해야 한다는 의견이 힘을 얻고 있습니다.

이런 이유를 들어 국내에서도 쿼터제를 적용하는 것보다는 지역인재들의 경쟁력 자체를 제고하도록 교육의 질을 높이고 직업정보 제공을 강화하는 것이 더 바람직하다는 의견이 나옵니다. 장학금 수혜 기회를 획기적으로 늘리고 대학특성화를 통해 국제적으로 경쟁력 있는 연구자를 많이 키운다면 지역대학 학생들의 만족도를 높일 수 있을 겁니다. 카이스트 같은 지역의 명문대학을 더많이 만들자는 것입니다.

특히 수준 높은 직무교육을 강화할 필요가 있겠지요. 대학의 경우 전공교육을 강화하면서도 직무역량을 키울 수 있는 방안이 다각도로 모색되어야 합니다. 이러한 혁신과 변화가 동반되지 않는다면 대학을 비롯한 교육기관은 단순히 취업을 위한 직업학교로 전락하고 말 것입니다. 이미 이런 방향으로 가고 있기에 '대학은 죽고 있다'는 진단도 나오는 것이겠죠.

이 밖에 지역 취업을 돕는 맞춤식 현장교육과 다양한 인턴제도 활성화도 생각해볼 수 있겠죠. 수도권 대학 편입의 길을 더 넓게 열어줘야 한다는 의견도 있습니다. 원하는 바를 이루지 못한 학생들에게 제2, 제3의 기회를 열어주자는 겁니다. 학력의 유동성(mobility)을 획기적으로 확대해서 '결과의 평등'보다 '기회의 평등', '과정의 평등'에 더 방점을 찍자는 것이죠. 몇 번의 실수나 실패가 있었더라도 만회할 기회를 다양하게 제공하면 책임감 있게 살아가는 다양한 학생들의 성공을 이끌어낼 수 있을 겁니다.

'그들만의 리그'를 깨기 위하여

그런데 여기서 한 가지 궁금한 점이 생깁니다. 과연 학력이 높은 사람은 일도 잘할까요?

이를 검증하기 위한 연구가 이미 오래전에 이뤄졌습니다. 1998년 프랭크 슈미트(Frank Schmidt) 아이오와대 교수와 존 헌터(John Hunter) 미시간주립대 교수는 85년간의 연구결과를 집대성하여 〈인사심리학의 선발방식에 따른 타당성과 유용성(The Validity and Utility of Selection Methods in Personnel Psychology)〉이라는 논문을 발표했습니다. 515개 이상의 직업에 종사하는 3만 2000여 명의 피고용자들을 대상으로 다양한 채용전형 방법이 구직자의 실력을 얼마나 정확히 예측할 수 있는지 분석하는 연구였는데요. 채용 시의 전형 요소와 직무능력의 상관성을 높음(1)부터 없음(0), 그리고 반비례(-1)로 측정할 때 학력(교육기간)의 상관성은 0.1이었습니다. 교육기간이 길다고 일도 잘한다는 보장이 없다는 뜻이죠. 경력과 직무능력의 상관성 역시 0.18에 불과했습니다. 상관성이 가장 높은 전형 요소는 직장에서 맡게 될 업무를 테스트해보는 것이었습니다.

연구진이 2016년에 그동안의 연구결과를 다시 점검해보았을 때에도 학력의 상관도는 0.1에 불과했다고 합니다. 새롭게 분석된 '학점'의 상관도는 0.34 정도였다고 하네요. 면접의 상관도도 0.58로 높게 나타났는데, 특히 정형화되지 않은 면접이 더 유효한 것으로 나타났습니다. 결국 우수한 인재를 선발하려면 개인의 스펙만 볼 것이 아니라는 겁니다. 우선 직무에 관해 체계적으로 분석하고 이를 바탕으로 면접을 설계하는 노력이 필요하다는 것입니다.

슈미트와 헌터 교수의 연구가 절대적이라고 볼 이유는 없지만, 만약 학력이 업무역량과 별반 관계가 없다면 구태여 고학력자나 명문대 출신을 채용할 이유가 없겠죠. 그런 점에서 블라인드 채용이나 지역인재 채용은 역차별이나 실효성 논란에도 불구하고 어느 정도 의미가 있고, 또 효과도 있는 것으로 생각됩니다. 그래서인지 최근에는 공공기관이나 공기업뿐 아니라 일반기업에서도 이 제도를 운영하는 사례가 조금씩 늘고 있습니다. 블라인드 채용에 AI 면접을 곁들여 채용의 새로운 모델을 제시하는 기업들도 생기고 있는데요. 스펙을 보는 대신 심층면접이 강화되는 기조인 거죠.[85] 이처럼 블라인드 채용과 지역인재 채용이 호응을 얻게 된 배경이 궁금한데요. 몇 가지만 살펴보겠습니다.

첫째, 스펙에 의존하는 채용과정도 문제이지만 스펙이 만들어지는 과정도 불공정할 수 있다는 인식이 확산되었습니다. 특히 '흙수저'나 '금수저' 논란이 '흙턴', '금턴'으로 이어지면서 부모의 경제적, 사회적 지위가 자녀의 스펙에 결정적인 영향을 끼친다는 인식이 공감을 얻고 있습니다. 여기에 잊을 만하면 나오는 공공기관의 채용비리 뉴스는 채용과정의 공정성을 자꾸 의심하게 하죠.

현실이 이러하니 정부가 적극적으로 나서달라는 요구가 커졌습니다. 정부가 국가직무능력표준(NCS)을 보급하는 것도 이러한 노력의 일환으로 볼 수 있습니다. NCS는 산업현장에서 직무를 수행하기 위해 요구되는 능력(지식·기술·태도)을 산업부문 및 수준별로 체계화하고 표준화한 것입니다. 직무와 무관한 기재사항은 최소화하고 직무수행에 필요한 자격·경험·경력 등을 서술하도록 유도하면서 공정성을 강화하는 데 효과가 있다는 평가입니다.

둘째, 대기업에서 블라인드 채용 및 지역인재 채용이 확대되는 것은 심각한 지역 불균형에 대한 반성이 커졌기 때문입니다. 스펙을 쌓을 기회가 서울에 집중되다 보니 서울에 있는 것 자체가 스펙이라는 호소가 공감을 얻는 겁니다. 외국에도 학벌주의가 없지는 않지만, 우리나라는 소위 일류대학이 서울에 몰려 있는 데다 지역 대학과의 격차가 너무 커서 더 문제가 되고 있죠.

생각해보면 블라인드 채용이나 지역인재 채용이 역차별이라고 반발하는 것 자체가 그동안 특정 대학 출신이나 수도권 대학 출신이 좋은 직장을 많이 차지해왔다는 반증이기도 합니다. 이런 '학력 카르텔'을 중심으로 보이지 않는 차별과 편견이 생겨났고, 이것이 스펙 중심의 채용 관행을 낳았다는 겁니다. 이를 깨려면 다소 비효율적이더라도 블라인드 채용 및 지역인재 채용과 같은 과감하고 신속한 정책이 필요하다는 인식이 생긴 거지요.

셋째, 블라인드 전형과 지역인재 채용이 채용과정뿐 아니라 직장생활 전반에 걸쳐 '공정성'의 가치를 높일 수 있을 거라는 사회적 기대가 커지고 있습니다.

스펙을 통한 채용은 효율성이 좋습니다. 익숙하고 편하죠. 하지만 '그들만의 리그'에서 배제되는 청년들은 무력감과 좌절감에 빠질 수밖에 없습니다. 인재를 선발해 적재적소에 배치하는 데에는 효율성도 중요하지만, 이러한 부분은 교육하고 개선할 여지가 있습니다. 반면 형평성과 공정성은 한번 기회가 박탈되면 회복하기 어렵습니다. 세계 각국이 4차 산업혁명을 앞두고 창의적 인재를 모집하기 위해 치열하게 경쟁하고 있습니다. 이런 때일수록 공정한 경쟁이 이루어져야 구성원들의 다양한 경험과 관계의 역동성을 충분히 살리고 창조와 혁신을 가져올 수 있지 않을까요? 블라인드 채용과 지역인재 채용을 계기로 대학 교육이나 청년 개개인의 커리어 관리에도 변화가 일어날 수 있을 겁니다.

공정한 채용을 위해, 차별을 돌아보며

공정한 채용을 위한 노력은 어제오늘의 일이 아닙니다. 혹시 조선시대에도 지역인재 전형이 있었다는 사실 알고 계신가요? 조선시대 과거제도에는 지역별로 일종의 할당제가 있었습니다. 수도인 한성에서 이루어지는 '한성시'뿐 아니라 지방에서도 별도로 '향시'를 치렀습니다.

사극에서 흔히 보는 과거시험인 '대과'를 살펴볼까요? 1차 시험이라 할 수 있는 '초시'에서 총 240명이 선발되었습니다. 성균관 유생 가운데 50명을 선발하고 한성시를 통해 40명을 뽑고, 향시에서 150명을 뽑았다고 합니다. 이 150명도 다시 경기도 20명, 강원도 15명, 황해도 10명, 충청도 25명, 경상도 30명, 전라도 25명, 평안도 15명, 함경도 10명 등 지역별로 할당했습니다. 그런 다음 33명을 실력에 따라 뽑는 복시가 치러집니다.

특히 정조는 서울에서 멀리 떨어진 지방민들에게도 기회를 주기 위해 지역별로 특별과거시험을 주관했다고 합니다. 퇴계 이황의 덕을 기리며 영남지역 유생들을 대상으로 열었던 '도산별과'는 오늘날에도 안동에서 재현행사로 이어져오고 있습니다. 조선시대 과거제도가 이처럼 지역균형과 능력주의를 잘 조화시켰다는 점은 우리가 곱씹어볼 대목이 아닐까 합니다.

새로운 채용 제도를 도입한다고 해서 저절로 공정성이 담보되지는 않을 겁니다. 공정한 평가로 인재를 채용할 수 있는 시스템을 정부와 민간이 힘을 합쳐 구축해야 하겠죠. 직무에 맞는 역량을 표준화했다 해도 하루가 다르게 변화하는 21세기에는 유효기간이 길지 않을 테니 지속적인 갱신이 필요할 겁니다. 사실 직무의 내용이 너무 다양한 경우가 많아 표준화하기도 어렵고요. 또 10년 전 청년에게 요구되던 역량과 오늘날 요구되는 역량, 10년 후 미래 세대에게 요구되는 역량이 같을 수는 없겠죠. 블라인드를 통해 차별과 편견은 극복하되 기업의 인재상에 맞는 실질적인 인재가 선발될 수 있도록 지속적인 고민과 개선이 필요합니다.

직장인들의 사회생활을 현실적으로 그려 큰 인기를 얻었던 드라마 〈미생〉에서 주인공 장그래는 프로 바둑기사를 꿈꾸다 뒤늦게 직장생활을 시작한 인물입니다. 고졸 학력 때문에 사람들의 차별과 편견에 시달리지만 꿋꿋하게 최선을 다하는 장그래의 모습은 많은 이들의 공감을 샀습니다. 말단 인턴에 비정규직인 장그래가 "죽을 만큼 열심히 하면… 저도 가능한 겁니까?"라고 말할 때 많은 이들이 함께 아파했습니다.

소위 8대 스펙, 10대 스펙을 완벽하게 갖춘 사람은 많지 않을 겁니다. 설령 있다 하더라도 결코 완벽한 인재라고 단언할 수는 없을 테고요. 그럼에도 우리 사회는 스펙을 쌓고 평가하는 데 너무 많은 에너지를 쏟았습니다. 그러느라 정작 한 사람 한 사람의 진짜 능력과 노력을 몰라본 것은 아닌지, 그런 역량을 발휘할 기회조차 주지 못한 것은 아닌지, 그래서 많은 청년 구직자들을 벼랑으로 내몬 것은 아닌지 고민해보게 됩니다. 더욱이 부모의 경제적·사회적 지위에 따라 스펙이 만들어지고 이것이 부의 대물림, 사교육 열풍, 학벌주의와 같은 부작용으로 이어지기 십상이라면 이는 보통 문제가 아닙니다. 10년 전에 유리한 기회를 얻었다는 이유 하나로 계속 유리한 위치에 있게 된다는 것은 뭔가 불공정하다는 생각이 듭니다. 우리의 인권감수성이 경고 신호를 보냅니다.

블라인드 채용의 바탕에 깔린 인권의 정신, 즉 '평등과 차별금지'의 정신을 사회 전체로 확대하기 위해서는 그간 우리의 잘못된 관행들을 차분히 돌아볼 필요가 있습니다. 원어민 영어강사를 구하면서 백인만 선호했던 관행이 하나의 예가 될 것입니다. 일부 학원가에서는 원어민 영어강사를 모집할 때 여전히 'white person only(백인만 가능)'라는 표현을 사용하고 있다지요?

인종에 따라 영어 실력에 차이가 있을까요? 분명 아닐 겁니다. 이런 식의 차별을 '조선족'이나 동남아 출신 유학생들도 받고 있습니다. 평등과 공정성은 한국인만을 위한 것이 아니며, 차별과 편견에 바탕을 둔 공정성이란 결코 있을 수 없습니다.

블라인드 채용 시행 초기에 공공기관 인사담당자들은 대부분 난색을 표했다고 합니다. 도대체 어떤 기준으로 인재를 뽑아야 할지 난감하다거나 최소한의 역량도 갖추지 못한 구직자가 운 좋게 합격할 수도 있다는 볼멘소리가 나왔다죠. 하지만 블라인드 채용 전형을 위한 가이드라인이 생기고 면접방식도 개선되면서 조직의 정체성을 확립하고 그에 맞는 인재를 뽑는 분위기가 만들어졌다는 평이 많습니다. 단순히 '좋은 스펙'을 가려내던 관행에서 벗어나 조직의 인재상에 맞는 사람을 찾게 된 것이죠.

실제로 2015년경부터 NCS 기반 블라인드 채용을 도입한 공공부문에서는 가시적인 성과가 보고되고 있습니다. 블라인드 채용으로 입사한 신입사원들의 이직률이 감소하고 직무에 한결 쉽게 적응해 만족도도 훨씬 높아졌다고 합니다. 특정 대학 출신이 몰리는 현상이 완화되었으며 기업과 분야를 가리지 않고 일단 지원하고 보는 '허수 지원자'의 비율도 많이 줄었다고 합니다. 남들이 하는 스펙 쌓기를 모방하던 행태에서 벗어나 자신에게 맞는 직무를 찾는 이들이 많아진다는 것이죠. 당장 지역 학생들은 서울에 있는 학원에 가서 컨설팅을 받아야 한다는 압박감이 줄었다고 말합니다. 그만큼 사회적으로도 불필요한 비용을 절감할 수 있겠지요.

이러한 취지를 잘 살려서 채용과정뿐 아니라 이후의 인력개발 전 영역에 공정성을 확보할 수 있다면 우리는 좀 더 살 맛 나는 세상을 꿈꿔볼 수 있을 겁니다.

이와 동시에 '공정성'이라는 대의 원칙에 가려 희생되는 것들도 돌아볼 필요가 있습니다. 혹시 의도치 않은 차별이 만들어지지는 않는지 꼼꼼히 살펴야 합니다. 결과의 평등에 과도하게 얽매이기보다는 과정의 평등을 실현하는 데 정책적 관심을 둘 필요가 있습니다. 능력과 성실함을 갖춘 인재들이 결과의 평등에 가로막혀 피해를 보는 일은 없어야 합니다. 또 실패를 경험한 '미래의 인재들'이 미진한 기회의 평등에 좌절해서 꿈을 접는 일도 발생해서는 안 됩니다.

공공성을 갖춘 대학도 중요하지만 치열한 경쟁 속에서 국제적 경쟁력을 갖춘 인재를 키워내는 것도 대학의 존재 이유입니다. 교수가 A학점과 B학점을 구분해내야 할 의미를 찾지 못할 때, 또 그 선별을 아예 포기하도록 압박받을 때, 대학은 천천히 죽어갈 수 있습니다. 서서히 달궈지는 비커 속의 개구리처럼 말이죠.

10장

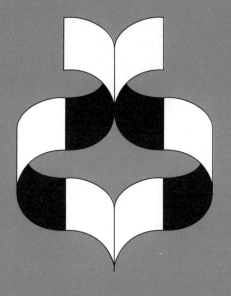

파업할 권리와
불편하지 않을 권리

"파업이 없는 나라를 내게 알려주십시오. 그러면 자
유가 없는 나라를 보여드리겠습니다."

– 새뮤얼 곰퍼스, 미국의 노동운동가

2018년 12월 27일 '위험의 외주화 방지법'이 국회를 통과했습니
다. '김용균법'으로 많이들 알고 계시지요. 유해·위험 작업에 대한
하도급을 금지하고, 산업재해 발생에 대한 (원청)기업의 책임을 강
화하는 것이 골자입니다.

그간 기업들은 비용절감을 위해 위험이 따르는 일은 관행적으
로 하청노동자에게 맡겼습니다. 힘없는 하청노동자들이 산업재해
와 사망사고의 위험을 대신 떠안게 된 겁니다. 이른바 '위험의 외주
화'죠. 당연히 산재사망의 대부분은 하청노동자에게 일어납니다.
주요 30대 기업에서 발생한 산재사망 노동자의 95%가 하청노동자
였다는 최근의 보도는 놀라움을 넘어 충격으로 다가옵니다.[86]

2017년 기준 우리나라의 산업재해 사고사망자는 964명으로
집계됐습니다. 전년의 969명에 비해 약간 감소했지만 여전히 매

넌 1000명 가까운 노동자가 목숨을 잃고 있습니다. 이 중 줄잡아 900명 이상은 하청노동자일 겁니다. '한강의 기적'을 일궈 세계 10대 경제대국이 된 한국의 자화상입니다. OECD 국가 중 확고한 1위임은 물론, 유럽연합의 5배에 달하는 수치죠. 샴페인 터트리고 자화자찬하기 바빴던 우리나라의 민낯이 아닌가 합니다.[87]

그늘에 감추어져 있던 비정규직 노동자들의 위험한 작업환경이 알려진 것은 충남 태안화력발전소 하청노동자 김용균 씨의 죽음이 도화선이 됐습니다. 입사 3개월 차 신입직원이었는데요. 숙련노동자도 힘들어하는 작업을 도맡아 하다 사고가 났습니다. 컨베이어 벨트에서 이상 소음이 발생하자 귀를 가까이 대고 점검하던 중 벨트와 롤러에 신체가 빨려 들어가 사망했다고 합니다. 24세의 꽃다운 나이였습니다.

유사한 사건이 2016년 5월에도 있었습니다. 구의역 스크린도어 사망사고죠. 서울 지하철 2호선 구의역 승강장에서 스크린도어를 수리하던 하청업체 직원 김아무개 씨가 전동열차에 치여 사망한 사건입니다. 당시 19세였던 김 씨는 인생의 꽃도 피우기 전에 허망하게 세상을 떠나야 했습니다. 김 씨의 가방 안에서 발견된 컵라면 하나는 애잔함을 넘어 분노를 일으켰습니다. 외주업체 젊은 노동자의 열악한 근무여건을 상기시켰던 것이죠. 2018년 김용균 씨의 가방에서도 컵라면이 발견되었다죠. 2년 전의 슬픈 기억을 떠올린 분들이 많았을 겁니다.

기억을 좀 더 소환해보면 어떨까요? 산업화가 시작되던 1960년 대로 거슬러 올라가 보죠. 당시 청계천 평화시장의 봉제공장 재단사로 일하던 전태일이라는 청년이 있었습니다. 그는 노동자들, 특히 미싱사로 일하던 10대 여성 노동자들의 열악한 처우와 극심한 노동권 침해를 사람들에게 알리고 싶어 했지요. 그러나 모든 시도가 가로막히자 1970년 11월 13일, 그는 법전을 손에 들고 자신의 몸에 불을 붙였습니다. 죽음을 목전에 두고 이렇게 외쳤죠. "근로기준법을 준수하라! 우리는 기계가 아니다! 일요일은 쉬게 하라! 노동자들을 혹사하지 말라! 내 죽음을 헛되이 하지 말라!"

그는 분신을 앞두고 고뇌에 찬 심정을 글로 담았습니다.

"이 결단을 두고 얼마나 오랜 시간을 망설이고 괴로워했던가? (…) 나를 버리고, 나를 죽이고 가마. 조금만 참고 견디어라. 너희들의 곁을 떠나지 않기 위하여 나약한 나를 다 바치마. 너희들은 내 마음의 고향이로다."[88]

그가 떠난 지 4일 후, 전태일의 친구들은 '전국연합노조 청계피복노동조합'을 결성했습니다. 우리나라 최초의 민주노조로 알려져 있지요. 1971년 노동자의 파업은 1600여 건, 전년 165건에 비해 10배가 넘는 수치였습니다. 그 뒤로도 많은 노동조합이 결성되었고 노동자들의 생존권 보장과 처우 개선을 목표로 활동하고 있습니다. 1980년대 민주화 시기에는 민주화와 노동권을 동시에 외치며 국민들로부터 큰 호응을 얻었지요. 2018년 김용균법이 통과되는 과정에도 민주노총 등 노동단체의 역할이 컸습니다. '위험의 외주화 방지법' 제정을 반대하는 기업 측을 견제하고, 뭉그적거리던 정치권에 압박을 가한 겁니다.

최근 열악한 노동조건, 총수 일가의 갑질, 직장 내 따돌림 등이 국민의 공분을 사면서 노동조합이 새롭게 주목받고 있습니다. 인권을 연구하는 사람들은 '노동조합권'이라는 개념을 사용합니다. '노동권'의 한 유형으로 노동조합에 가입하여 활동할 자유를 의미하는 거죠. '인권'이라는 상자에 반드시 넣어야 할 필수 아이템입니다.

그러나 여기에도 어려운 선택이 관여합니다. 노동조합 활동은 늘 정당한 걸까요? 노동조합이 벌이는 대규모 파업은 언제나 옳은 걸까요? 혹여 기업에 부담을 주어 경제성장에 걸림돌이 되는 건 아닐까요? 경제가 연착륙해야 각종 권리가 더 충실히 보장될 수 있을 테니까요.

이른바 '귀족노조'는 또 어떻습니까? 실제로 노동조합 활동에 비판의 목소리를 높이는 이들이 많습니다. 비단 급여를 주는 사용자만이 아니라 급여를 받는 입장인 근로자 가운데에도 적지 않죠. 우리에게 노동조합이란 무엇일까요?

노동조합권 vs 경영방어권

노동조합에 대해 논의하기에 앞서 노동의 의미에 대해 잠시 생각해보았으면 합니다. 2차 세계대전이 끝날 무렵, 국제노동기구(ILO)는 1944년 총회에서 '필라델피아 선언'을 채택했습니다. 흥미롭게도 선언문 1조에는 "노동은 상품이 아니다"는 문구가 담겨 있습니다. 무슨 뜻일까요? 얼핏 생각해보면 우리가 회사에서 일하거나 아르바이트를 하면 대가로 월급을 받으니 우리의 노동을 사용자에게 판다고 할 수 있지 않을까요? 그런 의미에서 상품으로 볼 수 있는 것 아닐까요?

그렇다면 노동과 상품의 차이는 무엇인지 살펴보아야겠습니다. 내가 가진 어떤 물건을 남에게 파는 것과 누군가에게 일을 해주는 것, 이 둘 사이에는 중요한 차이가 있습니다. 일하는 나는 '인격'을 가진 존재라는 점이 다르죠. 세계대전을 겪으며 수백만 명의 희생이 있었습니다. 인권은 유린당했고 인간의 자유는 위협받았습니다. 이런 참상을 극복하고 인간성을 회복하려는 목적으로 ILO는 노동자가 생산을 위한 도구나 수단이 아니라 '인간'임을 전면에 내세운 것입니다.

노동은 필연적으로 노동자라는 '인간'이 관여하는 것이기에 상품과는 다릅니다. 시장에서 상품은 수요와 공급의 법칙에 따라 탄력적으로 조정되지요. 반면 인간의 노동은 창고나 컨테이너에 저

장할 수 없고, 필요에 따라 시장에 공급하거나 반출할 수 있는 것
도 아닙니다. 생존을 위해 노동은 지속되어야 하니까요. 사용자 입
장에서도 노동자가 제공하는 노동력은 확실한 실체가 있다고 보기
어렵습니다. 엄격하게 측정하기도 애매하죠. 직장 내 직무가 다양
한 만큼 노동도 다양한 얼굴을 갖게 마련입니다.

이런 이유에서 사용자는 노동을 효과적으로 통제하는 데 혈안
이 됩니다. '관리'가 지나쳐 직원의 일거수일투족을 감시하고 때로
는 으름장도 놓습니다. 직장 내 괴롭힘과 갑질이 생겨나는 것이죠.
비용을 줄이기 위해 월급과 수당 지급을 미루거나 안전조치를 소
홀히 하는 사용자도 비일비재합니다. 이때 노동조합이 역할을 할
수 있습니다. 노동자들이 일방적인 명령·복종이나 수직적 지배관
계에 놓이는 것을 막고, 사용자와 대등한 입장에서 교섭하고 인간
다운 노동조건을 만들어갈 수 있게끔 보조하는 것이지요.

정부와 정치권도 노동자의 권익을 보호하는 노동정책을 내놓고
있습니다. 앞서 살펴본 '위험의 외주화 방지법'이 대표적입니다. 이
밖에 정규직을 확대하고 최저임금을 인상하는 방식으로 노동조건
을 개선하고 포용적인 경제시스템을 만들고자 노력하고 있습니다.
양질의 일자리가 늘어나고 소득격차가 줄어들면 우리 경제도 함께
좋아질 수 있다는 입장이 이러한 정책을 뒷받침합니다.

그러나 정부와 정치권의 역할에는 한계가 있기 때문에 아무래
도 직접 당사자인 노동조합의 역할에 주목하게 됩니다. 이와 관련

해 미국 오바마 전 대통령은 2015년 9월 노동절 기념 연설에서 다음과 같이 말했습니다.

"만약 제 가족의 생계를 보장할 좋은 직업을 원한다면 저는 노동조합에 가입할 겁니다. 누군가 든든하게 제 뒤를 맡아주길 바란다면, 역시 노동조합에 가입할 것입니다. 제가 여러 나라를 다녀보니 노동조합이 없거나 금지된 나라가 많았는데, 그런 나라에서는 가혹한 노동착취가 일어나고, 노동자들이 연일 계속되는 산업재해로 다치고 고통 받았지만 제대로 보호받지 못했습니다. 노동조합과 노동쟁의가 없었기 때문입니다."

노동조합과 노동쟁의의 필요성과 존재 이유에 대한 강력한 근거를 제공하고 있죠. 설득력이 있습니다. 노동조합 가입은 노동권 증진을 낳는다는 논리가 깔려 있지요.

그렇다면 지금 우리 사회는 어떨까요? 오바마 전 대통령이 도식화한 '노조 가입=노동권 증진'이 실현되고 있을까요? 인권증진을 위해 노동조합 가입 및 활동은 필수 불가결한 것일까요? 이 질문에 답하기 위해서는 노동조합 활동에 대한 다양한 견해를 검토해야 합니다. 노동조합권을 옹호하는 시각에 못지않게, 이들에 대한 규제를 주장하는 의견도 만만치 않으니까요.

특히 경제성장을 우선하거나 사용자의 경영권을 옹호하는 이들은 노동권 및 노동조합 활동에도 적절한 규제가 필요하다고 봅니다. 공공선을 위해 노동자들의 파업권을 법으로 제한해야 한다는 주장도 펴죠. 노동조합이 파업할 때 대체근로를 허용해 경제적 손실을 막아야 한다는 주장이 대표적입니다. 노사 간 균형을 확보하기 위해 필요한 법적 장치라는 것이지요.

이들은 노동조합권을 강화해야 한다는 노동조합의 주장에 대해서도 다른 입장을 보입니다. 현재 민주노총 등 노동단체는 ILO의 권고대로 모든 노동자가 차별 없이 단체를 설립하거나 가입하도록 법령을 정비해야 한다는 입장인데, 반대측은 '노조 할 권리'를 내세워 해고자나 실업자도 노동조합에 들어오게 한다면 대립적이고 갈등적인 노사관계가 더 악화될 것이라 우려합니다.

현재 힘의 균형이 노동조합에 과도하게 치우쳐 있다는 진단도 나옵니다. 노동조합에 가입하고 활동할 권리를 보호할 거면 '사용자 측의 방어권'도 동시에 인정해야 한다는 겁니다. 사용자 측의 방어권이라는 개념은 우리가 아는 인권 상자에 들어 있는 도구는 아니지만, 이 입장을 지지하는 이들은 재산권 보장을 명시한 헌법 제23조 1항, 그리고 '대한민국의 경제질서는 개인과 기업의 경제상의 자유와 창의를 존중함을 기본'으로 한다는 헌법 제119조 1항을 머릿속에 그리고 있을 겁니다.

오늘날 이른바 '강성노조'가 전체 산업계에 엄청난 파급효과를 미칠 정도로 힘이 커진 것도 사실입니다. 그에 반해 노동 관련 법제나 문화는 충분히 개선되지 않았다는 주장이 설득력을 얻고 있지요. 특히 투쟁 일변도이고 폭력적인 파업과 집회에 눈살을 찌푸리는 국민들이 많습니다.

일례로 2018년 하반기에 민주노총 소속 유성기업 노조원들이 대표이사 집무실을 점거하고 담당 간부를 집단 폭행한 사건이 있었습니다. 옷이 벗겨진 채 피를 흘리며 주저앉아 있는 간부 사진이 언론에 보도되면서 국민적 공분을 일으켰습니다. 정치권 일부에서는 '조직폭력배', '신 적폐세력', '노동약자 코스프레'라는 표현을 서슴지 않았죠.[89] 대한민국은 '민노총 공화국'이라는 야당 대표의 조롱도 있었습니다.

고용세습에 민주노총이 연루되었다는 폭로도 나왔습니다. 일부 노동조합이 사측과 미리 입을 맞추고 조합원 자녀와 친인척을 고용하는 데 앞장섰다는 주장입니다. 극히 일부 몰지각한 노동조합의 이야기이고 또 아직까지 진상이 충분히 밝혀지지 않은 말 그대로 '의혹'이지만, 국민들은 공정해야 할 노동조합이 오히려 공정성의 가치를 해쳤다는 의구심을 갖게 되었습니다.

이렇다 보니 2018년 11월 민주노총 주도로 열린 총파업에 대한 국민의 반응은 냉담했습니다. '탄력근로제 확대 반대', '비정규직 철폐' 등을 주장하며 벌인 총파업에는 민주노총이 예고한 16만여 명에 크게 못 미치는 9만여 명(행정안전부 추산)이 참가하는 데 그쳤지요. 이 중 7만 명이 넘는 참가자는 특정 사업장 조합원들로 채워졌다는 통계치도 나왔습니다. '명분 없는 총파업' 혹은 전국 조합원의 90%가 불참한 '총력투쟁'이라는 평가는 점잖은 축에 속합니다. 일

부 보수언론은 '뻥파업'이라고 비꼬았거든요.[90]

여기서 '탄력근로제'가 무엇인지 잠시 살펴보는 것이 좋겠습니다. 요지인즉슨 일이 몰리는 기간에는 일을 더 많이 하게 하고 그렇지 않을 땐 일하는 시간을 줄이자는 겁니다. 2018년 7월 300인 이상 사업장부터 시행된 '주52시간 근무제'에 대한 보완책인 셈인데요, 바쁠 때는 최대 64시간까지 일하고 한가할 때는 52시간보다 줄이자는 것이지요. 산업과 분야에 따라 물건과 서비스를 많이 공급해야 할 때와 그렇지 않을 때가 다르다는 현실적인 상황을 고려한 것이죠. 아이스크림은 여름에 가장 많이 팔리지 않습니까? 숙박업 종사자들은 휴가철에 특히 바쁘겠죠. 시스템을 탄력적으로 운영하자는 건데 일견 설득력이 있어 보입니다.

반면 노동계는 52시간 이상은 잔업인데 잔업을 하고도 수당(50% 할증)을 받지 못하게 되니 결사반대합니다. 연속된 장기간 근로가 과로성 질병 위험을 높여 노동자의 건강을 해친다는 전망도 함께 제시합니다. 이 주장도 일리가 있는 것 같군요.

노동조합, 찬성하지만 참여하지 않는 이유

노동조합에 대한 국민들의 인식을 한번 살펴볼까요? 한국노동연구원은 2007년, 2010년, 2017년에 '노사관계 국민의식조사 결과'를 발표했습니다. 2007년 조사를 보면 노동조합의 필요성에 대해 85.5%가 '필요하다'고 응답했습니다. 2010년에 87.1%로 비율이 약간 증가했다가 2017년에는 다시 85.5%를 유지하고 있습니다. 연령이 낮을수록 더 노동조합이 필요하다고 여기는 것으로 나타났지만 편차가 크지 않고, 대체로 전 연령대에 걸쳐 노동조합의 필요성에 대해 크게 공감하고 있습니다.[91]

같은 조사에서 또 하나 흥미로운 점이 있습니다. 2017년 조사결과 국민들이 노동조합 활동의 사회경제적, 정치적 효과를 긍정적으로 보고 있다는 사실입니다. 1989년, 2007년, 2010년, 2017년 조사결과를 비교하면 노동조합이 경제성장, 물가안정, 정치민주화, 불평등 완화 및 해소에 긍정적인 영향을 미친다는 응답이 U자형을 보였다고 합니다. 즉 노동조합의 효과와 영향력에 대한 높은 기대가 노동자 대투쟁(1987년) 직후인 1989년 수준으로 회복되었다는 겁니다. 가령 불평등 완화에 미치는 영향에 대한 긍정적 답변은 2017년에 62.2%였는데, 이는 1989년의 64.1%와 비슷한 수준입니다. 2007년과 2010년에 각각 15.8%, 25.3%에 그쳤던 것과는 사뭇 다르죠. 노동조합의 필요성에 크게 공감할 뿐 아니라, 노동조합의 역할에 대해서도 과거 어느 때보다 긍정적이라는 것입니다.

인권감수성 테스트에 참여한 네티즌들 역시 비슷한 견해를 보였습니다. '회사에 금전적 손실을 끼치더라도 합법적인 노조활동은 허용해야 한다'는 질문에 대해 20대가 94%, 30대가 92%,

40~50대가 85%로 남녀 모두 전 연령층에서 압도적인 지지를 보여주고 있지요.

과거 국가주도의 성장모델 하에서 노동운동 자체가 금기시되고 억압됐던 적이 있었습니다. 그러나 경제발전과 민주화를 함께 경험하면서 노동권에 대한 국민의 인식도 획기적으로 개선되었습니다. 이런 맥락에서 합법적인 노조활동은 그 자체로 존중받을 필요가 있다는 데 많은 국민과 네티즌이 공감대를 표시한 것으로 해석됩니다.

그렇다면 실제로 우리의 노동조합 조직률은 어떨까요? 2018년 12월 고용노동부가 발표한 '2016년 전국 노동조합 조직현황'에 따르면 노조조직 대상 근로자 1917만 2000명 중 노조 조합원은 196만 6000명으로 노조 조직률이 10.3%라고 합니다. 10명에 한 명꼴이네요. 1989년에는 19.8%였으니 30년 새 반 토막이 난 셈입니다. 2015년 기준 OECD 국가의 평균 노조 조직률은 29.1%로 우리나라는 비교 가능한 29개 국가 중 네 번째로 낮은 것으로 나타났습니다. 주요 선진국 중 프랑스(7.7%)를 제외하곤 가장 낮은 수준입니다.

앞서 소개한 '노사관계 국민의식 조사'에서도 이런 현실이 반영돼 있습니다. '노동조합에 가입할 의사가 있느냐'를 묻는 항목에 '그렇다'고 답한 비율은 35.2%밖에 안 됐거든요. '이미 조합원'이라고 밝힌 3.2%를 더하면 국민 10명 중 4명꼴로(38.4%) 노동조합에 가입했거나 가입할 의사가 있다는 말이 됩니다. 여기에서도 젊은 층의 가입 의사가 조금 더 높은 것으로 나타납니다. 30대는 40.6%였지만, 40대와 50대는 35%에 그쳤습니다.[92]

국민 10명 중 8~9명이 노동조합의 필요성에 공감하지만 4명만 노동조합 가입 의사를 밝혔고 실제 가입한 사람은 한 명밖에 안 된다는 것은 곰곰이 따져볼 대목입니다. 필요하긴 하지만 정작 가입은 주저한다는 건데, 아마도 앞서 지적한 노동조합에 대한 편견과 부당한 처우 때문이 아닐까 합니다. 특히 사회생활에 첫걸음을 내디딘 20~30대 젊은 층은 공정과 정의에 대한 열망이 있지만 앞장서서 위험을 감수하기란 마음처럼 쉽지 않을 겁니다. 그러다 보니 노동권을 체계적으로 보장받기는 더욱 어려워지는 것이고요. 우리처럼 노조 조직률이 낮은 프랑스는 단체협약을 산별노조 단위로 교섭하는 구조여서 낮은 조직률을 보완할 장치는 갖추고 있다고 합니다. 그러나 우리는 낮은 노조 조직률에 기업별로 교섭하는 터라 노동권을 체계적으로 보장받기가 매우 어려운 구조라고 합니다.[93]

이렇게 낮은 조직률에 대해서는 노동자와 노동조합, 노동계 스스로가 되돌아볼 부분도 분명 있습니다. 비정규직 노동자들을 포용하거나 노동자들 사이의 다양한 갈등을 조정해가려면 노동조합 스스로가 대표성을 획득하기 위해 끊임없이 노력해야겠죠. 노동자나 시민사회 그리고 국민과 소통하는 것은 정말 중요합니다.

유연성과 기본권, 두 마리 토끼를 잡으려면

이번에는 좀 더 시야를 넓혀 다른 나라들과 우리의 노동여건을 비교해보겠습니다. 한국경제연구원에 따르면, 미국 코넬대와 유럽경영원 및 세계지적재산권기구가 공동으로 발표하는 '2017 세계혁신지수'에서 평가 대상국(127개국) 중 한국은 종합 11위를 차지했습니다. 이 정도면 꽤 높은 순위로 생각됩니다.

그런데 개별 항목으로 들어가 보면 종합순위보다 유독 낮은 지표들이 눈에 띄는데요. 가령 규제환경과 관련된 세부지표 가운데 규제의 질은 26위, 법질서는 30위를 기록하고 있습니다. 정리해고 비용을 뜻하는 고용규제의 경우 107위(!)로 나타나네요. 그만큼 기업의 정리해고가 어렵다는 의미입니다. 한국은 사실상 해고가 불가능해 고용유연성이 한참 떨어진다는 분석이 가능합니다.

그 밖에 한국 노동시장은 지나치게 경직되어 있고 노사분규가 심각한 수준이어서 기업활동을 하기 매우 어렵다는 주장도 있습니다. 이에 산업계에서는 노동조합법을 개정할 필요성에 대해 논의하고 있지요. 앞서 잠시 소개한 대체근로제가 대표적인 예입니다. 우리나라는 파업 시 외부에서 인력을 데려오는 대체근로를 전면

금지하고 있지요. 대체근로가 허용되면 파업의 실효성이 떨어지기 때문입니다.

그러면 선진국의 경우는 어떨까요? 미국·일본은 파업 시 대체근로가 얼마든지 가능합니다. 프랑스와 독일도 제한적으로 허용하고 있고요. 이처럼 많은 선진국에는 파업이 장기화돼 인력이 필요할 경우 신규 채용 등 다양한 형태의 대체근로를 모색할 수 있습니다.[94]

앞서 논의한 탄력근로제의 경우 기간을 둘러싼 논쟁도 뜨겁습니다. 이 또한 선진국이 우리보다 훨씬 유연한 것이 사실이고요. 현재 우리나라는 탄력근로제가 최대 3개월까지 가능한 것으로 되어 있지만 프랑스, 영국, 독일, 미국, 일본 등 선진국은 근로자단체와 협약할 경우 1년까지 가능합니다. 사용자들이 적시에 노동력을 투입할 수 있는 여지가 그만큼 큰 겁니다. 이는 또한 상위법령으로 탄력근로제의 운용방식을 못 박는 방법보다는 사용자단체와 근로자단체가 서로 대화하고 절충할 수 있도록 여지를 주는 것이기도 합니다. 우리 정부 역시 선진국의 노동정책을 주시하면서 탄력근로제 기간을 6개월 혹은 1년으로 늘려가는 방안을 검토 중인 것으로 알려져 있습니다.[95]

노동조합의 경영권 침해를 막기 위해 부당노동행위 주체에 노동조합을 포함해야 한다는 입장도 있습니다. 노동조합이 무책임하게 교섭을 거부하거나 불법적이고 폭력적인 파업을 할 때에는 부당노동행위로 제한할 수 있어야 한다는 주장이죠. 그동안 흔히 보아온 점거농성 같은 것들을 막아보자는 취지입니다.

좀 더 최근에 나온 조사결과도 비슷합니다. 세계경제포럼이 실시한 '2018년 노동시장 효율성 평가'가 있는데요. 한국경제연구원은 이 중 우리나라와 비슷하게 1인당 국민소득 2만 달러 이상, 인구 5000만 명 이상인 '20-50 클럽' 7개국만 놓고 비교해보았습니다.[96] 결과는 어땠을까요? 한국의 노동시장은 이 국가들 가운데 노사협력·정리해고 비용 부분에서 최하위를 기록했습니다. 특히 10년 전에 비해 '노사협력', '정리해고 비용', '고용·해고 관행', '임금결정의 유연성' 등 대부분의 항목에서 순위가 하락했습니다. '노사협력'은 20-50클럽 중 유일하게 10년 전보다 하락해 전 세계 124위를 기록했다고 합니다. 볼 것도 없이 7개국 중 단연 꼴찌입니다. 노사관계가 대립적인 것으로 유명했던 프랑스와 이탈리아의 순위는 각각 33계단, 12계단 올랐다고 합니다. 고용·해고가 얼마나 쉬운지를 평가하는 '고용·해고 관행'에서도 한국은 10년 전보다 42계단 하락한 87위를 기록했습니다. 20-50클럽 7개국의 모든 노동시장 평가지표 중 가장 큰 하락폭이었다고 합니다.

'국가경쟁력보고서'를 보면 대부분의 유럽 선진국 국가들이 고용 및 해고가 쉬워지는 방향으로 정책을 폈다는 점을 알 수 있습니다. 다양한 근로 형태를 인정하면서 산업과 직종에 따라 유연한 노동기준을 적용하는 방향으로 나아가고 있는 겁니다.

그런데 여기서 우리가 놓쳐서는 안 될 또 하나의 포인트가 있습니다. 유럽 선진국들은 고용유연성을 높이는 동시에 노동자의 각종 권익을 보장하는 데에도 성공했다는 것입니다. 노동관련 법규와 제도를 꾸준히 개선해 노동시장의 효율을 높이면서, 동시에 노동자들의 기본권을 보장하는 방향으로 움직이고 있는 거지요. 두 마리 토끼를 다 잡은 것이며, 이것이 글로벌 트렌드라는 점을 보여줍니다. 한국처럼 고용·해고가 경직돼 있던 독일은 130위에서 11위로 껑충 뛰어올랐고, 영국 역시 61위에서 6위로 탈바꿈했습니다.

선진국의 '두 마리 토끼잡이'는 우리에게 중요한 시사점을 줍니다. 추세를 보면 우리나라도 고용과 해고를 유연하게 하는 흐름에 동참해야 한다는 주장에 설득력 있게 반박하기는 어려울 것 같습니다. 노동시장의 효율성 확보를 위해 필요한 관련 법령을 정비해야 한다는 사용자 측의 주장도 귀담아들을 만합니다. 그러나 한편으로는 고용불안에 시달리는 노동자들이 지금도 너무 많은 건 아닌지 우려가 되기도 합니다. 이들에게 유럽 선진국이 그러하니 우리도 해고를 더 쉽게 해야겠다고 말해야 할까요? 2018년 현재 임금을 받는 노동자의 33%가 이미 해고하기 쉬운 비정규직인데 말입니다.[97] 우리나라의 노동권이 여전히 국제기준에 미치지 못하고 있으며, 노동선진국이 되기엔 갈 길이 멀다는 지적도 귀담아들을 필요가 있습니다.

국제노동조합연맹(International Trade Union Confederation, ITUC)이

라는 노동조합 단체가 있습니다. 전 세계 노동자들의 권익을 보호하기 위해 2006년 결성되어 156개국 1억 7600만 명의 조합원이 가입해 있죠. 2014년부터 매년 각국의 노동기본권 존중 정도를 1~5등급으로 계량화한 '국제노동권리지수(Global Rights Index)'를 발표하고 있는데요. 한국은 국제노동권리지수 조사에서 4년 연속으로 5등급을 받았습니다. 시리아나 이라크처럼 내전 등으로 노동기본권이 보장되기 어려운 나라들에 해당하는 5+등급을 제외하면 실질적으로 최하위등급입니다. 이상하죠. 한국은 '노동자 쪽으로 기울어진 운동장'이라는 비판이 나오는 마당에, 어떻게 최하위 평가를 받은 건지 궁금해집니다.

우리 사회에 아직 노동조합 활동이 충분히 뿌리내리지 못했다는 점을 먼저 꼽아볼 수 있을 겁니다. 지금도 노조활동을 이유로 징계를 내리거나 탈퇴를 종용하고, 직원들의 노동조합 가입을 막으려는 기업들이 있습니다. 국민적 공분을 산 '유성기업 노조 폭력 사태'에도 기나긴 노조탄압과 갈등이 배경으로 깔려 있습니다. '노조파괴'로 악명을 떨쳤던 '창조컨설팅'이 개입해 문제가 되었고, 그 뒤로도 기존 노동조합과 회사 측 노조 간의 처우를 달리하는 등 문제가 많았다고 합니다. 급기야 조합원이 극단적 선택을 하는 비극도 있었고요.

과거 우리는 '노조탄압'이라는 말을 심심치 않게 들어왔습니다. 국제노동조합연맹이 제시한 수치를 볼 때 지금도 그리 달라지지는 않은 것 같습니다. 과거 우리 경찰은 파업을 무리하게 진압하고 조합원들에게 기소를 남발해 노동조합 활동을 위축시킨 것이 사실입니다. 많은 노동단체 지도자들이 집회를 주도했다는 이유로 일터에서 쫓겨나고 수감생활을 했죠. 불법적인 집회와 시위는 처벌할 필요가 있지만, 노동조합 활동이라는 이유로 더 과도하게 처벌된다면 뭔가 공정하지 않다는 생각이 듭니다.

시민교육으로서의 노동교육

2018년 12월 19일 서울 여의도에서는 '카카오 카풀'에 반대하는 전국 택시업계의 대규모 집회가 열렸습니다. 10월에 열린 1차(7만 명), 2차 집회(4만 명)에 이어 3만여 명의 택시기사와 관계자들이 결연한 의지를 내보였지요. 택시 1만 대로 국회를 둘러싸겠다는 으름장은 실현되지 않았지만, 그들의 투쟁 의지는 언론을 통해 국민들에게 고스란히 전달되었습니다.

이런 강경투쟁 기조에 공감하는 국민도 있었지만, 또 적지 않은 국민은 불편한 마음을 숨기지 않았습니다. 평소 승차거부나 추위에 떨며 수십 분씩 택시를 기다렸던 경험이 있는 국민이라면 택시노조의 주장에 공감하기가 쉽지 않겠죠. 카카오 카풀이 공유경제와 편리함, 가성비를 함의한다면 택시노조의 반대는 이러한 바람에 찬물을 끼얹는 것으로 해석될 수도 있습니다. 실제 국민들의 반응이 그랬고요.

반면 기업오너의 갑질행태에 분연히 일어선 대한항공과 아시아나 항공의 대규모 집회에는 국민적 관심과 지지가 쏠렸습니다. 사람 중심의 조직문화를 만들어가려는 항공사 직원들의 목소리에 공감을 표했습니다.

같은 노동조합의 집단행동이었지만 국민의 반응은 달랐습니다. 이처럼 노동조합의 모든 활동이 국민의 지지로 이어지는 것은 아니며, 항상 도덕적으로 고결한 것도 아닙니다. 나의 권리만을 외치는 것이 항상 최선은 아니듯, 내 노동권만을 앞세우는 것이 매번 도덕적으로 정당화될 수 있는 것은 아닙니다. 누군가는 불편할 수 있고, 사회의 편익을 감소시킬 수도 있기 때문입니다.

택시노조의 파업은 앞으로 맞게 될 4차 산업혁명 시기 우리 사회에 닥칠 갈등의 단면을 잘 보여줍니다. 앞으로 자율주행차가 상용화되면 이런 종류의 갈등은 훨씬 더 깊어질 것이 분명합니다. 디지털 경제가 진화할수록 노동은 더 큰 위험에 직면할 테고, 노동자들을 보호하기 위한 집단적 움직임도 격해질 겁니다. 질주하는 공유경제에 일침을 가하려 했던 택시노조의 파업이 정작 국민적 지지를 얻지 못한 것은 참 아이러니하다는 생각이 듭니다.

이런 점에서 노동조합과 노동자 그리고 노동계가 스스로를 돌아보고 국민적 지지를 얻고자 노력을 기울이는 것은 매우 중요합니다. 과거와 같은 투쟁일변도의 경직된 전략으로는 국민과 사회의 지지를 얻는 데 한계를 가질 수밖에 없습니다. 국민은 잠재적 조합원이긴 하지만 또한 노동조합 활동의 발목을 잡는 '배신자'가 될 수도 있습니다.

오늘날 노사관계는 기업의 경쟁력은 물론 국민경제와 정치사회 전반에 많은 영향을 미치고 있습니다. 노동조합이 어떠한 활동을 하고 있으며 해야 하는지는 더 이상 노사만의 문제가 아닌 국민 모두의 관심사라 할 수 있습니다. 추후 국민들이 노사관계의 역할과 문제점들에 대해 어떠한 기대와 전망을 가지는지 지속적으로 살펴볼 필요가 있습니다.

이런 맥락에서 볼 때 결국 노동조합 활동의 성패는 '국민의 마음 얻기'에 달려 있다고 해도 과언이 아닙니다. 위험의 외주화를 방지하고자 한 '김용균 법'을 대다수 국민이 지지한 것은 그만큼 비정규직 차별과 열악한 노동현실이 심각한 수준이라 판단했기 때문입니다. 항공사 노조원들의 기업 내 갑질에 대한 문제제기가 정당하고 믿었기에 국민은 지지했고 노동조합 활동은 높은 정당성을 획득할 수 있었지요.

노동조합의 필요성에 대한 국민들의 공감대가 새롭게 거듭나려는 노동조합의 몸부림과 만날 때 비로소 '노동조합권'이 새롭게 해석되고 지지를 얻을 수 있을 겁니다. 노동자의 이익을 대변하면서 동시에 사용자와 적극적으로 협상하려는 유연성, 사회적 대화에 참여하려는 움직임에 국민들은 환호하지 않을까요? 노동조합 운동 스스로가 인권감수성이 살아 움직일 수 있는 공간을 열어줘야 하지 않을까요?

아울러 사회 전반의 노동인권을 높이는 노력의 하나로 노동교육을 더욱 강화할 필요가 있습니다. 최근 서울시 교육청에서 진행한 연구 보고서에 따르면 우리나라 교과서에는 노동인권에 대한 내용이 1%에 불과하고, 이마저도 절반 이상(62.1%)이 교과 외 시간을 통해 관련 교육을 받는 것으로 나타났습니다. 이에 대한 비판과 우려가 꾸준히 제기되어 왔습니다. 정부 차원에서 노동교육을 강화하는 등 노동교육의 제도화를 이끌어야 한다는 데 많은 사람들이 공감하고 있지요.

현재 교육과정에서는 사회, 통합사회, 정치와 법, 성공적인 직업생활 등 관련 교과에서 노동인권에 관한 다양한 내용을 다루게 되어 있습니다. 초·중학교에서는 노동인권에 관한 기본 개념과 노동·시장경제 등을 배우고 고등학교에서는 근로자의 권리, 노동 관련 법령, 근로계약서 작성 등을 배우도록 하고 있습니다. 그러나 여전히 노동전반에 대한 교육이 아니라 '직업교육'으로 좁게 한정된 면이 있습니다. 교육 시간도 적고, 교사들도 관련 교육을 충분히 받지 못하고 있고요.

노동교육은 노동의 의미와 가치관을 정립할 뿐 아니라 노사관계에 대한 균형적 시각을 가질 수 있도록 도와줍니다. 그러나 불행히도 오랫동안 인권교육과 노동교육이 유리된 채 진행돼 왔습니다. 인권의 상자에 '노동권' 툴(tool)이 제대로 갖추어지지 못했던 탓입니다. 최근 하버드대의 인권역사학자이자 법학자인 새뮤얼 모인(Samuel Moyn)은 이런 인권역사의 아이러니를 지적합니다. 2018년 출판된 《불평등한 세상에서의 인권(Not Enough: Human Rights in an Unequal World)》이란 책에서 그간 인권은 수없이 말했지만, 정작 노동권과 경제적 불평등 문제는 도외시되었다는 사실을 신랄하게 분석합니다.[98]

노동 관련 내용을 학교 교육과정으로 제도화하여 충분히 수업하는 것은 미래 직업세계 및 노사관계에 대비한 학생들의 적응능력을 키우고, 우리 사회의 성숙한 노사문화 정착과 노동문제 해결의 기반을 다지는 데 반드시 필요합니다. 또 인권이 본래 추구했던 이상에 가까이 가는 데에도 없어서는 안 됩니다. 좀 더 세련된 인권감수성도 만들어갈 수 있겠지요. 지금과 같은 노사 간의 극한대립을 피하고 서로 존중하며 타협점을 찾아갈 수 있는 미래의 혜안이 나올지도 모릅니다.

지난 수십 년의 경제성장 과정에서 노동은 절대적인 역할을 했습니다. 부존자원이 부족한 만큼 인적자본에 전적으로 의존해야 했죠. 지금까지는 노동력을 대량 투입해 경제가 성장해왔다면 이제는 인적자본의 수준을 끌어올려서 디지털 경제와 신기술 사회에 능동적으로 부응하는 노력이 필요합니다. 노동의 창의성을 끌어내고 협력과 소통의 노동 인프라를 구축하는 게 시발점이 될 수 있을 겁니다.

노동자의 목소리를 듣고 이를 기업에 전달하는 노동조합의 역할은 앞으로 더 중요해질 것이 분명합니다. 주52시간 근무제가 정착되고 있는 현실을 고려할 때 노동자들의 '워라밸(work and life balance)'을 북돋고 삶의 질을 높이는 정책이 매우 긴요합니다. 노동조합에 참여할 권리도 보장되어야 할 테고요. 노동조합의 자유로운 활동을 최대한 보장하면서, 노동자와 사용자가 상생하는 분위기가 만들어질 때 우리 경제도 한층 활기를 띠지 않을까요?

11장

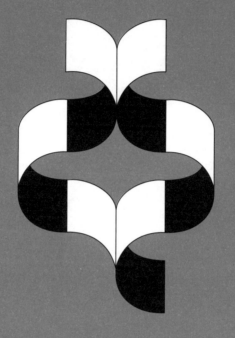

일터 괴롭힘은
누가 없앨 수 있을까?

"안전한 근무환경, 공정한 임금, 강제노역으로부터
의 보호, 그리고 차별과 괴롭힘으로부터의 자유, 이
는 세계적인 표준 운용조건이 되어야 한다."

— 폴 폴먼, 유니레버 CEO

'메신저 감옥.'

온라인 취업포털 '사람인'에서 2015년 직장인 신조어 1위에 선
정된 이 단어를 혹시 들어보셨나요? '카톡 감옥'이라고도 불리는
이 단어에는 직장인의 애환이 고스란히 담겨 있습니다. 정해진 업
무시간 이후에도 SNS 메신저를 통해 업무지시를 하거나 사생활에
간섭하는 현상을 꼬집은 말이거든요. 함부로 나갈 수도 없는 이 카
카오톡 감옥에서 소위 '워라밸'은 찾아보기 어렵습니다.

2016년 고용노동부, 여성가족부 등 관계부처와 대한상공회의
소 등 경제단체가 발표한 근로관행 실태조사에도 고단한 현실이
고스란히 드러납니다. 조사에 따르면 직장인 74%는 퇴근 후에도
업무지시와 자료요청에 시달린다고 하네요. 이 중 59.6%는 이 때문
에 극심한 스트레스를 받고 있다고 하고요. 본인이 퇴근 후 업무지

시를 했다고 답한 비율도 67%나 되었습니다.[99] 잘 아시겠지만 우리나라의 장시간 노동은 세계적 수준입니다. 2017년 우리나라의 연간 근로시간은 평균 2024시간에 달했습니다. 그렇게 일하고 퇴근한 후에도 회사로부터 자유롭지 못한 겁니다.

절이 싫으면 중이 떠나라?

문제는 단순히 노동시간이 길고 일이 많다는 것만이 아닙니다. 조직생활에 따르는 감정노동도 함께 늘어갑니다. 심지어 그 감정노동이란 게 감정적 폭력의 수준에 이른다면 어떨까요? 누군가 나를 일부러 괴롭힌다면?

'태움'이란 말 들어보셨죠? 선배 간호사가 후배 간호사(주로 신입)를 가르치는 과정에서 정신적, 육체적으로 가하는 괴롭힘을 의미합니다. 2018년 초 '태움'의 폐해가 드러나면서 사회적으로 큰 충격을 주었습니다. '영혼이 재가 될 때까지 태운다'는 뜻 그대로 직장 내에서 일상화된 폭력의 잔혹한 민낯을 보여주었습니다. '삶의 의욕을 잃었고, 다시는 한국에서 간호사를 하고 싶지 않다'는 한 간호사의 인터뷰도 있었습니다. '나를 소모품으로 만든' 우리 사회의 현실을 용서할 수 없다는 말도 나왔죠.[100]

이것만이 아닙니다. '갑질', '노예계약' 등 최근 드러난 직장 내 괴롭힘 사태는 우리 사회에 경각심을 불러일으켰습니다. 전 한국미래기술 회장 양진호 씨가 직원의 뺨을 때리고 무자비하게 폭력을 행사한 장면이 언론의 전파를 타면서 국민들은 격분했지요.

비난이 거세지다 보니 '왕따' 같은 눈에 띄는 방식보다 '은따'라는 은근하고 은밀한 방식으로 괴롭힘이 진화(?)하고 있다고 합니다. 존댓말로 조곤조곤 말하지만, 그래서 욕은 없지만 실제로는 사람의 피를 말리며 교묘하게 괴롭힌다는 겁니다.

최근 직장 내 괴롭힘에 대한 다양한 이야기가 나오고 있지만, 아직 명확한 정의를 내리는 것은 쉽지 않습니다. 직접적인 폭행이나 폭언은 당연히 괴롭힘에 해당하지만, 따돌림이나 은밀한 괴롭힘 등은 발견하기도, 처벌하기도 쉽지 않죠. 또 오랫동안 처벌 규정과 신고기관 없이 기업들 자율에 맡겨져 있었던 것도 사실입니다.

최근의 연구들은 국민들의 우려가 사실임을 보여줍니다. 2016년 한국직업능력개발원은 《국내 직장 괴롭힘의 실태 분석 및 대응 방안 연구》 보고서를 펴냈는데요. 15개 산업 각각에 대해 3000명의 표본조사를 진행했습니다. 이에 따르면 이른바 '조작적 피해자'의 평균 비율은 21.4%에 달했습니다. '조작적 피해자'는 지난 6개월간 따돌림 행위를 주 1회 이상 경험한 응답자를 말하는데, 본인을 피해자라고 인식하지 않는다는 점에서 '주관적 피해자'와 구별됩니다. '주관적 피해자'의 비율은 4.3%에 그쳐, 실제로 직장 내 괴롭힘은 4명 중 한 명 꼴로 만연해 있지만, 체면유지를 위해 스스로 피해자라고 답하지 않는 비율이 높다는 것을 보여줍니다.[101]

이 연구는 직장 괴롭힘의 원인이 무엇인지도 진단해보았는데요. 면담조사 결과 수직적인 조직문화, 지나친 경쟁을 유발하는 문화, 비효율적 사내소통, 인권에 대한 낮은 인식 등이 요인으로 지목됐습니다. 직장 내 괴롭힘이 개인적인 문제가 아니라 조직적이고 환경적인 문제라는 것입니다.

2017년 국가인권위원회는 20~64세의 성인남녀 노동자 1506명을 대상으로 '직장 내 괴롭힘 실태조사'를 실시했습니다. 이에 따르면 최근 1년간 괴롭힘을 당한 적이 있다는 응답은 73.3%에 이르렀다고 합니다. 그러나 괴롭힘 피해자 10명 중 6명(60.3%)이 아무런 대처를 하지 않았다고 답했고 가해자에게 직접 문제제기했다는 응답은 26.4%에 불과했습니다.[102]

이제 직장 내 괴롭힘은 단순히 한 개인의 문제가 아닌 사회적 문제가 되었습니다. 앞서 한국직업능력개발원 연구의 추정에 따르면 직장 내 괴롭힘에 따른 근무시간 손실비용은 연간 4조 7000억 원에 달한다고 합니다. 그 밖에 정신적 피해나 자살 등 돈으로 환산하기 어려운 손실까지 고려하면 실로 엄청난 사회적 비용이 발생하는 셈입니다.

세계보건기구(WHO)는 건강을 '단순히 질병이 없는 상태가 아니라 육체적, 정신적, 사회적으로 온전히 안녕한 상태'라고 정의하고 있습니다. 육체뿐 아니라 정신적, 사회적으로도 웰빙을 누릴 수 있어야 비로소 건강한 삶이라는 의미죠. 과연 우리나라의 근로자들은 건강한 삶을 누리고 있을까요?

우리 사회에서도 직장이 개인에게 돈을 벌게 해주는 곳에 그치지 않고 노동자로서 안전하고 건강한 삶을 누릴 수 있도록 해주는 '건강한 일터'로 거듭나야 한다는 공감대가 형성되고 있습니다. 4차 산업혁명이 전개되면서 어떤 직업이 없어지고 생겨나는지를 지루하게 논쟁하기보다는, 어떻게 자기실현과 삶의 자율성을 보장하는 일과 일터를 만들 수 있는지에 대해 심도 있게 논의해야 한다는 주장이 나옵니다.[103]

하루의 상당 부분을 보내는 직장이 행복한 일터가 될 수는 없을까요? 직장에서 폭력과 폭언에 시달린다면, 퇴사하면 그만인 걸까요?

폭력의 전염

직장 내 괴롭힘 문제는 따지고 보면 이미 심각한 사회문제로 다루어졌던 학교폭력 및 청소년 왕따 문제, 군 가혹행위 등의 연장선상에 있습니다. 집단생활에서 발생하는 차별과 괴롭힘의 한 유형이므로 본질적으로는 유사하다는 겁니다.

1980년대 후반 독일계 스웨덴 교수이자 임상정신과의사였던 헤인스 레이만(Heinz Leymann)은 학교폭력 연구에 쓰이던 개념을 접목하여 직장 내 집단따돌림을 체계적으로 연구하기 시작했습니다. 스웨덴, 핀란드, 노르웨이 등의 북유럽 국가에 초점을 맞췄죠. 그는 LIPT(Leymann Inventory of Psychological Terror)라는 직장 내 집단따돌림의 대표적 측정도구를 개발해 유럽사회에 직장 내 따돌림의 심각성과 폐해를 일찌감치 경고했습니다.

레이만 교수는 45가지 모빙(mobbing) 행동을 구분해 직장 내 따돌림의 유형으로 삼았습니다. 최소한 하나의 '모빙' 유형을 일주일에 한 번 이상, 1년여에 걸쳐 경험한 사람을 따돌림 당한(bullied) 사람으로 규정했습니다.

그가 밝혀낸 따돌림의 '결과'는 매우 다양하고 심각한 수준입니다. 지속적으로 견제를 받아 자기표현에 제약을 당하는 것부터, 동료와의 대화에 방해를 받아 사회적 관계에 제약이 생기고, 근거 없는 루머로 개인적 명예가 실추되는 것에 이르기까지 다양합니다. 나아가 자존감을 다치면서 삶의 질이 훼손되고, 물리적·신체적 위협으로 건강이 나빠질 수도 있습니다.[104]

입시난, 취업난 등 치열한 경쟁이 일상이 된 한국사회에서는 문제가 더욱 심각할 수밖에 없습니다. 여기에 더해 상명하복 문화와 조직위계에 눌려 직장 내 괴롭힘을 인지하고도 적극적으로 대처하지 못해 피해자들이 양산되고 있습니다. 지속적인 경기불황과 맞물려 취업이 점점 힘들어지고, 어렵게 구한 직장에서 오래 버텨야 하는 만큼 괴롭힘 문제에 적극적으로 대응하기가 쉬운 일은 아닙니다.

직장 내 괴롭힘이라고 하지만 이 문제는 '직장 내'라는 물리적 공간에만 국한되는 것이 아닙니다. 퇴근 후에도 SNS 등을 통해 지속적으로 이어진다는 데 문제의 심각성이 있습니다. 여기에 상시적 구조조정, 비정규직 및 아웃소싱 차별 문제, 후진적 노사관계 및 노조파괴 시도 등의 문제까지 맞물려 우리 사회의 노동과 일의 현주소는 그야말로 진퇴양난 같은 느낌을 줍니다.

사실 그간 관련 통계나 연구가 많이 부족했던 것이 사실입니다. 여러 입법 시도가 있었지만 문제의 복합성과 심각성을 충분히 다루지 못한 채 국회의 문턱을 넘지 못했고요. 그러던 중 직장 내 괴롭힘 문제에 관한 많은 경험들이 누적되면서 '갑질'이나 '노조파괴' 이슈와 함께 폭발적으로 공론화되고 있는 상황입니다.

문재인 정부는 출범 초기부터 이 문제를 국정과제로 삼았습니다. 2018년에는 직장 내 괴롭힘 문제를 다룬 연구가 누적되는 등 문제해결을 위한 노력들이 조금씩 결실을 보고 있습니다.

국민들은 정부가 더 적극적으로 나서서 피해자들을 보호해주길 바라고 있습니다. 가해자 및 문제가 있는 직장과 사용자를 처벌하는 데 정부가 앞장서달라고 호소하고 있는 거지요. 여론의 압박에 따라 국회의원들도 움직이기 시작했습니다. 근로기준법 개정안,

산업안전보건법 개정안이나 직장 내 괴롭힘에 관한 특별법 등을 발의하며 직장 내 괴롭힘 문제를 입법화하고 있습니다. 2018년 12월에 국회를 통과한 이른바 '양진호 방지법'이 대표적입니다.

노사가 함께 머리를 맞대고 직장 내 괴롭힘을 없애려는 노력도 진행하고 있는데요. 일례로 의료계의 노사는 직장 내 괴롭힘 및 폭언·폭행·성폭력 등 3대 폭력을 없애고 건전한 조직문화를 만들기 위해 장시간노동과 노동환경 개선을 이뤄야 한다는 데 공감했습니다. 제도 보완 및 인권교육 강화에도 합의했고요.[105]

정부가 어디까지 나서야 할까?

그런데 일각에서는 직장 내 괴롭힘 문제를 해결하기 위해 정부가 적극적으로 노력할 필요는 있지만, 직접적인 개입에는 신중해야 한다고 말합니다. 직장 내 괴롭힘을 예방하고 해결하기 위한 지원이나 정보제공은 개인 및 직장 특성에 따라 다르게 적용되는 것이 바람직한데 자칫 여론에 휘둘려 처벌 위주의 정책을 밀어붙이기 십상이라는 지적입니다. 국회와 정부가 나서서 입법안이나 대책을 마련하는 점은 긍정적이지만 이것들이 미칠 파장을 충분히 고려해야 한다는 것이지요.

우선 직장생활에서 발생하는 온갖 갈등을 '괴롭힘'으로 치부하여 '착한 직장인'이 되라는 공허한 메시지만 쏟아낼 수 있다는 우려가 있습니다. 정부가 근로계약 관계에서 자연스럽게 발생하는 모든 갈등을 다루기는 어렵겠지요. 실효성도 없을 거고요.

사용자가 근로자의 인격권을 침해할 권리가 없다는 것은 명백한 사실입니다. 근로자 역시 근로계약을 하면서 인격권을 포기하는 경우는 없습니다. 하지만 직장생활의 현실은 어떻습니까? 금전적 보상, 상하관계의 조직구조에 따라 업무 명령과 지시가 끊임없이 일어나는 곳입니다. 직장생활의 이런 면 때문에 구성원 간의 감정적 충돌이 일어날 개연성은 충분합니다. 근무태만이나 명백한 잘못을 하면 때에 따라 직장상사가 꾸짖기도 하고 징계도 하겠죠. 상황에 따라 당사자가 인격적인 공격을 받았다고 느낄 수도 있을 겁니다. 스트레스 때문에 잠을 설치기도 할 테고요. 이것을 '괴롭힘'이라 단정할 수 있을까요? 업무에 적응하고 숙련을 높여가는 과정에서 불가피한 훈련과정으로 볼 수는 없을까요?

조직적인 차별과 폭행이나 모욕 같은 비정상적인 행태를 규율해야 한다는 것에는 누구나 공감합니다. 하지만 근로관계에서 나타나는 모든 갈등 양상이 직장 내 괴롭힘에 해당할지는 사람마다, 또 직장 내 문화에 따라 다르게 판단할 여지가 있습니다.

또 한 가지 비판은 직장 내 괴롭힘을 '처벌'을 통해서만 해결하려다 보면 정상적인 사내 관계마저 위축시킬 수 있다는 것입니다. 직장 내 괴롭힘이 일어나는 원인이나 행태는 너무나도 다양하겠죠. 이 중 언어 및 신체적 폭력, 성희롱 등 상대적으로 명확한 행동들은 기존의 법과 제도로도 충분히 규율이 가능합니다.

그러나 어느 정도가 돼야 따돌림이라고 할 수 있는지는 다소 모호합니다. 어떤 이들은 상사의 과도한 관심이 힘들다고 할 수도 있지 않을까요? 물론 상사는 그렇게 생각하지 않을 테고요. 이 밖에도 '지나친 업무지시'나 '괴롭힘' 등을 판단할 기준은 다소 모호하고 주관적입니다. 상사-부하, 선배-후배 간의 관계가 성립돼 적절히 규율되고 통제되는 방식은 직장마다 다르게 마련이고, 따라서 일괄적으로 선을 긋기가 어렵다는 것이죠. 괴롭힘을 법적으로 규율하려는 의도는 좋지만, 자칫 직장 내의 정상적인 업무지시나 교류마저 어렵게 만드는 결과를 낳을 수도 있습니다. 직장 내 괴롭힘은 더욱 은밀하고 우회적인 수단으로 이루어지곤 하는데, 정작 이런 것들은 바로잡지 못하면서 말이죠.

이런 비판적 입장을 따른다면 정부가 직장 내 괴롭힘을 일방적으로 정의하고 제재하기보다는 사회적 인식이 변화할 수 있도록 지원하는 데 방점을 두는 게 더 효과적일지 모릅니다. 직장 내 괴롭힘 문제에 관한 연구 및 예방 활동을 지원하면서 갈등을 직장인들 스스로 해결해가도록 유도하는 게 바람직하다는 겁니다. 즉 '처벌' 위주가 아니라 '지원'을 중심으로 국가가 제한적인 역할을 수행해야 한다는 거죠.

자율적인 대책마련의 한계

직장 내 괴롭힘 문제는 당사자들이 자율적으로 해결하는 것이 낫다는 의견에는 분명 일리가 있습니다. 하지만 이에 동의하지 않는 분들도 많습니다. 갈등이 첨예한 우리 사회에서 자율적인 문제 해결만을 기다리는 것은 무책임하다는 거죠.

이 입장은 사회적으로 직장 내 괴롭힘 문제가 워낙 심각하고 큰 손실을 초래하고 있다는 점을 부각합니다. 사회 전체의 문제라는 점에서 기업들만의 자율적인 대책 마련에는 한계가 있으니 정부의 개입이 필요하다는 겁니다. 더욱이 괴롭힘을 조직생활에 필수적인 통과의례라는 식으로 대수롭지 않게 여기고, 심지어 조직적으로 계획하고 실행하는 문화가 남아 있는 한, 그리고 부당한 대우도 꾹 참고 견뎌야 살아남을 수 있다는 식의 인식이 널리 퍼져 있는 점을 고려할 때 다소간의 충격요법이 필요하다는 주장이죠.

관행을 핑계 삼아 구시대적인 인사관리를 고집하고 직장 내 괴롭힘에 눈감았던 기업들이 최근 곤욕을 치르고 있습니다. 기업들도 점차 직장 내 괴롭힘 문제의 예방과 대처가 중요한 경영리스크 대처법이라는 점을 깨닫고 있죠. 직장 내 괴롭힘은 한 건으로만 끝나는 것이 아니라 확산되는 경향이 있기 때문에 기업의 손실과 비용은 더욱 커질 가능성이 있습니다.

이런 인식 속에서 기업들은 직장 내 괴롭힘 방지를 위한 대책

마련에 나섰습니다. 포스코는 윤리규범에 인권 강화 및 괴롭힘 방지규정을 명시하고 '직장에서 직원의 인격과 존엄을 침해하는 일체의 행위로서 직장 내 우월적 지위를 이용하여 다른 직원에게 신체적·정신적 고통을 주거나 업무환경을 악화시키는 행위(폭력, 욕설 등)'를 신고대상으로 하고 있습니다. 코트라(KOTRA) 역시 임직원 행동강령에 직장 내 괴롭힘 금지조항을 신설하고 클린신고센터, 노사합동 고충상담센터 등 사내 공식 신고채널을 운용하기 시작했습니다. 그 밖에 많은 기업과 공공기관들이 유사한 규정을 마련하고 있습니다.

  정부의 개입이 기업들의 자율적인 문제해결을 불가능하게 만드는 것은 아닙니다. 오히려 정부와 기업의 대책이 잘 조화를 이룬다면 문제해결을 더 앞당길 수 있겠죠. 기업 입장에서도 직장 내 괴롭힘으로 생산성이 떨어지고 기업문화가 부정적으로 변하는 등 경영상의 문제에 직면하고 있는 터라, 정부의 '지원사격'을 환영할 수도 있습니다. 특히 규모가 작은 중소기업이나 벤처기업은 자체적인 인사·조직관리 역량에 한계가 있기 때문에 정부의 지원을 더 절실히 바랄 수도 있겠지요.
  최근 IT업계의 갑질 논란으로 드러났듯 주로 하청구조로 일하는 산업군은 계약직, 프리랜서 등 각종 비정규직들에 대한 괴롭힘 문제에 더욱 취약할 수밖에 없습니다. 단기적이고 일시적인 근로가 많은 경우에는 기업이 자율적으로 문제를 해결하기만 기대하는 것은 무책임한 행동일 수 있습니다. 피해자가 적극적으로 대처하기에도 분명 한계가 있고요. 이렇게 볼 때 기업 및 사회구성원과 함께하면서 적절히 국가의 역할을 수행하는 '합리적 국가주의'가 필요해 보입니다.[106]

몰라서 방치하는 것이 아니라면

직장 내 괴롭힘에 관한 오해 중 하나는 이것이 전적으로 혹은 대부분 개인의 문제이고, 개인들 간에 해결할 사안이라는 인식입니다. 물론 조직생활을 하면서 사람들 간에 갈등을 피할 수는 없겠지만, 그것이 인격을 훼손할 정도로 심각하다면 적극적인 대처가 필요합니다. 나아가 표면적으로는 개인들의 갈등으로 보여도 배후에 있는 열악한 노동환경이나 비정상적이고 왜곡된 조직문화 등을 객관적으로 진단하지 못한다면 온전한 대응이 어렵겠죠.

대한민국 노동현실과 노동운동을 소재로 한 웹툰 〈송곳〉은 드라마로도 제작되며 큰 화제가 되었습니다. 기업의 노조파괴 활동뿐 아니라 정규직과 비정규직 간의 노노갈등 등의 실태를 날카롭게 그려냈죠. 작품에서 주인공은 회사의 부당한 해고지시에 맞서 노동조합을 만들지만, 반대세력으로부터 노골적인 따돌림을 당합니다. 사측은 이를 막기는커녕 오히려 회사의 의도에 반하는 직원들을 내쫓고 노동조합을 와해시키는 수단으로 직장 내 괴롭힘을 악용하고요.

실제로 노동계는 직장 내 괴롭힘의 유형을 ① 해고대상자 관련 구조조정형, ② 고용형태의 차이로 생기는 노무관리형(정규직/비정규직), ③ 과도한 성과주의에 따른 성과압박형, ④ 개인적 인성 문제형, ⑤ 노동조합 탄압형 등으로 분류하기도 합니다. 정부가 고용유연화나 성과주의 정책을 저돌적으로 추진하던 시기에 직장 내 괴롭힘이 더욱 심해졌다고도 주장합니다.

이에 대해서도 논쟁의 여지는 있지만, 그럼에도 문제가 발생했을 때 이를 공론화하고 조직 변화의 계기가 될 수 있도록 공동체의 자율적 해결과 국가의 적극적 개입이 동시에 필요하다는 주장은 설득력이 있습니다. 직장 내 괴롭힘의 배경에 회사 측의 방관과 '암묵적 동의'가 없다고는 누구도 단언할 수 없을 겁니다. 이런 면들을 고려하면 국가의 적극적인 개입이 불가피해 보이기도 합니다.

더욱이 직장 내 괴롭힘은 직장 내에서만 발생하는 것이 아니라 고객과의 관계나 원청업체와 하청업체 사이에서도 유사한 문제가 발생합니다. 이런 복잡한 사정 때문에 직장 내 괴롭힘에 대처해야 할 분명한 책임이 어디에 있는지 규정하는 것은 생각처럼 쉬운 일이 아닙니다. 우리 사회에는 근로기준법 등 현행 법령의 보호를 받지 못하는 노동자들이 여전히 많습니다. '양진호 방지법'이 통과됐지만 파견업체나 하청업체 근로자 등 근로기준법의 보호영역 밖에 있는 근로자들은 소외될 수밖에 없어 앞으로 갈 길이 멀어 보입니다. 이들의 고충은 법률의 사각지대에 고스란히 남겨집니다.

이런 점을 감안하면 과도하게 형벌 중심, 처벌 중심으로 문제를 풀려고 하는 입장은 효과를 보기 어려울 수 있습니다. 법령을 통해 제재하는 것뿐 아니라 문제해결을 위한 사회적 공감대를 형성하고 노동자들의 인권의식을 확산시키는 좀 더 중장기적인 전략이 동반되어야 합니다.

10장에서 다뤘듯이 우리나라의 노동조합 가입률은 10%를 조금 넘는 수준입니다. 아직도 노동자들의 권리가 충분히 보장되지 못하고 있다는 시각이 비등하죠. 많은 기업이 노동자와의 동반성장을 추구하기보다는 실적에 따른 성과주의를 선호합니다. 치열한 경쟁과 가혹한 조직환경이 지배하게 될 유인이 생깁니다. 상사의 평가가 승진을 좌우하고 동료의 실수가 내 인사고과에 악영향을 미치기도 합니다. 상사와 부하직원 간의 갈등이 초래되고 괴롭힘이 양산되는 조직문화가 만들어지는 겁니다.

여기에 회사를 위한다는 명목으로 노동조합 활동에 적극적인 직원들에 대한 따돌림을 의도적으로 실행하는 경우도 있지요. 부당해고 판결을 받아 복귀한 직원에게 혼자서만 하는 작업을 지시한다거나, 외딴 지역에 배치하는 경우도 생겨납니다. 직장 내 괴롭힘의 방법은 시간과 함께 교묘히 진화하고 있습니다.

우리보다 앞서 직장 내 괴롭힘 문제를 고민한 선진국들은 어떻게 대응하고 있을까요? 일본의 경우 우리나라의 보건복지부와 고용노동부의 역할을 하는 후생노동성을 중심으로 이 문제에 대응하고 있습니다. 일본 후생노동성의 집계에 따르면 2017년에 지역 노동국에 접수된 직장 내 따돌림과 괴롭힘에 관한 상담 건수는 총 7만 2067건으로, 6년 연속 기록을 갱신하고 있다고 하네요. 일본 역시 2000년대에 들어 직장 내 괴롭힘이 노동문제의 중요한 화두로 등장하고 있습니다. 일본에서는 직장에서 발생하는 괴롭힘 및 따돌림을 권위(power)와 괴롭힘(harassment)의 합성어인 '파워하라'라고 칭한다고 합니다.

2007년에는 최초로 판결을 통해 직장 내 괴롭힘으로 인한 자살을 산업재해로 인정했습니다. 그 후 일본에는 기업들을 대상으로 '파워하라' 소송을 당할 경우에 대비한 '고용관행 배상책임 보험'도 판매되고 있다고 합니다. 그만큼 직장 내 괴롭힘 문제가 만연해 있었다는 방증이 아닐까요. 문제가 심각해지자 일본 정부 역시 노사관계자와 함께 대책 마련에 분주한 모습입니다. 악질 기업은 회사명을 공표하도록 하는 법 제정을 추진하고 있고요.

유럽노동조합연맹은 '직장 내 괴롭힘과 폭력에 관한 유럽기본

협약(Framework Agreement on Harassment and Violence at Work)'에서 직장 내 괴롭힘을 '한 명 이상의 근로자나 관리자가 업무와 관련된 상황에서 반복적이고 의도적으로 괴롭힘, 위협 또는 모욕을 당하는 경우'라 정의하고 체계적으로 대응하고 있습니다.

프랑스는 일찌감치 2002년부터 형법은 물론 공직자 규정에 직장 내 괴롭힘에 관한 정의를 내리고 처벌 조항을 도입했습니다. 프랑스 노동법은 '노동자는 자신의 권리와 존엄을 침해당하거나 근로조건 저하를 초래하는 괴롭힘을 반복적으로 겪어서는 안 된다'며 직장 내 괴롭힘을 폭넓게 규정하고 있죠.[107] 육체 및 정신건강이란 개념을 노동법 내에 인정했다는 점에서 높은 평가를 받는가 하면, 정신적 괴롭힘까지 광범위하게 인정하다 보니 직장 내 인사관리나 근무지시를 지나치게 제약한다는 지적도 일부 나오고 있습니다. 법률이 제정된 이후 10년 이상의 풍부한 판례가 축적돼 직장 내 괴롭힘에 대한 사회적 인식 수준도 높다고 합니다.[108] 지역별 '법과 정의 센터'가 직장 내 괴롭힘 피해 신고를 받는데, 문제가 발생하면 회사 경영진에게도 책임을 물을 수 있어 실효성도 있다는 평가입니다.

최근 미국 경영학계는 기존의 성과만능주의 문화를 돌아보며 직장 내 괴롭힘이 개인뿐 아니라 조직 전체에 리스크가 되고 있음을 인식하고 있습니다. 단적인 예로 2018년 4월 세계적인 자동차 기업인 포드에 대한 판결로 미국사회가 떠들썩했는데요. (Khalaf,

Ph.D v. Ford Motor Company et al) 포드에서 15년간 근무하던 레바논 출신 공학박사 파이살 칼라프는 억양 등을 이유로 상사로부터 차별에 시달렸다고 합니다. 이를 평등고용기회위원회(EEOC)와 미시간 주 민권국에 신고하자 회사는 오히려 칼라프를 해고했죠. 이에 칼라프가 회사를 상대로 제기한 소송에서 미 연방법원은 포드 사에 징벌적 손해배상금으로 1500만 달러, 퇴직연금 손실액 170만 달러, 정신적 피해배상금 10만 달러 등 총 1680만 달러를 배상하라고 판결했습니다.[109] 우리 돈으로 178억 원에 달하는 금액입니다.

미국에 직장학대연구소라는 연구기관이 있습니다. 이곳에서 지난 2017년 직장 내 학대 현황을 조사한 결과, 미국 직장인의 27%가 근무 중 학대나 괴롭힘을 당한 적이 있거나 지금도 당하고 있다고 응답했다고 합니다. 반면 고용주의 72%는 괴롭힘을 부인하거나 합리화해 대조를 보였다는군요. 44%의 직장인들은 직장 내 학대나 괴롭힘을 목격하거나 인지했지만 이 중 38%는 아무런 대응조치도 하지 않은 것으로 나타났습니다. 나서기를 꺼린다는 거죠. 그만큼 문제해결이 어렵다는 것을 단적으로 보여줍니다. 괴롭히는 방식도 굴욕적인 폭언이나 협박을 하거나, 고의적으로 업무를 시키지 않고, 휴가·퇴근·병가 중에 업무지시를 하는 등 다양하다고 합니다.[110]

2019년 1월 15일, 한국에서도 직장 내 괴롭힘 행위를 금지하는 근로기준법 개정안이 공포되었습니다. 7월 16일부터 시행되는 이

법안은 직장 내 괴롭힘을 '사용자 또는 근로자가 직장에서의 지위 또는 관계 등의 우위를 이용하여 업무상 적정 범위를 넘어 다른 근로자에게 신체적·정신적 고통을 주거나 근무환경을 악화시키는 행위'로 정의하였습니다. 누구든 직장 내 괴롭힘을 당하면 회사에 신고할 수 있고, 회사는 즉시 조사에 착수해 징계 등 상응하는 조치를 취해야 합니다. 조사하는 동안에는 피해자의 2차, 3차 피해를 막기 위해 근무장소를 변경하거나 유급휴가를 부여하는 등 적절한 조치도 해야 하고요. 특히 신고했다는 이유로 불이익을 주면 3년 이하의 징역이나 3000만 원 이하의 벌금에 처할 것을 법으로 규정해 눈길을 끌었습니다.

이번 개정안에 직접적으로 직장 내 괴롭힘 행위를 처벌하는 규정은 없지만, 취업규칙에 직장 내 괴롭힘 예방과 대응조치를 담도록 하는 등 기업 차원에서 자율적인 예방 시스템을 구축하도록 하고 있습니다.

여전히 미흡하다는 지적도 있지요. 비정규직 보호조항 등 사각지대도 분명히 있고요. 그럼에도 금지 기준을 구체적으로 마련했다는 점에서 환영받고 있습니다. 기존 법률에서는 직접적인 폭행이 아닌 한 직장 내 괴롭힘에 대응할 장치조차 마땅치 않았으니까요.

앞으로 정부는 직장 내 괴롭힘 문제가 특히 심각한 분야에 대해 추가 대책을 마련하겠다는 방침입니다. 일례로 앞에 예를 든 간호사들의 '태움' 관행을 근절하기 위해서는 의료인협회에 신고·상담

센터를 개설하고 면허정지 처분 등의 근거를 마련하겠다고 합니다. 지도교수의 대학원생 폭행 등이 논란이 된 교육분야에서도 대학 내 인권센터 설치를 의무화하고 조교 복무 가이드라인과 교원 교육활동보호 매뉴얼 등을 마련할 예정입니다. 선수폭행 등으로 충격을 준 문화예술·체육분야에서도 불공정행위 신고센터를 확대하고 괴롭힘 행위로 유죄판결을 받는 경우에는 지원사업에서 배제한다는 계획을 공개했습니다.

인권경영을 위하여

지난 2017년 11월에 민간 공익단체인 '직장 갑질 119'가 출범해 직장의 불공정 관행을 제보하고 공론화하는 역할을 수행하고 있습니다. 하루 평균 60~70건의 제보가 들어올 정도로 활성화되어 있다고 하는데, 이것은 거꾸로 생각하면 아직까지 기업과 정부가 직장 내 괴롭힘 문제를 해결하는 데 충분한 역할을 하지 못하고 있다는 의미로도 읽힙니다.

앞서 2017년 국가인권위원회의 실태조사 결과를 보면 직장 내에 상담창구가 없거나(40.1%), 있는지 없는지 모르겠다는 비율 (14.5%)이 높게 나타나 근로자참여법 등 현행 법령이 규정하는 대응 장치가 제 역할을 하지 못하는 것으로 나타났습니다. 정부가 기업과 협력해 더 적극적으로 가이드라인을 마련하고 문제에 대응해야 할 필요성을 일깨워주는 부분입니다. 관련 법령도 지속적으로 보완하고 장기적인 계획을 수립할 필요도 있겠고요.

노동의 형태가 점점 다양해지고 있습니다. '직장인' 하면 으레 소속된 회사로 출퇴근하는 정규직을 떠올리지만, 이미 우리 사회에는 비정규직, 사내하청, 소사장제 등 새롭고 다양한 형태의 근로관계가 점점 비중을 높여가고 있습니다. 그뿐인가요, 기술의 발전은 산업구조뿐 아니라 노동과 일의 성격도 바꾸기 시작했습니다. 시간과 장소에 구애받지 않는 유비쿼터스 노동이 확산되고, 한편으로는 감정노동 종사자가 증가하고 있습니다. 이처럼 고용관계가 다양해지고 업무 성격이 변화할수록 직장 내 괴롭힘 방지를 위한 예방과 교육은 더욱 중요해집니다. 나아가 근로자에 대한 고객의 폭언과 폭행 등 직장 안팎의 관계를 두루 살펴야 할 것입니다.

무엇보다도 직장 내 괴롭힘이 관행적인 것 혹은 사소한 오해나 다툼이 아니라 명백한 잘못이라는 인식이 사회 전체에 확산되어야겠죠. 이를 위해서는 국가가 직장 내 괴롭힘에 대한 신고와 조사, 신고자 보호, 상담 절차 등 일련의 프로세스가 자율적이면서도 실효성을 갖출 수 있도록 감독을 철저히 해야 할 것입니다. 동시에 직장 괴롭힘의 구체적인 형태와 발생 가능성을 외부에서 예측할 수 있는 연구활동을 지원하여 예방 인프라를 구축할 필요도 있겠고요. 직장 괴롭힘 방지를 위한 표준안, 매뉴얼, 우수사례 등을 발굴하고 기업들이 자율적으로 운영할 수 있도록 지원한다면, 다소 시일이 걸리더라도 해결의 실마리를 찾을 수 있을 겁니다.

오늘날 기업은 단순히 돈을 버는 것만을 목표로 하지 않습니다. 사회에 대한 기업의 의무와 책임을 다하는 것 역시 기업윤리의 핵심이며 지속가능한 성장의 바탕입니다. 최근에는 '인권경영'이라는 말도 많이 회자되지 않나요? 인권경영 가이드라인을 마련해 실천하는 기업도 늘고 있고요.

직장 내 괴롭힘 문제를 해결하는 것은 건전하고 안전한 일터를 만드는 과정의 하나입니다. 이를 통해 다양성을 인정하고 서로 존중하는 조직문화를 형성해갈 수 있겠죠. 이러한 집단적 노력은 근로자뿐 아니라 기업과 사회공동체 전체에 긍정적인 에너지와 변화를 가져다줄 것입니다.

에필로그

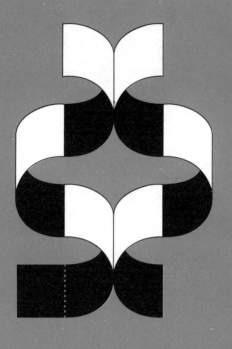

AI의 인권감수성은
어떻게 키워주지?

"세계인권선언 1조는 기본적으로 모든 사람이 절대적으로 평등하며, 존엄성과 권리를 갖는다는 것이다. 이는 AI에게도 매우 의미 있다."

-스티브 크라운, 마이크로소프트 부사장

팰런 : 와, 정말 놀라운데요. 이거 뭐죠? 왜 만든 거죠?

김상배 : 이건 미니 치타 로봇인데요. 일반 모형 치타가 아니고 작은 모형의 치타입니다. 겁먹진 마시고요.

팰런 : 이미 늦었는데요. (청중 웃음)

김상배 : 모빌리티(mobility)를 개발하기 위해 만든 로봇이에요. 현재 많은 로봇들이 나와 있는데, 아직 모빌리티 면에서 인간이나 동물보다 못합니다. 일단 모빌리티를 좋게 만들면 위험한 곳에 사람 대신 이 로봇을 보낼 수 있어요. 원자력 발전소 같은 곳 말이죠.

팰런 : 와, 믿기지 않네요. 이게 뭘 할 수 있죠? 흠, 앞으로 세상을 지배하겠네요! (청중 웃음)

김상배 : 요가도 할 수 있어요. 스트레칭하는 모습 감상하시죠.

종종걸음 보이시죠. 빙빙 돌기도 합니다. 쓰러지면 스스로 일어
납니다. 점프는 물론이고요. (청중 놀람)

팰런 : 이거 기분이 이상한데요. 무섭습니다.

미국 NBC 〈투나잇 쇼〉의 진행자인 지미 팰런과 MIT 김상배 교
수가 방송에서 나눈 대화입니다. 미국 전역에 방송되었고, 유튜브
조회수는 2019년 4월 현재 600만 건에 달합니다. 불과 다섯 달 전
인 2018년 11월에 방송했으니, 말 그대로 폭발적인 반응입니다.

한국계 공학자 김상배 교수팀이 만든 치타 로봇(Cheetah3)을 소
개하는 내용입니다. 반려견처럼 네 발로 걷는데, 무려 시속 21km
의 속도를 냅니다. 넘어지면 일어나는 것은 물론 체조선수나 할 법
한 백점프도 척척 해냅니다. 탁월한 모빌리티죠. 시각 센서를 과감
히 버리고 촉각 정보에 의존하게 만든 결과입니다. 발을 내디딘 순
간부터 20분의 1초 만에 판단이 이뤄진다고 하네요.

2020년 즈음에는 치타 로봇에 손을 달 예정이라고 합니다. 방
문을 열고 들어가 냉장고 안의 무언가를 꺼내오는 일이 가능해진
답니다. 상용화되면 김 교수의 말처럼 원자력 발전소 같은 위험한
공간에 사람을 대신해 투입될 예정이라 합니다. 자율주행자동차
뒷좌석에 태워 피자를 배달시키는 것도 가능하겠군요.

새로운 미래가 지척에 와 있는 것 같습니다. 더는 위험한 곳에
작업자를 보낼 필요도 없겠네요. 더 빨리 발명됐더라면 '김용균 법'

이 나올 필요도 없었겠다 생각하니 마음이 무거워집니다. 비지땀을 흘리며 일해야 하는 택배기사들의 수고도 덜어질 것 같습니다. 인간에게 여러모로 편익을 가져다줄 것 같네요. 분명히 벤담은 환호할 겁니다.

그런데 말이죠. 지미 팰런의 '겁먹은 모습'이 마음에 걸립니다. 만약 치타 관련 기술이 테러집단에 넘어가 전쟁병기로 활용된다면 어떡하죠? 아파트 배송을 전담하던 택배기사의 일자리를 급속히 잠식한다면? 나아가 제조업 공장에 응용돼 많은 노동자들이 일터를 떠나야 한다면? 혹시 치타가 올림픽 무대에 진출하는 날이 오지는 않을까요? 그렇다면 체조선수는 일자리를 걱정해야 할까요? '세상을 지배하겠네요'라는 팰런의 말이 그저 농담 같진 않네요.

"2025년이 되면 차를 소유하는 것은 DVD를 소유하는 것과 같은 꼴이 될 겁니다."

승차공유업체 리프트 설립자 존 지머가 한 말입니다.[111] 리프트는 얼마 전 뉴욕 나스닥에 상장돼 단숨에 시가총액 25조 원을 갱신했죠. 한국 완성차 간판기업인 현대자동차의 시가총액과 맞먹는 자산가치입니다. 차량 한 대 보유하고 있지 않은 '중개업소'인데 이정도 가치라니 놀라울 뿐입니다. 지머의 예측은 자율주행자동차 상용화가 우리에게 가져다줄 미래의 한 단면을 보여줍니다. 자동차를 소유하는 것은 '바보 같은 짓(!)'이 될 겁니다.

존 지머만 이렇게 예측한 게 아닙니다. 업계 1위 모빌리티 서비스업체 우버 CEO 코스로우사히, 테슬라 CEO 일론 머스크 모두 비슷한 말을 했습니다. 차량을 공유하는 게 훨씬 저렴한데 왜 비싼 돈을 주고 차를 사느냐는 거지요. 세계적 싱크탱크인 리싱크엑스(Rethink X)는 2030년이면 자율주행 전기자동차가 도로를 지배할 것이라는 보고서를 냈습니다. 자율주행자동차가 전체 도로 주행거리의 95%를 점유한다는 겁니다. 눈에 보이는 대부분의 차가 자율주행자동차일 거란 말이군요. 지금처럼 차를 구매해서 소유할 필요가 사라지니 소비자들이 누리는 혜택은 가계소득의 10%에 달한다고 전망했습니다.[112] 이 정도 경제성이면, 아무리 자동차광이라도 자동차 산다는 생각은 안 할 것 같습니다.

10%의 남은 월급으로 뭘 하면 좋을까요? 생각만 해도 들뜨네요. 운전대를 잡을 필요가 없으니 차에 있는 동안에는 뭘 할까요? 독서도 좋겠고, 가상현실이나 증강현실 게임에 빠져도 좋겠죠? 이젠 '교통사고 사망자'란 표현 자체가 없어져야 할지 모릅니다. '교통약자'도 마찬가지죠. 정교하게 조작되는 자율주행자동차 덕에 인재人災인 교통사고 자체가 없어지거나, 극미한 수준에 머물 테니까요.

그런데 말이죠. 누구나 꿈꾸는 이런 미래가 눈앞에 있는데, 왜 우리나라에서는 리프트나 우버를 보기 힘든 걸까요? 한국은 유난히 카풀 서비스가 맥을 못 추는 나라입니다. 그 이유는 다 아시는

대로입니다. 기존 사업자와 신규 사업자 간의 모빌리티 갈등 때문이죠. '카풀 갈등'이 본격화되면서 택시기사 두 명이 목숨을 끊고, 한 명은 자살기도를 했습니다. 하지만 일반 국민들의 반응은 냉담합니다. 미국, 프랑스, 스페인 등에서도 택시기사들의 자살과 파업, 시위가 잇달았지만 한국만큼 갈등의 골이 깊은 나라도 드뭅니다.

공유경제의 상징이기도 한 카풀 및 모빌리티 서비스는 4차 산업혁명의 상징과도 같습니다. 그 영역에서 우리는 세계 최하위권에 있습니다. 그렇다면 지금이라도 카풀 서비스를 전격적으로 허용해야 할까요? 출퇴근 시간뿐 아니라 그 외의 시간에도 시민들이 원한다면 모빌리티 서비스를 활성화해야 할까요? 택시 운전자들의 생존권은? 교통사고 제로의 세상이 되면, 보험회사 종사자들의 일자리는 어떻게 될까요? 완성차 업체 근로자들의 운명은요?

의외의 사실이 있습니다. 전 세계적으로 우버와 리프트 운전자들은 노동조건을 놓고 갑론을박하고 있다 합니다. 플랫폼 기업들의 지시대로 움직이고 이들이 정한 급여를 받지만, 이들 기업에 고용된 것이 아니기 때문에 노동법의 보호를 받지 못하기 때문입니다.[113] 2012년에 4800명에 그쳤던 우버 운전자가 2014년에 16만 명을 기록하면서 운전자 간 경쟁도 매우 치열해졌다고 하네요. 외려 임금이 줄었다는 불평도 나옵니다. 미래를 여는 공유경제의 선두 기업들이지만 '고용의 질'의 측면에선 과거 택시업계보다 나아진 것이 없는 것 같습니다. 참 이상하죠. 치타와 같은 로봇도, 자율주행자동차도 우리를 삶을 전적으로 행복하게 할 것 같진 않으니까요. 오히려 인간의 일할 권리, 노동조건 향유권 등에 중요한 문제가 생길 것 같습니다.

4차 산업혁명의 발목을 잡는 것이 '과도한 규제'라는 이야기를 많이 듣습니다. 실제 규제가 많은 것이 사실이고요. 특히 데이터 수집과 관련된 규제가 많다고 합니다. 빅데이터야말로 AI의 기초가 되는데 말입니다. 기업들이 적지 않은 적자를 감수하면서 모빌리티 사업에 뛰어드는 가장 큰 이유는 고객의 이동경로를 빅데이터화하려는 데 있습니다. 이를 기반으로 자율주행자동차 시대를 대비하려는 거죠. 데이터 수집을 불합리하게 막는 규제는 철폐되거나 최소화되어야 합니다.

하지만 말이죠. 데이터 공개가 늘 정답일까요? 풍요의 미래를 열기 위해 시민들의 삶과 관련된 데이터가 차곡차곡 저장돼 '혁신기업'들에게 넘겨져야 할까요?

페이스북 사례를 들어보겠습니다. 불과 얼마 전 미국 주택도시개발부는 페이스북의 맞춤식 집 광고가 주택광고에 대한 평등한 접근권을 규정한 공정주택법(Fair Housing Act)에 저촉된다며 고발 조치했습니다. 2018년에는 트위터, 구글 등 ICT기업의 맞춤식 광고에 대해서도 유사한 경고를 보낸 바 있죠. 주택도시개발부는 페이스북이 사용자의 인종, 피부색, 국적, 종교, 성별, 장애여부 등의 특성을 불법적으로 광고에 사용했다고 주장했습니다. 광고주가 원하는 타깃만 광고를 볼 수 있고, 그렇지 않은 사람들은 볼 수 없게 만들었다는 거죠. 알고리즘을 활용해 개인의 주택선택권을 제한한 것은 명백한 차별이라는 겁니다. '면전에서 문을 쾅 닫은 것'이나 다름없다고 했습니다. 시민단체들은 미국사회가 오랫동안 지켜온 '시민권'에 대한 도전이라고 비판했지요.

페이스북 측은 이해할 수 없다는 반응입니다. 미국 정부와 협력했을 뿐 아니라, 차별 방지를 위해 최선의 노력을 했다는 거죠. 특히 페이스북의 사용자 정보에 대한 완전한 접근을 요구한 정부의 입장에 결코 응할 수 없다고 했습니다. 사용자의 민감한 정보에까지 접근하려는 정부의 시도는 위험한 선례가 될 거라고 힘주어 말합니다. FBI의 아이폰 '백도어' 요구를 단호히 거부한 애플 CEO 팀 쿡의 반응이 떠오릅니다. 팀 쿡은 프라이버시와 공공의 안전을 들어 협력을 거부했죠.

페이스북 사용하시는 분들, 요즘 광고 많이 보시죠? 이른바 맞춤형 광고들인데요, 여러분의 취향에 맞추어 '적절하게 선택된' 광고들입니다. 만약에 말입니다. 여러분의 주머니 사정을 고려해 고가의 상품들은 여러분 피드에 뜨지 않도록 조치한다면 어떨까요? 내 특성과 취향에 특화된 스마트한 광고일까요, 아니면 내 취향을 틀에 가두는 차별적 광고일까요? 만약 ICT기업과 모빌리티 기업이 고객의 편리함을 들어 '차별적 광고'를 더 노골적으로 한다면?

알고리즘을 앞세워 시민들을 정해진 카테고리에 집어넣는다는 느낌이 드는군요.

무작정 개인정보규제를 완화하는 것은 결코 바람직하지 않다는 견해가 설득력을 얻고 있습니다. 개인정보보호가 마치 기업의 발전을 막고, 4차 산업혁명의 앞길에 재를 뿌리는 '악마적 규제'인 것처럼 접근하는 것은 불합리하다는 견해죠.[114] 오히려 정보 주체들이 개인정보통제권을 실질적으로 행사하도록 돕는 것이 중요하다는 겁니다. ICT기업들이 그간 혁신이라는 명분 하에 개인정보 문제를 다루는 데 소홀했던 것은 아닌지, 차별을 정당화하지는 않았는지 되짚어볼 대목입니다. 사용자들이 자신의 정보를 실질적으로 통제할 수 있도록 더욱 세심한 조치가 필요할 것 같네요. 개인정보에 대한 가명처리, 비식별화 처리에 투자를 소홀히 하지 말아야 할 겁니다. 무엇보다 사용자들이 스스로의 정보와 인권을 보호하려는 노력, 또 기업이 소홀히 대응할 경우 이에 대해 과감히 문제제기하는 시민적 덕목이 요청됩니다. 디지털 시대의 인권감수성이라고 할까요?

AI에 대한 사회적 논의가 뜨겁습니다. 4차 산업혁명의 정점에 있는 기술이면서, 우리에게 미래 먹거리를 가져다줄 '유일한 희망'으로 보는 시각도 있죠. 대학들도 AI학과, 대학원, 융합전공을 만드는 데 열을 올리고 있습니다. 문과생이나 비전공자들은 어떻게 해야 할지 우왕좌왕하는 모습도 보입니다.

AI는 우리에게 무엇일까요? 우리 생활의 편익을 극대화하는 미래의 희망일까요? 혹시 페이스북의 주택광고 알고리즘처럼 우리가 모르는 '차별적 판단'을 하고 있지는 않을까요?

앞서 3장에서 전 세계 최대 규모의 윤리실험으로 기록되고 있는 '도덕적 기계'에 대해 소개했습니다. 230만 명이 넘은 각국의 시민들이 참여해 자율주행자동차의 브레이크가 고장 났을 때 누구를 살릴지에 대해 판단하도록 했습니다. 최대한 많은 사람을 살려야 할까요? 살릴 수 있는 숫자는 적더라도 더 젊거나 어린 시민들을 살려야 할까요? 많은 보행자를 죽이는 한이 있더라도 내 차 안에 있는 사람들을 살려야 할까요?

이 책에서 누누이 지적한 것처럼 인권의 원리는 종종 공리주의의 원리와 대립합니다. 성인 5명의 목숨과 노인 한 명의 목숨을 기계적으로 비교할 수 없죠. 공리주의적으로 많은 숫자를 택할 경우 심각한 도덕적 문제가 발생할 수 있습니다.

이에 대한 스티브 브라운 마이크로소프트 부사장의 해결책이 흥미롭습니다. '동전을 던지게 하자'는 겁니다.[115] 아예 자율주행자동차에 프로그래밍 자체를 하지 말자는 겁니다. 사고가 일어나야 하는 불가피한 상황이라면 보행자의 숫자나 개인적 특성을 개의치 말고 무작위로 운전하게 하자는 겁니다. 임의로 핸들을 꺾도록 만들지 말자는 거죠. 이어 브라운 부사장은 알고리즘의 편향성을 지적합니다. 알고리즘의 책임성도 필요하다고 강조하죠. 알고리즘에게 세계인권선언(!)을 가르쳐야 한다는 겁니다.

미래에도 인권은 중요합니다. 아니 더 중요해질 겁니다. 기업의 인권감수성은 살아 있는지, 시민의 인권감수성은 꿈틀대고 있는지에 따라 우리의 미래가 결정될 겁니다. 일각에서 말하는 '인권의 황혼', '인권의 위기'는 잘못된 진단입니다.[116] 공리주의건 자국중심주의건 인권은 다양한 가치와 대결하면서 생명력을 키워왔습니다. 때로는 인권과 인권이 대립해서 의도치 않은 차별을 낳기도 하면서요.

이 책에서 다룬 다양한 주제들, 지난 수년간 우리 사회를 풍미했던 많은 사회적 주제들이 인권적인 해결을 요구했듯, 2030년 아니 2040년을 넘어선 미래사회에도 인권은 우리에게 중요한 이정표가 될 것입니다. 인권을 외쳤던 많은 입장들이 은밀한 차별을 만들었던 것처럼, 미래의 신기술 역시 인간의 자유라는 미명하에 차별과 배제를 정당화할 수 있습니다. 오류를 막는 유일한 길은 우리의 인권감수성을 살아 움직이게 만드는 것입니다.

주註

1) 조효제.《인권의 문법》. 후마니타스. 2007.

2) 홍주희. "미국 63% '테러 용의자 고문 괜찮다'". 〈중앙일보〉. 2016/3/31.

3) 구정우·남윤창·황태희. 2018. "인권감수성 예측모형 구축". 〈사이버커뮤니케이션학보〉 35권 1호.

4) 임주현. "'강간놀이'하는 무슬림이 한국 이슬람화를 꿈꾼다?". 〈KBS NEWS〉. 2018/7/8.

5) "급부상하는 유럽의 극우 정당: 유력 정당 길라잡이". 〈the New York Times〉. 2016/7/13.

6) 유튜브 영상 "Michael Ignatieff: The Destruction of Syria and the Crisis of Universal Values."

7) Amanda Murdie·David R.Davis. 2010. "Problematic Potential: The Human Rights Consequences of Peacekeeping Interventions in Civil Wars". 〈Human Rights Quarterly〉 32권 1호.

8) Samantha Raphelson. "More Than 3,100 Migrants Died Crossing Mediterranean In 2017". 〈the Two-Way〉. 2018/1/6.

9) Kevin L.Cope·Charles Crabtree. 2018. "A Nationalist Backlash to International Refugee Law: Evidence from a Survey Experiment in Turkey". 저널 심사 중.

10) 김현미 외. 2010. "한국 체류 난민 등의 실태조사 및 사회적 처우 개선을 위한

정책 방안". 법무부 출입국·외국인정책본부

11) 박성우. "[난민쇼크] ③ '예멘 난민'은 시작에 불과하다는데". 〈조선일보〉. 2018/7/5.

12) 권선미. "난민 브로커들 檢 송치··· 가짜 난민 1000명 넘게 받아". 〈조선일보〉. 2018/7/5.

13) 임주현. "[팩트체크K] 조선족은 강력범죄의 원흉인가?". 〈KBS NEWS〉. 2018/12/11.

14) Hippolyte d'Albis·Ekrame Boubtane·Dramane Coulibaly. 2018. "Macroeconomic Evidence Suggests that Asylum Seekers are not a "Burden" for Western European Countries". 〈Science advances〉 4권 6호.

15) 박세준. "난민 받으면 국가 경제에 도움 된다". 〈주간동아〉. 2018/7/11.

16) 성호철·장형태·김상윤. "간병인 70%·모텔 청소 95%·공사판 16%··· '외국인 없인 안 돌아가'". 〈조선일보〉. 2018/8/22.

17) 조영태. 《정해진 미래》. 북스톤. 2016.

18) Hannah Ellis-Petersen. "Banksy uses Steve Jobs artwork to highlight refugee crisis". 〈the Guardian〉. 2015/12/11.

19) Charles Crabtree·Jeong-Woo Koo·Kiyoteru Tsutsui. 2019. "Perceptions and Peers: How Policy Effectiveness and International Norms Influence Individual-Level Support of Human Rights". 미국국제정치학회 발표논문(캐나다 토론토).

20) Francisco O.Ramirez·Patricia Bromley·Susan Garnett Russell. 2009. "The valorization of humanity and diversity". 〈Multicultural Education Review〉 1권 1호.

21) 2011년, 2016년 국민인권의식조사.

22) 김동현. "인권 얼리는 '냉골 교도소'". 〈서울신문〉. 2017/11/29.

23) Choi.S.·Yi.E. 2018. "Ideals and Realities of Restorative Correction: Focusing on Mental Health, Aging, and Communicable Disease of Prisoners". 〈Public Health Affairs〉 2권 1호.
     김붕년. 2016. "정신질환 소년원생의 효과적 처우방안에 관한 연구". 서울대학교 산학협력단. 법무부 용역.

24) 미셸 푸코. 《감시와 처벌》. 오생근 옮김. 나남출판. 2003.

25) 네이버 지식백과 '동해보복법' 항목.

26) 통계청. 《2016년 사회조사 보고서》

27) Cesare Beccaria. 《On Crimes and Punishments》. University of Toronto Press. 1764.

28) 박수진·김양진·고한솔. "소년범, 엄벌도 훈방도 답 안 돼… 재범 막을 그룹홈 늘려라". 〈한겨레〉. 2017/9/10.

29) 모든 수감자는 인간으로서의 고유한 존엄성과 가치로 인해 존경심을 가지고 대우받아야 한다.(제1조)
인종, 피부색, 성별, 언어, 종교, 정치 또는 여타 의견, 국가 또는 사회적 출신, 재산, 출생 또는 기타 지위에 대한 차별이 있어서는 안 된다.(제2조)
모든 수형자는 인간 성격의 완전한 발전을 목표로 한 문화 활동과 교육에 참여할 권리를 가진다.(제6조)
수감자는 법적 상황에 따라 차별 없이 해당 국가에서 이용할 수 있는 보건 서비스를 이용할 수 있어야 한다.(제9조)
공동체와 사회제도의 참여와 도움을 받고, 또한 피해자의 이해를 적절히 고려하여, 가능한 최선의 조건 하에서 재소자의 사회통합을 위해 우호적인 여건이 마련되어야 한다.(제10조)

30) 문현경. "의대 자퇴 뒤 7년 징역, 특전사의 아들도… 이들은 왜 병역을 거부했나". 〈중앙일보〉. 2017/9/13.

31) 김두식. 2007. "양심에 따른 병역거부 70년의 회고와 전망". 〈인권과 정의〉 367호.
임재성. 2010. "징병제 형성과정을 통해서 본 양심적 병역거부의 역사". 〈사회와 역사〉 88호.

32) 이승준. "군대 가지 않을 자유를 허하라". 〈한겨레21〉 1219호, 2018/7/2.

33) 대체복무제 도입에 관한 강연 및 토론회(서울지방변호사회). 2019/3/8.

34) 문현경. "의대 자퇴 뒤 7년 징역, 특전사의 아들도… 이들은 왜 병역을 거부했나". 〈중앙일보〉. 2017/9/13.

35) "More than 12M 'Me Too' Facebook posts, comments, reactions in 24 hours." 〈CBS News〉, 2017/10/17.

36) 위키피디아 'Tarana Burke' 항목.

37) 위키피디아 'Me Too movement' 항목.

38) Karla Adam·William Booth. "A year after it began, has #MeToo become a global movement?". 〈The Washington Post〉. 2018/10/5.

39) 윤신원. "'#미투' 가장 많이 검색한 나라는 인도". 〈아시아경제〉. 2018/10/19.

40) 정희진 엮음.《미투의 정치학》. 교양인. 2019. 7-8쪽에서 재인용.

41) 김지윤. "'2차 가해' 개념, 모르면 외우세요". 〈한겨레〉. 2018/10/16.

42) 대법원 2007.1.25. 선고 2006도5579 판결.

43) 이범준·유정인·윤은용. "성범죄 사건 담당 판사들 '솔직히 재판하기 어렵다'".

〈경향신문〉. 2012/11/25.

44) 홍진영. 2017. "국민참여재판에 따른 성폭력범죄 재판 운용의 실무적 개선방향에 관한 고찰-피고인의 국민참여재판을 받을 권리·피해자 이익의 보호·법관의 실체적 진실 발견 의무의 조화를 위하여". 〈법조〉 66권 5호.

45) 홍진영. 앞의 논문 300-302쪽.

46) 이범준·유정인·윤은용. "성범죄 사건 담당 판사들 '솔직히 재판하기 어렵다'". 〈경향신문〉. 2012/11/25.

47) Anne Fisher. "Will #MeToo spark backlash against women in the workplace?". 〈Fortune〉. 2018/11/1.

48) 한상희. "'거짓미투에 당했다' 힘투(#HimToo) 미국서 득세". 〈뉴스1〉. 2018/10/11.

49) 최준영. "20대男, 文대통령 지지율 29.4%… 60대 이상보다 '부정적'". 〈문화일보〉. 2018/12/17.

50) 김현주. "[일상톡톡 플러스] 男 서럽 vs 女 억울… '젠더갈등' 결국 모두가 피해자?". 〈세계일보〉. 2019/2/5.

51) 이하의 내용은 저자가 2018년 7월에 쓴 칼럼을 바탕으로 새롭게 작성되었다. "[시론] 도 넘은 남혐·여혐, 지지자들마저 등 돌린다". 〈조선일보〉. 2018/7/18.

52) Betty Friedan. 《The Feminine Mystique》. WW Norton & Company. 2010.

53) 통계청 통계개발원. 《한국의 사회동향 2018》

54) Cecilia L.Ridgeway·Kristan Glasgow Erickson. 2000. "Creating and Spreading Status Beliefs". 〈American Journal of Sociology〉 106권 3호.
      Cecilia L.Ridgeway. "Framed before We Know It: How Gender Shapes Social Relations". 〈Gender & society〉 23권 2호. 2009.

55) 원문: "It would misunderstand these men and women to say they disrespect the idea of marriage. Their plea is that they do respect it, respect it so deeply that they seek to find its fulfillment for themselves. Their hope is not to be condemned to live in loneliness, excluded from one of civilization's oldest institutions. They ask for equal dignity in the eyes of the law. The Constitution grants them that right."
      Max Ehrenfreund. "The one Supreme Court paragraph on love that gay marriage supporters will never forget". 〈The Washington Post〉. 2015/6/25에서 재인용.

56) 구정우·남윤창·황태희. 2018. "인권감수성 예측모형 구축". 〈사이버커뮤니케이션학보〉 35권 1호.

57) "Mugabe orders police to release gay couple after one get pregnant". ⟨the Zambian Observer⟩. 2017/1/3.

58) 헌법 제37조 ① 국민의 자유와 권리는 헌법에 열거되지 아니한 이유로 경시되지 아니한다.

② 국민의 모든 자유와 권리는 국가안전보장·질서유지 또는 공공복리를 위하여 필요한 경우에 한하여 법률로써 제한할 수 있으며, 제한하는 경우에도 자유와 권리의 본질적인 내용을 침해할 수 없다.

59) Simon R.Crouch·Elizabeth Waters·Ruth McNair·Jennifer Power·Elise Davis. 2014. "Parent-reported Measures of Child Health and Wellbeing in Same-sex Parent Families: A Cross-sectional Survey". ⟨BMC Public Health⟩ 14권 1호.

Henny M.W.Bos·Justin R.Knox·Loes van Rijn-van Gelderen·Nanette K.Gartrell. 2016. "Same-Sex and Different-Sex Parent Households and Child Health Outcomes: Findings from the National Survey of Children's Health". ⟨Journal of Developmental & Behavioral Pediatrics⟩ 37권 3호.

60) Julia Raifman·Ellen Moscoe·S.Bryn Austin·Margaret McConnell. 2017. "Difference-in-differences Analysis of the Association between State Same-sex Marriage Policies and Adolescent Suicide Attempts". ⟨JAMA Pediatrics⟩ 171권 4호.

61) 리 배지트. 《동성결혼은 사회를 어떻게 바꾸는가》. 김현경·한빛나 옮김. 류민희 감수. 민음사. 2016.

62) Tim Cook. "Tim Cook: 'I'm proud to be gay'". ⟨Bloomberg⟩. 2014/10/31.

63) 교황청 신앙교리성. "동성애자 결합의 합법화 제안에 관한 고찰" 중 'I. 혼인의 본질과 양도할 수 없는 특성들' 제4항.

64) 서종빈. "하느님과 트윗을: 교회는 왜 동성 결혼을 반대하나요". ⟨가톨릭평화신문⟩. 2017/12/25.

65) J.K.롤링의 트윗.

66) 넥슨 미국지사의 마비노기 프로듀서 테디 킴(Teddy Kim)의 말을 인용: "When players speak out about specific content, we do our best to deliver. That is the great thing about Mabinogi; it allows players fully immerse themselves in the lives they take on in-game. Players can get married, fight dragons, become musicians or learn to cook. We think that opening up the wedding system to same gender characters is fully in the spirit of offering nearly limitless options to our players." Lydia Sung. "Nexon adds same-sex marriage to Mabinogi

MMO, but only in North America". 〈Neoseeker〉. 2012/10/29에서 재인용.

67) 성호철. "한 사람이 박병호 악플 4만 3794개 달 때… 네이버는 뒷짐만 졌다". 〈조선일보〉. 2018/4/26.

68) 김영민. "최태원 '악플 폐해 직접 호소'… 명예훼손 재판 출석". 〈조선일보〉. 2018/8/14.

69) 이택수. "'인터넷 실명제' 찬성 쪽 무게". 〈디지털타임스〉. 2005/6/28.

70) 이광빈. "유튜브, 한국사이트 실명제 거부(종합)". 〈연합뉴스〉. 2009/4/9.

71) 위키피디아 'Hustler Magazine v. Falwell' 항목.

72) 위키피디아 'Hustler Magazine v. Falwell' 항목.

73) 홍성수. 《말이 칼이 될 때》. 어크로스. 2018.

74) 통계청 2017년 사회조사 결과.

75) 'Not In My BackYard'의 약자로, 공공의 이익에는 부합하지만 자신이 속한 지역에는 이롭지 않은 일을 반대하는 행동. 쓰레기 소각장, 장애인 시설, 노숙자 시설, 공항, 화장장, 교도소와 같이 많은 주민들이 혐오하는 시설이나 땅값이 떨어질 우려가 있는 시설이 거주지역에 들어서는 것을 반대하는 사회적인 현상을 말한다.

76) 이호진. "장애인 시설 들어서면 주변 집값 하락? 확인해보니…". 〈JTBC 뉴스〉. 2015/11/4.

77) 마이클 샌델. 《돈으로 살 수 없는 것들》. 와이즈베리. 2013.

78) MBC 〈휴먼다큐 사랑〉 '로봇다리 세진이' 편.

79) Sean Rogers·Rutgers School of Management and Labor Relations. 2017. "Many Airbnb Hosts Close the Door on People with Disabilities, Highlighting Concerns about Accessibility in the Sharing Economy". 〈Rutgers〉.

80) 조한진 외. 2012. "시설거주인 거주 현황 및 자립생활 욕구 실태조사". 국가인권위원회.

81) 박원호. "[중앙시평] 느리고 확실한 대학의 죽음". 〈중앙일보〉. 2017/8/9.

82) 김금란. "지방대 취준생 블라인드 채용 '그림의 떡'". 〈충청타임스〉. 2018/2/26.

83) 김준영·이주현. 2018. "지방대학 졸업생의 수도권 이동과 노동시장 성과; 수도권대학 졸업생과의 비교". 한국고용정보원에서 재인용.

84) "평등한 기회, 공정한 과정을 위한 블라인드 채용 추진방안". 관계부처 합동. 2017/7/5.

85) 곽재민. "블라인드 채용 확산… 자소서에 학력 암시하면 불이익". 〈중앙일보〉. 2019/1/17.

86) 강세훈. "작년 산재사고 사망자 964명… 전년보다 5명 감소". 〈뉴시스〉.
2018/4/27.
연윤정. "지난해 산재사망자 95% 하청노동자 '충격'". 〈매일노동뉴스〉.
2016/8/29.

87) 강세훈. "작년 산재사고 사망자 964명… 전년보다 5명 감소". 〈뉴시스〉.
2018/4/27.

88) 1970년 8월 9일자 전태일 일기 중.

89) 이영수. "이언주 '민주노총, 데모하는 것도 모자라 이젠 조폭이 다 됐다'". 〈쿠키
뉴스〉. 2018/11/28.

90) 이기훈·권선미·김은경. "9만 명 참여한 민노총 총파업, 현대·기아차 빼면 1만
명". 〈조선일보〉. 2018/11/22.

91) 장홍근 외. 《노사관계 국민의식조사 연구》. 한국노동연구원. 2017.

92) 위의 책.

93) 강세훈. "韓 노조조직률 OECD 최하위… 30년 새 반토막". 〈뉴시스〉. 2017/12/7.

94) 한경닷컴 경제용어사전 '대체근로' 항목.

95) 정성훈. "노사갈등 불씨 탄력근로제 단위기간 확대… '해외는 평균 1년'". 〈뉴스
핌〉. 2019/1/9.

96) 한국경제연구원. "韓, 노동시장 효율성 10년째 중하위권". 2018/5/23.

97) 통계청 경제활동인구조사.

98) Samuel Moyn. 《Not enough: Human Rights in an Unequal World》. Belknap
Press. 2018.

99) 김수연. "직장인 74% '퇴근 후에도 업무지시 시달려'". 〈매일경제〉. 2016/12/23.

100) 이효상·김서영. "[커버스토리] 1년차 간호사는 어떻게 영혼까지 태워졌나". 〈경
향신문〉. 2019/2/16.

101) 서유정·이지은. 2016. 《국내 15개 산업분야의 직장 괴롭힘 실태》. 한국직업능
력개발원.

102) 홍성수 외. 2017. "직장 내 괴롭힘 실태조사". 국가인권위원회.

103) 권현지 외. 2017. 《21세기 디지털 기술변동과 고용관계》. 한국노동연구원.

104) Heinz Leymann. 1990. "Mobbing and Psychological Terror at Workplaces".
〈Violence and Victims〉 5권 2호.

105) 직장 내 괴롭힘 및 3대 폭력 근절을 위한 노사 공동 기자회견. 2018/4/6.

106) 윤평중. "[윤평중 칼럼] 문제는 現 정부의 '무능한 국가주의'다". 〈조선일보〉.
2018/8/10.

107) 정진우. "프랑스, 직장 괴롭힘 경영진까지 처벌… 일본, 기업 56%서 자율 규제". 〈중앙일보〉. 2018/11/14.

108) 조임영. 2012. "직장 내 괴롭힘과 프랑스 노동법". 〈비교노동법논총〉 25권.

109) Miriam Marini. "Former Ford employee wins $16.8 million in discrimination lawsuit". 〈Detroit Metro Times〉. 2018/4/4.

110) Gary Namie. 2017. "Workplace Bullying Survey". 〈Workplace Bullying Institute〉.

111) Catherine Clifford. "Lyft co-founder: 'By 2025, owning a car will go the way of the DVD'". 〈CNBC Make It〉. 2016/9/19.

112) James Arbib·Tony Seba. 2017. "Rethinking Transportation 2020-2030". 〈RethinkX〉.

113) 박태우. "'기사 없는 택시'의 시대… 누군가에겐 혁명, 누군가에겐 재앙". 〈한겨레〉. 2019/4/6.

114) 김보라미. 2018. "프라이버시 위기의 시기에 민주주의는 어떻게 망가질 것인가". 한국인권학회 동계학술대회 발표문.

115) 2018년 12월 11일 고려대학교에서 열린 제60회 SSK 인권워크숍에서 브라운 부사장이 저자의 질문에 대한 답변에서 밝힌 내용.

116) Stephen Hopgood. 《The Endtimes of Human Rights》. Cornell University Press. 2013.